JN417912

태국
불교와 국왕의 나라

태국 – 불교와 국왕의 나라

1쇄 발행일 2007년 10월 1일
4쇄 발행일 2016년 8월 20일

펴낸이 | 유재현
글쓴이 | 조흥국
기획편집 | 이혜영 박수희
마케팅 | 장만
인쇄제본 | 영신사
필름출력 | ING
종이 | 한서지업사

펴낸곳 | 소나무
등록 | 1987년 12월 12일 제 2013-000063호
주소 | 412-190 경기도 고양시 덕양구 대덕로 86번길 85(현천동)
전화 | 02-375-5784
팩스 | 02-375-5789
전자우편 | sonamoopub@empas.com
전자집 | http://blog.naver.com/sonamoopub1

ISBN 978-89-7139-062-7 03910

소나무 머리 맞대어 책을 만들고, 가슴 맞대고 고향을 일굽니다

태국

불교와 국왕의 나라

조흥국 지음

소나무

contents

서 문

태국의 역사와 문화를 공부한 지 벌써 25년이 지났다. 한국의 학부 과정에서 동남아시아에 관하여 아무 것도 배우지 않았던 나는, 1980년에 시작된 독일 함부르크대학교의 전공 수업에서 처음으로 타이어를 배우고, 타이 역사와 사회 및 문화에 관하여 공부하기 시작했다. 동양학부의 동남아시아학과를 전공으로 선택한 이유는, 당시까지만 하더라도 한국에서 거의 불모지였던 동남아시아 역사학을 공부하여, 이 분야에서 개척가적인 전문가가 되겠다는 꿈을 품었기 때문이다.

독일 동양학부의 석사 과정은 많은 것을 요구했다. 문헌학Philologie을 바탕으로 접근하는 독일 동양학Orientalistik의 전통에 따라, 우선 다양한 언어를 공부해야 했으며, 세미나 시간마다 원어로 된 문헌에 대한 텍스트 분석의 훈련이 뒤따랐다. 나는 부전공으로 중국학과 인도학을 선택했는데, 그것은 중국과 인도가 동남아시아에 역사적 · 문화적으로 많은 영향을 주었기 때문이다. 동남아시아 연구에서 나는 특히 태국, 미얀마, 캄보디아, 라오스 등 동남아시아 대륙부의 상좌 불교권 국가를 중점적으로 공부하려고 작정했다. 이를 위해 힌두교 및 대승 불교의 경전 언어인 산스크리트어와 상좌 불교의 경전 언어인 팔리어를 배웠으며, 이를 바탕으로 불교 경전 강독과 불교학 세미나에 참가했다.

나는 1982년부터 함부르크 민족학박물관Hamburgisches Museum für

Völkerkunde의 동아시아부에서 3년 동안 동남아시아 유물을 연구하고 분류하는 일을 했다. 이 기간 특히 태국과 미얀마에서 온 수많은 불교 관련 부조浮彫, 불상, 도자기, 회화, 고문서, 악기, 소수 민족 의복 등을 다루었다. 이러한 문화인류학적인 작업과 그 후 이 분야에 대한 관심은 세미나의 "고리타분한" 문헌학적인 공부에 대한 훌륭한 보완이 되었다.

내가 독일에서 동남아시아 공부를 할 수 있었던 것은 여러 스승 덕분이었다. 태국의 고전 문학과 근대사에 관해 탁월한 연구를 남긴 고故 클라우스 로젠베르크Klaus Rosenberg 교수는 19세기 말 타이 근대화를 다루는 나의 석사학위 논문 지도 과정에서 나에게 문헌학적인 연구가 얼마나 철저하게 이루어져야 하는지를 가르쳐주었다. 17세기 타이 정치사를 다룬 나의 박사학위 논문은 클라우스 벵크Klaus Wenk와 바렌트 얀 테르빌Barend Jan Terwiel 두 분 교수의 지도로 완성되었다. 법학 박사이자 타이 국왕이 하사한 명예박사 학위를 소지하기도 한 고故 벵크 교수는 태국의 고전 문학, 벽화, 칠기 공예, 법 그리고 18세기 말부터 19세기 초 타이 역사에 관해 수많은 저서를 남겼다. 테르빌 교수는 타이 사회의 불교와 민간 신앙의 역할을 분석한 인류학자이면서 동시에 타이 역사에 관해 많은 책을 쓴 역사학자이기도 하다. 나는 박사학위 논문의 집필 과정에서 함부르크 민족학박물관의 부관장을 역임한 고故 게르노트 프루너Gernot Prunner 박사와 나눈 빈번한 대화에서 많은 영감을 받았는데, 지혜와 유머가 풍부한 그는 동아시아 지역의 문화인류학 분야에서 많은 연구와 전시 업적을 남겼다. 이 스승들은 나로 하여금 동남아시아의 역사와 문화에 관한 폭넓은 관심을 갖도록 해주었으며 나에게 학문적인 글쓰기의 방법을 가르쳐주었다. 나는 이 책을 통해 여러 스승들에게서 입은 학문적 은혜에 대한 감사를 표시하고자 한다.

나는 1993년에 박사학위를 받고 귀국한 이후부터 오늘까지 한편으로는 여러 대학교에서 학생들에게 동남아시아의 역사와 문화를 가르치면서, 다른 한편으로는 태국의 역사와 문화에 대해 연구하고 글을 써왔다. 지난 십

수 년 동안 연구를 통해 태국에 대한 나의 관심의 폭은 더 넓어졌고 이해의 깊이는 더 깊어졌다. 이 책은 태국의 역사와 문화에 관해 그동안 독일에서 한 공부와 한국에서 수행한 연구의 산물이다.

태국에 대한 오랜 공부 과정에서 나는 점차 이 나라를 사랑하게 되었다. 나는 자료 수집과 현지 조사를 위해 그동안 태국을 수십 차례 방문했는데, 그 과정에서 많은 타이인과 만나고 교제하면서 타이 사회와 문화에 대한 사랑이 커갔다. 이 책은 타이 민족과 문화에 대한 나의 사랑의 표시이다.

한국인은 매년 수십만 명씩 태국에 관광하러 간다. 자세한 배경이야 어쨌든, 태국은 그만큼 한국인의 사랑을 받고 있는 나라가 되어 있다. 그러나 한국인의 태국에 대한 관심은 대부분 관광 그 자체에 머물러 있을 뿐, 그 나라의 역사와 문화에 대한 깊이 있는 이해로 나아가지 않는다. 나는 한국 사회에 태국에 대한 올바르고 풍부한 이해를 전달하는 것을 태국을 연구하고 사랑하는 한 사람의 학자로서 사명으로 삼는다. 이 책은 그러한 점에서 한국인에게 태국의 역사와 문화의 이해에 대한 하나의 지침서가 되었으면 한다.

이 책에서 타이어와 베트남어와 말레이시아 및 인도네시아어의 한글 표기는 국립국어원에서 2004년도에 간행한 『동남아시아 3개 언어 외래어 표기 용례집』의 규정에 따른다. 한 가지 예외는 19세기 후반부터 20세기 초까지 태국의 왕이었던 Chulalongkorn의 표기이다. 상기의 외래어 표기 용례집은 이것을 "쭐랄롱꼰"으로 표기해 놓고 있지만, 나는 장모음인 'Chulā(쭐라)'의 음가를 중시하여 "쭐라롱꼰"으로 표기하는 것이 낫다고 생각한다.

이 책이 세상에 나온 것은 무엇보다도 "나의 힘이 되신" 하나님의 은혜 덕분이다. 집필 과정에서 아내 김유미와 딸 고은이는 틈틈이 원고를 읽어 주고 멋진 수정 제안을 해주었다. 특히 나에게 수시로 용기를 북돋아준 아내에게 나의 사랑과 고마움을 전한다. 또한 내가 한국에서 동남아시아의 역사와 문화에 대해 연구하는 오랜 세월 동안 따뜻한 격려와 학문적인 충고를 아끼지 않았던 한국동남아학회의 여러 회원에게도 깊은 감사를 표한다. 끝으로 출판을 위해 많은 수고를 해준 소나무 출판사의 편집부와 출판을 허락한 유재현 선생님께 감사를 드린다.

2007년 5월

부산대학교 금정산 산자락의 연구실에서

조홍국

I
태국이란 어떤 나라인가

태국은 한국인에게 동남아시아의 유명한 관광국으로 잘 알려져 있다. 이보다 조금 덜 알려진 사실이지만, 태국은 아시아에서 제국주의 시대 서구 열강의 식민지로 전락하지 않고 독립을 지킨 몇 안 되는 나라 가운데 하나이다. 또한 1997년에는 동아시아의 외환 위기의 진원지로, 역시 외환 위기의 타격을 받은 한국과 쓰라린 경험을 함께 나눈 나라이다.

그러나 태국을 이해하는 데 이러한 일반적인 상식 수준의 사실보다 더욱 중요한 것은 이 나라를 떠받치고 있는 이념적 뿌리, 혹은 문화적 바탕이 무엇인가를 아는 것이다. 이것을 알아야 타이인이 어떻게 생각하고, 왜 그렇게 행동하는지 그 배경과 이유를 짐작할 수 있기 때문이다.

태국은 국왕과 불교와 민족의 세 가지 제도 혹은 이념의 바탕 위에 서 있는 국가라고 말할 수 있다. 이 점은 태국의 적 · 백 · 청의 세 가지 색으로 된 타이 국기에서도 나타난다. 붉은 색과 흰 색과 파란 색은 각각 민족, 불교, 국왕을 가리킨다.

불교는 타이 왕조사의 초기부터 왕실로부터 민중에 이르기까지 모든 사람이 믿는 보편적인 종교로서, 타이 사회의 지배적인 문화 및 이념이 되어 왔다. 그러므로 전통 왕국 시대 태국의 통치자들은 권력을 정당화하고 백성에게 접근하고자 할 때 불교에 호소했다. 불교는 한 마디로 타이 사회를 결합시키는 하나의 문화적 접착제였던 것이다.

태국은 왕권의 정치적 역할이 동남아시아에서 가장 강력한 나라에 속한다. 태국의 역대 국왕들은 대부분 타이 사회에서 그리고 타이 민족의 역사에서 구심점의 역할을 해왔다. 그러한 위상은 1932년 쿠데타를 통해 입헌 군주제가 도입되어 태국의 국왕이 실질적 권력을 상실한 이후에도 오늘날까지 유지되고 있다.

이처럼 불교와 국왕이 역사적으로 중요한 역할을 해온 태국에서는, 근대적인 타이 민족 개념도 불교와 국왕이라는 두 가지 문화적 및 제도적 바탕 위에서 발전하고 형성되었다. 베트남, 인도네시아, 필리핀, 미얀마 등 동남아시아 대부분의 나라에서는 근대적 민족주의와 국민 국가 형성이 민중을 중심으로 "밑에서 위로" 이루어졌다. 그에 비해 '타이Thai' 라는 민족 개념과 '태국' 이라는 국민 국가 형성은 국왕을 구심점으로 하여 "위에서 밑으로" 이루어졌다. 태국에서 국왕이 그러한 역할을 할 수 있었던 것은, 왕권이 타이 사회의 보편적인 이념인 불교와 긴밀하게 연결되어 왔으며, 왕권과 불교 사이의 그러한 관계가 식민 지배를 모면한 타이 사회에서는 전통으로 지속될 수 있었기 때문일 것이다.

반면에 서구 열강의 식민 통치를 경험한 인도네시아와 미얀마, 그리고 사회주의 혁명을 겪은 베트남과 같은 나라에서는 왕권의 전통이 단절되었고, 그와 함께 이슬람, 불교, 유교 등 전통적으로 내려오던 보편적 이념과 왕권 사이의 결합 관계도 없어졌다. 이러한 나라에서는 근대적 국민 국가를 형성하는 것은 새로운 주체를 필요로 했으며, 그 필요가 민중에 의해 충족되었던 것이다.

태국의 왕권은 여러 시대를 지나면서, 특히 19세기 이후 근대화와 민주화의 시기를 거치면서 큰 변화를 겪었다. 그러나 타이 사회의 보편적 문화인 불교와 그 불교의 수호자인 국왕, 그리고 불교를 믿고 국왕을 타이 사회의 구심점으로 인식하는 국민이라는 삼각관계의 기본 구조는 항상 이어져 왔다. 바로 이 점이 아시아의 다른 나라와는 다른, 타이 사회의 중요한 특징 가운데 하나이다. 태국의 역사와 사회와 문화를 이해하고자 할 때에는, '불교' 와 '국왕' 그리고 이 두 가지 요소의 바탕 위에서 결합되어 있는 타이 '민족' 을 항상 염두에 두어야 한다.

태국은 '타이인의 나라' 혹은 '타이의 나라' 라는 뜻을 가진 '쁘라텟 타이Prathet Thai' 란 고유 명칭을 우리말로 옮긴 것이다. 영어로는 '타일랜드Thailand' 라고 한다. 일본인은 간단하게 '타이' 라고 부른다. 한국의 초 · 중 · 고 교과서도 태국을 '타이' 라고 칭하고 있다. 우리가 '태국' 혹은 '타이' 란 용어를 쓸 때는 대개 동남아시아의 대륙부 중앙에 위치한 약 514,000㎢의 면적을 가진 불교국이자 입헌 군주제의 나라인 태국이라는 국가와 태국 국적을 갖고 있는 타이인을 연상할 것이다. 이러한 '타이' 개

0 50 100km
0 50 100km
중국
베트남
미얀마
라오스
메콩강
매홍손
치앙마이
농카이
우돈타니
수코타이
핏사눌록
매솟
콘깬
나콘사완
짜오프라야강
나콘랏차시마
우본랏차타니
아유타야
방콕
안다만해
펫차부리
빠타야
찬타부리
캄보디아
메콩강
태국만
라농
베트남
수랏타니
나콘시탐마랏
푸껫
뜨랑
송클라
핫야이
빠따니
남중국해
말레이시아
인도네시아

념은 19세기 말 이후 타이 민족주의의 전개 과정에서 발전된 정치적인 개념이다.

'타이' 개념은 사실 그보다 훨씬 포괄적이고 복잡하다. 타이족은 '따이Tai' 라는 거대한 민족 그룹의 한 부분에 불과하다. 따이 민족 그룹은 오늘날 태국의 타이족, 라오스의 라오Lao족, 미얀마 샨 주의 샨Shan족, 인도 아쌈 주의 아홈Ahom족, 베트남 북부의 따이Tay족과 타이Thai족과 농Nung족, 중국 광시廣西성의 주앙壯족, 윈난雲南성의 다이傣족 등을 포함한다. 태국의 타이족은 혈연적으로 문화적으로 따이 민족 그룹의 이 다양한 민족과 연결되어 있다. '따이' 는 '타이' 의 상위 개념이 된다.

이 책에서 '타이족' 이라고 할 때는 혈연적인 측면이 강조된 민족적 개념으로 태국의 다수 민족을 이루는 민족 부분을 가리킨다. 그러나 이 개념에는 태국 땅에 들어온 따이 민족 그룹 계통의 민족뿐만 아니라, 역사적으로 태국 땅에 들어와 살면서 따이족에 완전히 동화된 몬Mon족이나 크메르Khmer족이나 버마Bama족이나 인도인이나 중국인 혹은 이 민족들과의 사이에서 태어난 혼혈 타이족도 포함되어 있다. 우리가 '타이' 라고 부를 때는 대개 '따이' 란 민족적 배경이나 다른 민족과의 동화 및 혼혈의 역사적 과정을 간과하는 경향이 있다. 사실 순수한 '타이족' 을 확인하기는 어려울 것이다. 한편 이 책에서는 '타이인' 이란 타이족뿐만 아니라, 타이족에 완전히 동화되지 않은 중국계 타이인, 인도계 타이인, 말레이Malay계 타이인 등 태국 국적을 가진 태국의 여러 소수 민족을 포함하는 개념으로 사용한다.

태국, 타이, 타이족, 타이인

이 책에서 "태국"은 하나의 국명으로 사용된다. 그에 비해 '타이' 는 예컨대 '타이 사회,' '타이 문화,' '타이어' 등처럼 하나의 형용사로 사용된다. 한편 '타이족' 과 '타이인' 의 차이는 전자가 하나의 문화적 개념으로서 '타이 민족' 을 의미하는 데 비해, 후자는 하나의 정치적 개념으로서 '타이 국민' 을 가리킨다는 것이다. 이 점에서 '태국인'은 '타이인'과 동일한 개념이다. 하지만 혼동을 피하기 위해 이 책에서는 '태국인'이란 용어를 삼갈 것이다.

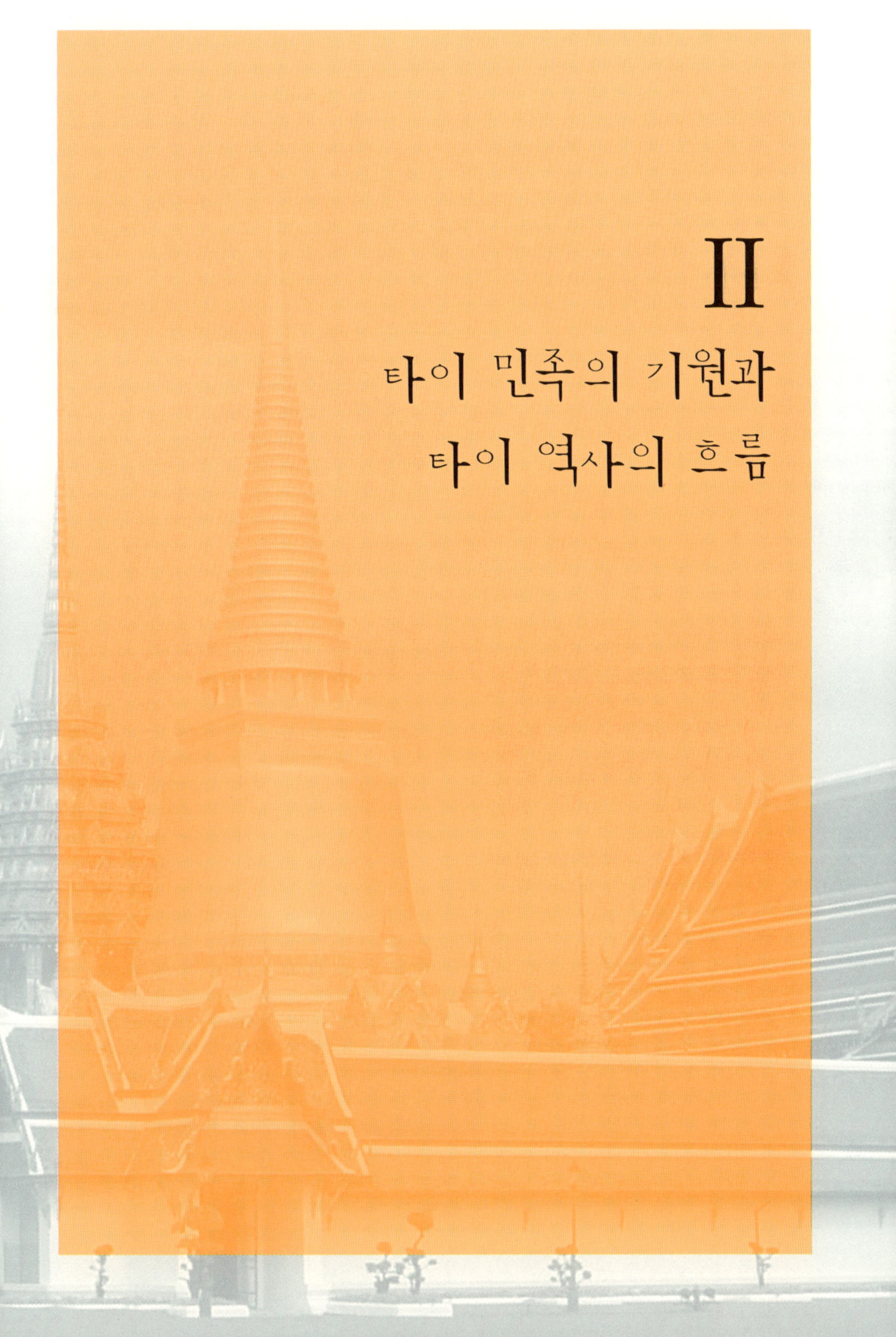

II
타이 민족의 기원과 타이 역사의 흐름

기원후 1000년 이전 태국 땅에 거주한 민족들 오늘날 태국 땅에 살고 있는 타이족의 조상 즉 따이족이 들어온 것은 지금부터 약 1천년 전으로 추정된다. 따이족은 기원 이후 수백 년 동안은 중국 남부와 서남부 일대에 다양한 그룹으로 분포되어 살았다. 기원전에는 더 북쪽에 살았을 것이다. 이들은 수천 년에 걸쳐 아시아 대륙의 북쪽에서 점차 남쪽으로 이동했을 것이다. 민족의 남하는 사실 따이족뿐만 아니라 캄보디아의 크메르족, 미얀마의 버마족, 베트남의 비엣Viet(越)족, 말레이시아와 인도네시아와 필리핀의 오스트로네시아Austronesian 어족의 민족들에게서도 장기간에 걸쳐 일어난 현상이다.

그렇다면 기원후 1000년 이전의 시기에 태국 땅에는 누가 살았는가? 그리고 따이족은 어디에서 어떻게 언제 태국으로 온 것인가? 이 두 가지 질문은 타이 역사의 뿌리를 이해하는 데 매우 중요하다.

우선 첫 번째 질문에 대해 말하자면, 기원후 1000년 이전의 시기에 태국 땅에 거주한 자들은 따이족이 아니었다고 보는 것이 타당할 것이다. 태국에서 발굴된 고고학적 유적지 가운데 가장 풍부하고 가장 널리 알려진 것은 동북부의 우돈타니 주에 있는 반치앙 마을의 유적지이다. 1960년대 말부터 발굴 조사된 이 유적지에서 출토된 유물 가운데 가장 오래된 토기는 약 5천년 전에 제작된 것으로 보인다. 가장 오래된 청동기 유물은 기원전 약 500년 전까지 거슬러 올라가는 것으로 판명이 났다. 채색 토기는 기원 전후 시기의 것으로 드러났다.

반치앙에서 출토된 채색토기

이 반치앙Ban Chiang 문화는 대략 지금부터 약 2천 년 전까지 지속되었다. 반치앙 문화를 영위한 자들은 자신이 누구인지에 대한 민족적인 정보를 남기지 않고 사라져버렸다.

따이족이 들어와 살기 시작하기 전에 오늘날 태국 땅에 거주한 주민이 누구였는지는 기원후 보다 분명해진다. 기원후 6세기 경 태국 중부 지방에 여러 성읍 국가가 일어나기 시작했으며, 이들은 불교가 중심이 된 문화를 갖고 있었다. 이 성읍 국가들은 하나의 왕국을 이루고 있었는데, 통상 '드바라바티Dvaravati' 라고 불리는 이 왕국의 주인공은 몬족이다. 몬족은 언어학적으로 몬-크메르Mon-Khmer 어족에 속하며, 타이족과는 별개의 민족이다. 드바라바티 왕국은 태국 중부의 평원 지대를 중심으로 발달해 있었고, 동남아시아의 대륙부 여러 지역과 무역으로 연결되어 있었다.

태국 중부 지역에서 출발한 무역 루트는 서쪽으로는 미얀마 남부의 해안 지방으로, 동북쪽으로는 코랏 고원과 라오스의 중부 지방으로, 동쪽으로는 캄보디아로, 그리고 북쪽으로는 짜오프라야 강을 따라 치앙마이 지역으로까지 연결되었다. 이 치앙마이와 람푼 땅에서는 8세기에 하리푼자야Haripunjaya라는 명칭의 또 다른 몬족 왕국이 건설되었다. 하리푼자야 왕국은 태국 중부의 드바라바티 왕국의 롭부리와 정치적 및 경제적으로 뿐만 아니라 불교적으로도 긴밀히 연결되어 있었다.

7~8세기에 제작된 것으로 추정되는 드바라바티 불상

드바라바티 왕국은 크메르족의 앙코르Angkor 왕국

이 서쪽으로 팽창함에 따라 쇠락하기 시작하여, 9세기 말쯤 되면 드바라바티 왕국의 영향 아래 있던 태국의 중부 지역이 앙코르 왕국의 영향 아래 놓이게 되었다. 오직 롭부리만 11세기 초까지 독립을 유지했으나, 그 역시 곧 앙코르 왕국에 편입되었다. 하리푼자야 왕국도 팽창하는 앙코르 왕국에 굴복하여 11세기 중엽에는 쇠퇴했다. 11세기까지 태국의 중부 지역에서는 이처럼 몬족과 크메르족이 세력 다툼을 해왔다. 그리고 이때쯤이면 따이족도 이 지역에 들어와 살고 있었을 것이다.[1] 앙코르 왕국은 그 전성기인 12세기 말부터 13세기 초에는 지금의 캄보디아는 물론이고 베트남 남부의 메콩 델타 지역과 라오스의 대부분과 태국 땅 전체를 지배하고 있었다. 특히 태국의 중부 지역과 동북부 지역과 라오스 남부 지역에는 크메르족이 주민의 다수를 이루었을 것으로 추측된다.

따이족의 분화와 확산

이제 두 번째 의문에 대해 살펴볼 차례이다. 중국인의 관찰에 따르면, 따이족은 계곡과 저지대에 사는 주민으로, 벼농사를 짓고 가축을 기르고 기둥 위에 집을 얹는 이른 바 고상高床가옥에 살았다. 따이족 젊은이는 결혼 전 남녀의 성적 교제에서 통제를 받지 않았으며, 배우자의 선택도 비교적 자유로웠다. 또한 문신은 남자들 사이에서 널리 행해진 풍습 가운데 하나였다. 특히 여성의 성적 자유로움, 주민의 고상가옥 생활 등은 동남아시아 도처의 토착 사회에서 공통적으로 나타나는 문화적 특징으로, 땅 위에 바로 집을 세우는 중국인과 중국의 문화적 영향을 받은 베트남인의 주거 문화와 남성 중심적인 중국의 유교 문화 및 인도의 힌두교 문화와 대조적이다.

따이족은 기원전에는 중국의 구이저우貴州성, 윈난雲南성, 광시廣西성 등지에 살고 있었던 것으로 추측된다. 따이족은 기원후 다양한 그룹으로 분화하고 주변 지역 특히 남부와 서남부 방향으로 확산했다. 그들의 분화와 확산에는 두 가지 원인이 있었다. 첫째는 따이족의 인구가 증가하고 각 그룹이 점차 상호 격리되면서 언어적인 분화가 일어났다. 이러한 자체적인 팽창의 원동력에 의해 따이족의 일부는 베트남 북부의 홍강紅江(베트남어로는 송홍Song Hong) 일대와 라오스 동북부 지방까지 내려왔을 것이다. 둘째는 중국의 한漢족이 기원후 첫 몇 세기 동안 베트남 북부 지방으로 세력을 팽창했으며, 이와 더불어 베트남의 비엣족도 홍강 일대에서 점차 자신의 영역을 확대하기 위해 노력했다.

홍강 지역에 집중된 중국과 베트남의 압박으로 따이족은 크게 두 그룹으로 쪼개지고 말았다. 첫 번째 그룹은 홍강의 북부와 동북부에 남아 있던 북부 그룹으로, 오늘날 광시성의 주앙족과 베트남의 따이족과 눙족 등이 여기에 속한다. 두 번째 그룹은 홍강의 남쪽에 흐르는 흑수강黑水江(베트남어로는 송다Song Da) 유역과 라오스 동북부 및 그 주위의 중국 땅에 정착해 있었던 그룹으로, 편의상 남부 그룹으로 지칭한다. 북부 그룹과 남부 그룹은 분화 이후 점차 언어 및 문화적으로 서로 다른 길을 걸어갔다. 특히 북부 그룹은 중국 혹은 베트남의 강한 정치적 통제와 문화적 영향을 받았으며, 결국에는 따이족의 민족적 뿌리에 대한 기억을 상실하고 말았다. 그에 비해 남부 그룹은 부분적으로는 따이족에 대한 문화적 · 민족적 정체성을 유지했다. 그것은 특히 구전 전승과 언어에서 확인될 수 있는 것처럼, 라오스의 라오족과 태국의 타이족에서 강하게 나타나며 미얀마 샨족에서는 약하게 나타난다.

남부 그룹이 이동한 지역은 북부 그룹이 있던 지역과는 달리 인구가 희박하고 매우 원시적인 부족들이 살던 곳이었기 때문에, 남부 그룹의 따이족이 팽창하고 정착하는 데 비교적 용이했다. 남부 그룹의 따이족은 약 7세기부터 자체에서 분화가 일어나, 서부 및 서남부 방향으로 이동과 팽창이 진행되었다. 이들은 8세기 경에는 라오스의 동북부 및 북부 지역과 태국의 북부 지역과 미얀마의 동북부 지역 그리고 중국 윈난성의 중남부 지역에까지 들어와 있었다. 이들은 결국 중국 윈난성의 다이족, 미얀마 샨주의 샨족, 라오스의 라오족, 태국의 타이족 그리고 멀리는 인도 동북부 아쌈 주의 아홈족을 형성하게 된다.

따이족은 10세기 경에는 당시 팽창하고 있던 앙코르 왕국의 북부 변두리의 여러 곳에 정착하여 성읍 국가들을 이룩하고 있었던 것으로 보인다. 따이족의 그러한 성읍 국가들 가운데 하나로 치앙센 일대에 있었던 요녹Yonok을 들 수 있다. 요녹은 한때 앙코르에 정복당하여 조공을 바치기도 했지만, 10세기 전반에는 크메르 군대를 쫓아냈다. 요녹은 특히 상좌 불교를 받아들이고 이를 제도화했는데, 이로써 따이족 세계에 불교를 바탕으로 한 문화적 정체성이 형성되기 시작했다. 요녹은 13세기 이후 태국에서 따이족이 본격적으로 국가를 형성하고 역사를 발전시키는 데 온상 역할을 했다.

여기서 태국의 타이족이 중국 윈난성에 있었던 남조南詔 왕국에서 내려왔다는 소위 남조설을 짚고 넘어갈 필요가 있다. 이 가설에 따르면, 타이족은 7세기 중엽에 남조 왕국을 건설한 후 중국의 한족으로부터 독립을 지키며 번성하다가, 13세기 중엽 몽골 군대의 압박을 받아 오늘날 태국 땅으로 들어왔다는 것이다. 이 가설은 오랫동안 태국의 역사책에 수용되는 등 타이족과 타이 왕조사의 기원에 대한 공식적인 설명이 되었다.[2]

그러나 남조 왕국은 중국인이 우만烏蠻이라고 불렀던 민족에 의해 건립된 것으로, 이들은 따이족이 아니라 티베트-버마Tibeto-Burman 어파에 속하는 민족인 것으로 추정된다.[3] 다시 말하자면, 남조 왕국을 건설하고 운영한 민족은 따이족이 아닌 것이다. 남조와 따이족의 관계는 기껏해야 12세기에 이 왕국이 쇠퇴함에 따라 윈난성 남부 특히 시수앙반나西雙版納(타이어로는 십송빤나Sipsong Pan Na) 지역에 독립적인 따이족 성읍 국가들이 일어날 수 있었다는 정도이다.

란나 왕국과 수코타이 왕국

11~12세기에 앙코르 왕국의 주변 지역, 특히 오늘날의 태국과 라오스 땅에 따이족이 정착하여 사는 성읍 국가들이 더욱 많이 생겨났다. 12세기에는 태국의 중부 지방에까지 따이족이 들어와 살고 있었던 것으로 보인다. 그러나 12세기 말까지는 태국

땅에 따이족의 강력한 왕국이 아직 등장하지 않았다.

따이족의 흥기와 관련하여 13세기에 큰 변화가 일어났다. 13세기 동안 캄보디아에서는 앙코르 왕국의 세력이 급격히 쇠퇴했다. 미얀마에서는 버강Bagan 왕국이 몽골 군대의 공격으로 멸망하고 말았다. 윈난성에서는 남조 왕국의 수도 다이리大理가 몽골 군대에게 정복당했다. 이로써 이들 왕국의 주변부에서 움츠리고 있던 따이족의 성읍 국가들이 제법 큰 규모의 왕국으로 발전할 수 있는 여건이 마련되었다. 동남아시아 역사에서 13세기는 실로 "따이족의 세기"라고 일컬을 정도로, 이 시기에 따이족의 여러 왕국이 움트고 역사의 무대에 고개를 내밀게 된다.

태국 땅에서 일어난 따이족 왕국들은 요녹의 전통을 계승하여 상좌 불교를 국교화하여 이를 바탕으로 자신의 문화를 구축해 나갔는데, 이것은 힌두교 및 대승 불교의 전통을 추구한 앙코르 왕국과는 확연히 구별되는 것이었다. 그러한 왕국들로 태국 땅에서 흥기한 대표적인 것으로 란나Lan Na 왕국과 수코타이Sukhothai 왕국을 들 수 있다.

란나는 치앙마이를 중심으로 한 북부 태국의 왕국으로, 치앙센에서 출생한 망라이Mangrai에 의해 창건되었다. 1259년에 치앙센에서 왕위에 오른 망라이는 람푼의 하리푼자야 왕국을 멸망시키고, 1292년에는 치앙마이를 왕국의 새로운 수도로 삼았다. 망라이는 상좌 불교를 도입했는데, 불교는 '타이 유안Thai Yuan' 즉 '북부 타이'라고 불리는 란

치앙마이 시내의 왓프라싱 사원 내에 서 있는 망라이 왕 동상

나 세계의 문화적 정체성의 한 중요한 바탕이 되었다. 망라이 시대 란나 왕국의 주민은 따이족 외에도 몬족과 라와Lawa족 등 여러 민족으로 구성되어 있었다. 이 민족들은 점차 타이 유안의 정체성을 취하여 란나 사회로 동화되어 갔다. 이러한 문화적·민족적 동화는 비단 란나에서뿐만 아니라 태국 땅의 다른 따이족 왕국에서도 비슷하게 일어났을 것이다. 1317년 사망할 때까지 약 60년 동안 왕위에 있었던 망라이는 태국 북부 지역에 상당히 넓은 땅의 왕국을 세웠다. 그의 치세 기간 제정된 다양한 법들을 모은 망라이 법전에서 엿볼 수 있는 것처럼, 그는 왕국의 법체계를 정비하기도 했다.[4] 이것은 당시 란나의 사회가 그만큼 복잡하고 어느 정도 큰 규모를 가지고 있었다는 것을 반영한다. 치앙마이를 중심으로 한 란나 왕국은 이후 수백 년 동안 미얀마와 라오스와 태국 사이에서 때로는 정치적 및 군사적 견제 세력으로, 때로는 문화적인 매개자로서 중요한 역할을 하게 된다.

란나 왕국이 흥기한 것과 비슷한 시기에 중부 태국에서 또 다른 주요 따이족 왕국인 수코타이가 세워졌다. 수코타이의 따이족은 이제 타이족이라고 지칭해도 좋을 것이다. 13세기 중엽 중부 태국에 수코타이와 같은 독립적인 타이족 왕국이 들어설 수 있었던 것에는 여러 요인이 있다.

첫째로 이 지역은 짜오프라야 강을 중심으로 여러 지류가 흐르는 평야지대로 벼농사에 매우 유리했다. 또 이 지역은 중국의 윈난성과 라오스의 루앙프라방에서 태국만 연안 일대와 말레이 반도에 이르는 북-남의 무역 세계와, 미얀마의 인도양 연안에서 라오스의 위앙짠Vientiane과 캄보디아에 이르는 서-동의 무역 세계의 중간에 위치해 있었다. 그 때문에 주민을 끌어들이기에 충분히 유리한 이 지역에는 13세기쯤이면 이미 상당한 인구가 살고 있었고, 이 인구는 타이족 왕국들이 이 지역에서 정치적 및 경제적 포부를 펼치는 데 필요한 인력을 형성해 주었다.

둘째로 중부 태국은 이 지역에서 오랜 기간 왕국을 운영했고, 불교 문화를 발전시킨 몬족의 정치적·문화적 전통이 있던 곳이었다. 또 타이족은 이 지역까지 팽창해 있던 크메르족의 앙코르 왕국과 정치적·문화적 접촉을 경험했다. 이로써 중부 태국의 타이족 사회는 13세기 중엽에는 정치적·문화적으로 상당히 성숙해 있었을 것이다.

셋째로는 타이족 왕국들이 앙코르 왕국에서 독립하려는 의지를 갖고 있었다는 점이다. 이 의지는 당시 앙코르 왕국이 점차 쇠퇴하고 있었기 때문에 보다 용이하게 실현될 수 있었다.

앙코르 왕국의 지배에서 벗어나려는 타이족의 노력은 1230년대 말에 중부 태국의 수코타이 일대에서 일어났다. 수코타이의 북쪽에 있는 웃따라딧의 성주 파 므앙Fa Muang은 방양의 성주 방 끌랑 하오Bang Klang Hao와 군사력을 합쳐 수코타이에 주둔하고 있던 크메르 군대를 쫓아냈다. 방 끌랑 하오는 수코타이의 왕으로 추대되었고, '시 인타라팃Sri Indraditya' 이란 왕 칭호를 얻었다. 이로써 공식적으로 인정되는 태국의 첫 왕조인 수코타이 왕조가 탄생했다. 수코타이 왕국은 1270년대 말까지는 그 주위의 몇 개 성을 포함한 성읍 국가의 규모에서 벗어나지 못했고, 심지어 주위의 다른 타이족 성읍 국가들로부터 종종 위협과 도전을 받았다.

수코타이 왕국의 통치 범위는 그 이름에 '캄행khamhaeng' 즉 '용맹' 이라는 수식어를 얻은 람캄행Ramkhamhaeng 왕의 치세(1279~1298년)부터 확장되었다. 1292년 람캄행 왕에 의해 세워진 것으로 전해지는 람캄행 비문에 따르면, 동쪽으로는 핏사눌록, 우돈타니, 라오스의 위앙짠, 남쪽으로는 나콘사완, 수판부리, 펫차부리, 나콘시탐마랏, 서쪽으로는 미얀마의 버고, 북쪽으로는 프래, 난, 라오스의 루앙프라방까지 람캄행의 수코타이 왕국에 복속되어 있었다.[5] 후대에 첨가된 것으로 보이는 이 기록의 내용은 그대로 믿을 수 없다. 람캄행이 군대를 몸소 이끌고 이 모든 지역을 굴복시켰다고 보기는 어렵기 때문이다.

람캄행의 수코타이 왕국의 영향력이 그 지역에까지 미쳤다고 말하는 것이 보다 적절한 표현일 것이다. 라오스나 미얀마나 말레이 반도와 같이 먼 지역의 성읍 국가에 대한 영향력은 일시적이거나 미약한 것이었고, 중간의 연결고리를 통해 유지된 간접적인 형태를 띠었던 것으로 보인다. 예

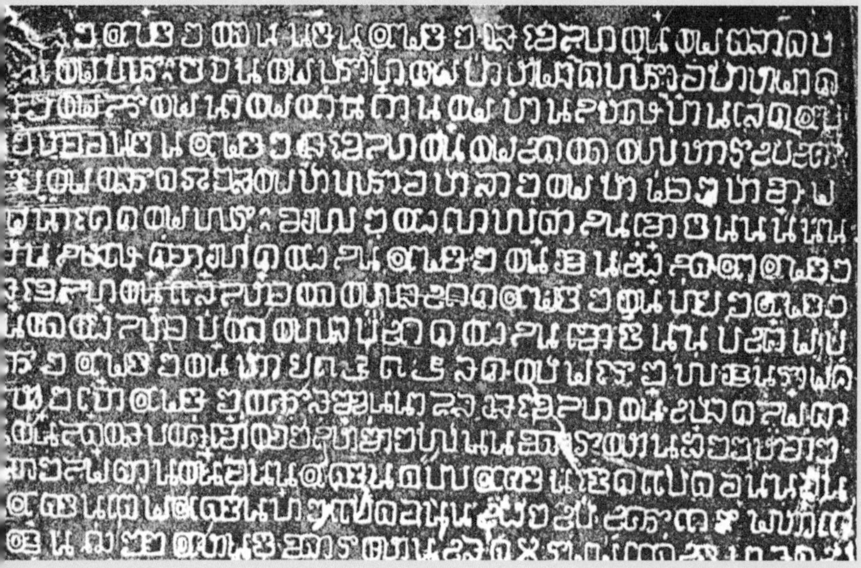

람캄행 비문의 일부

컨대 나콘시탐마랏의 경우, 이 성읍 국가는 펫차부리의 통제를 받았고 펫차부리는 수판부리에 속해 있었고, 수판부리는 수코타이에 복속되어 있었다.

람캄행 왕 시대 수코타이 왕국에는 불교가 확립되어 있었다. 람캄행 비문에 따르면, 왕족 및 귀족에서 평민에 이르기까지 수코타이 성의 사람들은 보시하기를 좋아하고 계율을 지키는 등 불교에 대한 신앙이 두터웠다. 수코타이 성내에는 절이 있었고 법당에는 금불상들이 많았다. 또 수코타이 성 서쪽의 밀림에 있는 절에는 상카랏Sangharāja 즉 승왕僧王이 거하고 있었는데, 그는 나콘시탐마랏에서 온 자로서 람캄행 왕이 보시를 드릴 정도로 나라에서 크게 존경받는 스님이었다.[6] 수코타이 왕국의 불교는 란나 왕국의 것과 마찬가지로 상좌 불교였으며, 나콘시탐마랏에서 들어온 것이었다. 말레이 반도 동안에 위치하여 국제 무역의 요충지였던 나콘시탐마랏은 상좌 불교의 본고장인 스리랑카와 정치적 · 종교적 교류를 함으로써 이미 13세기 중엽에는 동남아시아에서 상좌 불교 전파의 한 중심지가 되어 있었다. 이곳에서 수코타이와 란나와 태국의 여러 지역뿐만 아니라 앙코르 왕국까지 상좌 불교가 전파되었다. 불교는 수코타이 사회의 통합과 정체성의 문화적 구심점이었다. 불교는 13세기 말쯤이면 수코타이 왕국의 영향력이 미치는 거의 모든 지역에 널리 퍼져 있었고, 이들 지역에서 사회의 지배적인 이념이 되었다.

수코타이 왕국에는 불교 외에도 민간 신앙이 있었다. 민간 신앙은 불교가 전파되기 전부터 존재하던 것으로, 그것은 따이족 사회뿐만 아니라 태국 땅에 들어온 몬족이나 크메르족 사회에도 있었을 것이다. 람캄행 비문에는 다음과 같은 대목이 있다.[7]

> 수코타이 성의 남쪽에는 샘이 솟는 구릉이 있고, 거기에 프라 카풍Phra Khaphung이 있다. 이 산신은 왕국의 다른 어떤 신보다 크다. 수코타이 왕국을 다스리는 왕은 이 산신에게 올바르게 절을 올리고 제물을 바치면 이 성은 공평무사할 것이요, 올바르게 절을 올리고 제물을 바치지 않으면 이 산신은 수코타이 성을 보호하지 않을 것이요 이 성은 사라질 것이다.

프라 카풍 산신은 수코타이 성의 지역 신 혹은 지역 수호신이었던 것으로 보인다. 이 지역 신 신앙은 타이 역사에서 란나 왕국에서 뿐만 아니라 아유타야 왕조와 라따나꼬신Ratanakosin 왕조에 이르기까지, 왕실 정부가 국가의 보호와 유지를 위해 불교와 더불어 소중히 다루었다. 소위 '락므앙Lak Muang' 즉 '도시의 기둥' 신앙이 바로 그 전통으로, 란나 왕국의 수도인 치앙마이와 라따나꼬신 왕조의 수도인 방콕과 기타 여러 도시에서 발견할 수 있다.

수코타이 시대는 여러 측면에서 타이 역사 발전의 중요한 토대와 문화의 원형을 보여준다. 람캄행 시대 왕국의 영향력 범위는 후대 왕조들이 팽창하려는 태국 영토의 모형이 되었다. 또 불교를 국가의 종교로 확정한 것과 불교가 왕권 개념의 핵심적 바탕이 된 것도 그렇지만, 불교와 지역 신 신앙의 결합도 수코타이 시대부터 시작한다.

그밖에 위의 비문은 오늘날 타이 문자가 람캄행 왕에 의해 1283년경 창제되었다고 말한다. 오늘날 타이인이 이것을 굳게 믿고 있다. 그러나 최근의 연구에 따르면, 타이 문자는 13~14세기 중엽까지 태국을 지배한 캄보디아의 크메르 문자의 영향을 받아 발전했으며, 람캄행 왕 비문에 나타나는 문자는 이미 그 이전부터 발달해 있던 타이 문자를 바탕으로 한 것이다.[8]

태국의 다른 명칭인 '시암Siam' 이 시작된 것도 수코타이 시대부터였다. 13세기 말 중국인은 수코타이의 타이족 왕국을 '셴暹' 이라고 불렀다. 중국은 그 후 수백 년 동안 태국을 '셴' 혹은 '셴뤄暹羅' 라고 불렀고, 조선도 중국의 예를 따라 태국을 '섬라국暹羅國' 이라고 칭했다. '셴' 의 어원인 '시암' 은 오랫동안 타이족 피부색의 특징인 '검은' 을 뜻하는 것으로 생각되었으나, 최근에 '우물' 을 뜻하는 '삼sam' 이란 고대 타이어에서 파생된 것이라는 학설이 나왔다. 이에 따르면, 타이족은 옛날에 우물을 중심으로 마을을 이루어 살았으며, 그러한 타이족을 캄보디아 사람들이 '시암' 이라고 불렀다.[9] 말레이인도 곧 이 용어를 받아들여, 태국을 '시암' 이라고 불렀고, 이 명칭은 뒤에 16세기에는 포르투갈 사람들에 의해 유럽에 알려져 그 후 수백 년 동안 태국은 서양인에 의해 '시암' 으로 불리게 되었다.

타이족은 수코타이 시대부터 '시암' 이라는 민족 및 국가 명칭을 얻게 되었다. 수코타이 왕국의 타이족은 이제 라오스의 라오족과 미얀마의 샨족, 심지어 란나의 타이 유안과도 약간은 다른 민족으로 발전했다. 즉 다른 민족 정체성을 갖게 된 것으로 보인다. 그 정체성의 성격을 규정하기란 쉽지 않지만 대체로 다음과 같이 이해할 수 있을 것이다.

그것은 우선 지역적으로는 태국 중부 지역을 중심으로 한 것이었고, 정치 문화의 측면에서는 앙코르 왕국에서 정치적 · 문화적인 영향을 받은 것이었다. 또 종교 문화적으로는 상좌 불교 및 민간 신앙에 바탕을 둔 것이었다. 한편 주위 다른 민족들의 문자와 구별되는 타이 문자도 문자가 의사소통의 중요한 수단이라는 측면에서 볼 때, '시암' 타이족의 정체성 형성에 기여했을 것이다. 이러한 '시암' 정체성을 가진 중부 태국의 타이족을 흔히 '시암인Siamese'이라고 부른다. 이 '시암' 정체성은 타이 근현대사의 전개 과정에서, 특히 중앙의 행정 체계와 문화가 주변부로 확대됨으로써 태국 전역으로 확산되어 오늘날 타이인의 정체성으로 발전했다.

수코타이 왕국의 군대는 1290년대에 앙코르 왕국을 침공하여 나라를 황폐하게 만들 정도로 강했다. 그러나 수코타이의 세력은 람캄행 왕 사후 급격하게 하락하여, 1320년경이 되면 다시 성읍 국가의 수준으로 위축되어 버렸다. 수코타이 왕국은 14세기 중엽이 되면 태국 중부 지역에서 새로이 떠오르는 타이족 왕국인 아유타야의 그늘에 가리어 그 빛을 잃고 말았다.

아유타야 왕조(1351~1767년) 아유타야Ayutthaya 왕조는 짜오프라야 강 하류에 위치한 아유타야를 수도로 1351년에 창건되었다. 아유타야 왕국은 초기부터 팽창 정책을 펼쳐 이웃 국가들을 속국으로 만들었으며, 1431년에는 수 세기 동안 강력한 제국을 건설해 오던 앙코르

타이어와 타이 문자

타이어는 라오스의 라오어와 함께 따이-까다이Tai-Kadai 어족에 속한 언어이다. 타이어는 두 가지 특징을 갖고 있다. 첫째는 문법상으로는 고립어라는 점으로, 모든 단어는 어형의 변화가 없이 어근이 그대로 쓰인다. 단어는 단음절이 기본을 이룬다. 둘째는 성조어라는 점으로, 성조는 중국어의 영향으로 생겼다. 타이어에는 5개의 성조가 있다.

음성학적으로 풍부한 타이어에 적응하는 과정에서 타이 문자의 글자는 많아져, 32개의 모음과 44개의 자음을 갖고 있다. 타이 문자는 인도의 그란타Grantha 문자의 일종인 팔라바Pallava 문자에 그 기원을 두고 있다.

루이14세 시대 프랑스의 지리학자인 플라시드Placide가 1686년에 작성한 아유타야 왕국과 그 주위 나라들의 지도

왕국을 정복하기에 이르렀다. 15세기 중엽에는 태국의 정치사에서 중요한 의미를 갖는 보롬마뜨라이록까낫Borommatrailokanat(재위 1448~1488년)이 왕위에 올라, 국가의 행정을 민사와 군사로 양분하는 등 행정 제도를 개혁했다. 그는 또한 왕족에서 노예에 이르기까지 모든 백성에게 관료 조직 혹은 사회적 지위나 신분에 따라 '삭디나sakdina'의 양을 매겼다. 이 삭디나 제도로 국왕을 제외한 모든 사람의 사회적 가치가 결정되었다. 삭디나는 특히 왕족과 관료에게는 자신의 수입의 고하를 가리키는 지표가 되었다.

아유타야 왕국은 또한 왕조 초기부터 중국과 인도와 동남아시아 국가들과 활발히 해외 무역을 벌였다. 이를 통한 왕실 재정의 강화는 왕국이 군사적으로 강력한 힘을 발휘할 수 있는 밑바탕이 되었다.

아유타야 왕국은 수도가 1569년 미얀마 군대에게 정복당해 일시 쇠락했으나, 나레수안Naresuan의 탁월한 군사적 영도력과 아유타야 정부의 효율적인 국가 재건의 노력으로 말미암아, 1590년대 초에는 강력한 국가의 위상을 회복했다. 그리하여 타이 군대는 1594년에 캄보디아를 다시 정복했고 1600년에는 미얀마의 중부 지방까지 쳐들어갔다. 이 시기에 아유타야 왕국은 북부의 치앙마이를 중심으로 한 란나 왕국을 역사상 처음으로 태국의 속국으로 만들었다. 나레수안 왕의 시대(1590~1605년) 태국은 또한 활발한 해외 무역을 통해 경제적으로도 번성했다. 전통적으로 태국의 가장 중요한 무역 상대국인 중국 외에, 일본과 네덜란드와 영국과도 무역 관계가 형성되었다. 태국의 해외 무역은 17세기 전반기에 지속적으로 발전하여 나라이Narai 왕 시대(1656~1688년)에 절정에 달했다. 이 시대 아유타야 왕국은 중국, 일본, 인도, 중동뿐만 아니라 유럽과도 외교적으로 활발한 접촉을 경험했다. 특히 1680년대에 프랑스와 진행된 긴밀한 관계는 양국 외교 사절의 교환으로까지 이어졌다.

그러나 나라이 정부의 친유럽적 성향은 당시 아유타야의 관료 사회와 불교계 보수 세력의 반감을 샀으며, 결국 1688년 궁정 혁명이 일어났다. 이 쿠데타를 주동한 펫타라차Petracha는 왕위를 찬탈하여, 반플루루앙Ban Phlu Luang이라는 새로운 왕실을 세웠다. 궁정 혁명 이후 네덜란드인을 제외한 다른 유럽인과의 무역 관계가 종식되는 등, 반플루루앙 시대(1688~1767년)에 유럽인과의 관계가 전반적으로 침체되었다. 그러나 그만큼 중국 무역의 비중이 커져, 아유타야 시대 말기 중국과의 무역량이 크게 증가하고 태국에서 중국 상인의 활동과 역할이 증대되었다.

나라이 왕 정부의 대신이었던 꼬사 빤Kosa Pan. 그는 1686년에 타이 사절단을 이끌고 프랑스를 방문했다.

보로마꼿Boromakot 왕의 시대(1733~1758년)는 심각한 내란이나 외부의 군사적 위협이 없이 정치적으로 평화를 누렸고 경제적으로 번성하여, 문학과 예술이 크게 진작되어 아유타야 후기의 황금기로 간주되고 있다. 그러나 태평성대가 지속되자 사회 질서가 문란해지고 군사력이 소홀히 취급되었다. 또한 보로마꼿 왕의 사후 왕위 계승을 둘러싼 분쟁에서 왕실과 관료 사회가 분열되는 등 국가의 내부적 단결력이 약화되었다. 이러한 내적인 문제를 안고 있던 아유타야 왕국은 1767년에 미얀마의 공격으로 멸망하고 말았다.

삭디나

'삭디나'의 '삭디'는 힘을 뜻하고, '나'는 논을 의미한다. '삭디나'를 문자 그대로 번역하면 '논의 힘'이 된다. 삭디나는 처음에는 아마 국왕이 신하들에게 하사한 토지의 양을 가리켰을 것이다. 그러나 한정된 토지에 인구는 갈수록 늘고 또 토지 하사의 실제적인 운영이 불가능하게 되면서, '삭디나'는 점차 토지 하사와는 상관없는 상징적인 가치만 지니게 되었을 것이다. 삭디나가 애초에 토지와 관련된 개념이었다는 점은, 삭디나의 단위로 태국의 대표적인 토지 단위인 '라이rai'(1라이=1,600㎡)가 쓰였다는 사실에서 엿볼 수 있다.

삭디나 체계에서 가장 높은 지위에 있던 자는 10만 라이의 우빠랏Uparat이었다. '우빠랏'은 '부왕副王'으로 번역되곤 하지만, 사실 서열에서 '왕의 다음'이라는 뜻을 갖는다. 그래서 '우빠랏'은 '차왕次王'이라고 옮기는 것이 더욱 정확하다. 왕비 소생의 왕자는 1만 5천에서 2만 라이 사이인데, 왕궁의 한 행정부의 장이 되면 4만 내지 5만 라이로 격상된다. 왕족 외의 백성에게 책정된 가장 높은 삭디나는 장관의 1만 라이이며, 그 밑으로 5,000부터 5까지 단계별로 매겨진다. 삭디나 400 이상이 국왕을 배알할 수 있는 특권을 가진 엘리트 관료로 이들을 타이어로 '쿤낭khun nang'이라고 불렀다. 프라이phrai 즉 평민으로서 한 가정의 가장은 삭디나 20이었다. 그렇지 않은 프라이들은 15 내지는 10라이에 매겨졌다. 가장 낮은 삭디나는 노예와 거지에게 주어진 5라이였다.

톤부리 왕조-라따나꼬신 왕조(1767~1932년) 단절된 태국의 왕조사적 전통은 딱신Taksin이라는 인물의 뛰어난 군사적 노력에 의해 재건되었다. 중국인 아버지와 타이 어머니 사이에서 태어난 그는 미얀마 군대를 쫓아낸 후, 폐허된 아유타야를 버리고 톤부리를 수도로 삼아 톤부리Thonburi 왕조(1767~1782년)를 세웠다. 그러나 그는 재위 말기 불교적 명상을 통한 신비주의적인 체험을 추구하며, 불교 군주로서 비정통적인 행동을 보였다. 게다가 부친의 고향 사람들인 차오저우潮州 출신 화인華人들에게 이권을 주고 그들을 고위 관직에 중용함으로써, 기존 관료 사회의 반발을 샀다. 결국 딱신은 1782년에 폐위되었고, 그의 신하 가운데 가장 세력이 강한 짜끄리Cakri가 권력을 차지했다. 짜끄리는 수도를 톤부리에서 방콕으로 옮기고, 라따나꼬신 왕조를 창건하여 현대 태국의 토대를 닦았다.

짜끄리 즉 라마Rama 1세(1782~1809년)는 아유타야 시대의 전통을 바탕으로 개혁 정책을 추진했다. 우선 불교의 개혁이 단행되었다. 라마 1세는 무엇보다도 국가의 도덕적 기강과 질서의 회복을 중시했는데, 그것은 도

방콕의 톤부리 지역에 위치한 왓 아룬 사원에 있는 딱신 왕 동상

덕적인 부패가 아유타야 왕조의 멸망을 가져왔다고 보았기 때문이다. 그리하여 그는 승가僧伽 즉 불교 교단을 정비했으며 이를 위해 일련의 법령을 제정했다. 또한 불교의 우주론인 『뜨라이푸미까타Traiphumikatha』 즉 『삼계론三界論』을 새로이 편찬하고 불경을 개정했다. 이러한 활동을 통해 그는 새로운 정부의 안정과 정당성을 위해 불교계의 지지를 확보하려고 했다. 그밖에도 그는 1805년에 『꼿마이뜨라삼두앙Kotmai Tra Sam Duang』 즉 『삼인법전三印法典』을 편찬하여 새로운 왕조를 위한 법 체제를 정비했다.

라마 1세의 태국은 또한 대외적으로 국력을 팽창하여, 미얀마의 지속적인 군사적 위협을 성공적으로 물리쳤고, 말레이 반도의 클란탄과 트렝가누를 속국으로 만들었으며, 캄보디아 서북부의 바탐방과 시엄레업을 태국의 영향 아래 두었다. 라따나꼬신 왕조는 라마 1세 시기에 이룩된 안정된 왕권과 강력한 정부의 바탕 위에서 이후 정치적으로뿐만 아니라, 경제적·문화적으로도 발전할 수 있었다.

17세기 말 이후 침체되던 서양과의 관계가 라마 2세의 시대(1809~1824년)부터 다시 열리기 시작했다. 18세기 말부터 1810년대 중엽까지 나폴레옹 전쟁으로 유럽 안의 문제에 전념할 수밖에 없었던 유럽인이 이제 다른 곳으로 눈을 돌릴 여유를 갖게 되었다. 영국의 동인도회사는 1822년에 말레이 반도에서 태국과의 이해관계 충돌을 해결하고 또한 태국을 개방하기 위해 존 크로퍼드John Crawfurd를 방콕으로 파견했다. 그러나 당시 독점적으로 운영하던 해외 무역을 통해 많은 수입을 확보하고 있었던 타이 정부로서는 전통적인 무역 체제를 포기할 수 없었고, 그 결과 크로퍼드 사절은 소기의 목적을 달성할 수 없었다.

무역 개방을 위한 서양의 압박은 라마 3세 시대(1824~1851년)에 더욱 가중되어, 영국은 1825~1826년 헨리 버니Henry Burney 사절을 통해, 미국은 1833년 에드먼드 로버츠Edmund Roberts 사절을 통해 방콕 정부와 무역 협정을 맺었다. 이로써 태국은 부분적으로 개방되었으나 서양 열강은 이에 만족하지 않았다. 특히 영국은 1855년에 존 보링John Bowring을 파견하

1860년경의 라마 4세와 텝시린타라Thepsirindra 왕비. 람퍼이Ramphoei라고도 알려진 텝시린타라 왕비에게서 라마 5세가 태어났다.

여 태국의 상업적 문호를 완전히 개방시킨 불평등조약인 소위 보링 조약을 체결했다. 방콕 정부가 조약 체결에 동의한 것은 무엇보다도 아편전쟁(1839~1842년)과 일본의 강요된 개항(1852년) 그리고 제2차 영국-미얀마전쟁(1852~1853년)에서 보여준 서양의 우월한 무력과 그 잠재적 위협을 인식했기 때문이다. 반서양적이고 보수적인 라마 3세에 비해 친서양적이고 계몽적인 라마 4세 즉 몽꿋Mongkut(재위 1851~1868년) 정부는 보다 현실적인 상황 판단을 내리고 있었던 것이다.

타이 사회는 19세기에 들어서서 본격적으로 재개된 서양과의 접촉 이후 급속히 변화하기 시작했다. 이미 1820년대 버니 조약 체결 이후 서양과 무역량이 증가했고, 이와 함께 상인과 선교사 등 태국에 와서 활동하는 많은 서양인을 통해 서구의 문물이 타이 사회에 소개되었다. 특히 미국의 개신교 선교사들은 1830년대 처음으로 타이어 인쇄기와 천연두 예방주사를 도입했으며, 1844년에는 태국 최초의 잡지인 「방콕 레코더Bangkok Recorder」를 발행했다.

또한 서양 선교사를 통해 태국의 왕실과 귀족 관료 사회의 자제들이 영어를 비롯한 유럽의 언어와 서양의 기술 및 학문을 배웠다. 1855년 전면 개방 이후에는 방콕에 입항하는 서양 상선들의 숫자가 훨씬 많아졌고, 치외법권으로 무장한 서양의 외교관, 상인, 선교사들의 숫자 역시 크게 증가했다. 또한 이전보다 더욱 다양해진 이들의 활동이 타이 사회에 미치는 영향도 더욱 직접적인 것이 되었다. 이런 접촉을 통해 타이 사회의 전통적인 가치관이 변하기 시작했다. 예컨대 전통적으로 피지배층에서는 농사가, 지배층에서는 관료로 출세하는 것이 중시되었으나, 이제는 상업적 활동도 사회적인 중요성을 얻기 시작했다.

타이 정부는 개방 이후 서양 국가와 외교적 관계를 맺고 서양인을 고문으로 정부에 고용하며, 서양의 사회적·정치적 제도를 도입하고, 시대에 뒤떨어진 전통적인 제도들을 폐지하는 등 다양한 측면에서 국가를 개혁하기 시작했다. 이러한 노력은 국가의 근대화라는 일반적 목적 외에 서양의 위협에서 나라를 보호한다는 구체적 목적을 위한 것이었다. 미얀마와 베트남 등에서도 이러한 노력이 있었으나, 태국과 달리 소기의 목적을 달성하는 데 모두 실패했다.

식민지화의 직접적인 위협은 제국주의적 열풍에 동남아시아의 여러 나라들이 영국과 프랑스의 식민지로 전락하던 1880년대에 태국에도 다가왔다. 국가의 근대화와 서양의 위협에서 나라를 지키는 실제적 부담은 몽꿋의 후계자인 쭐라롱꼰Chulalongkorn(재위 1868~1910년)에게 주어졌다. 라마 5세로도 알려진 이 왕의 개혁은 무엇보다도 1892년 효율적인 정부 운영을 위한 행정 개혁에서 절정을 이루었다. 그러나 국가의 주권을 유지하기 위해 쭐라롱꼰 정부는 영토의 일부를 영국과 프랑스에게 할양할 수밖에 없었는데, 그 과정에서 타이 정부가 보여준 양보와 타협의 유연柔軟 외교가 국가의 식민지화를 막는 데 적지 않은 기여를 했다는 점은 널리 인정되고 있다.

쭐라롱꼰 왕의 개혁의 한 가지 중요한 특징은 국가의 근대화 및 개혁을 실시하는 동시에 왕권을 강화하기 위해 노력했다는 점이다. 그것은 1892년의 행정 개혁에 따라 확정된 12개의 부처들 가운데 9개의 장관직에 왕의 동생들을 임명했다는 사실에서도 나타났다. 쭐라롱꼰 왕은 즉위 초부터 자신이 가장 신뢰하고 또 쉽게 통제할 수 있는 인물을 정부의 요직에 앉혔다. 왕자들을 중심으로 이루어진 이러한 인사 정책은 귀족 관료 사회에 대해 왕권을 강화하기 위

라마 5세

한 노력의 일환으로 볼 수 있다.

왕권과 관료 사회 사이에는 수 세기 전부터 권력을 둘러싼 알력이 있어 왔다. 쭐라롱꼰 왕이 염두에 둔 당시 세도 가문은 17세기 초 태국에 정착한 것으로 간주되는 한 페르시아인의 후손들인 분낙Bunnak 가문으로, 이 가문의 사람들은 이미 라마 1세의 정부에서 요직을 차지하기 시작하여, 라마 3세 때 딧 분낙Dit Bunnak은 남부 행정을 관할하는 깔라홈Kalahom과 외무 및 재무부인 끄롬 프라클랑Krom Phra Khlang의 두 장관직을 겸임하기도 했다. 분낙 가문은 라마 4세와 라마 5세가 왕위에 오르는 데 결정적인 영향력을 행사했으며, 특히 추앙 분낙Chuang Bunnak은 쭐라롱꼰 왕의 재위 초기 국왕의 섭정으로 실질적 권력을 장악하고 있었고, 1880년대 중엽까지 왕국의 정치와 경제를 좌지우지하던 인물이었다.

왕족 중심의 정치는 라마 6세인 와치라웃Vajiravudh(재위 1910~1925년) 왕과 라마 7세인 쁘라차티뽁Prajadhipok(재위 1925~1935년) 왕의 시대에도 지속되었다. 그러나 20세기에 들어서서 타이 사회에서 서양의 민주주의 사상과 제도에 대한 관심이 점차 확대되고, 그와 함께 절대 군주제를 문제시하는 흐름이 나타나기 시작했다. 여기에는 특히 일본의 의회 민주주의 발전과 1908년 터키에서 젊은 장교들로 구성된 터키청년당원들이 술탄 압둘 하미드Sultan Abdul Hamid 2세의 정부를 전복시킨 사건, 그리고 무엇보다도 중국에서 절대 왕정을 무너뜨린 1911년의 신해혁명辛亥革命의 영향도 컸다.

1912년에 태국에서 절대 군주제를 입헌 군주제나 심지어 공화제로 바꾸려는 음모가 일부 장교와 관료 사이에서 나왔다. 의회 민주주의에 대한 관심은 이미 1880년대 영국, 프랑스 등지에서 외교관으로 활동하던 몇몇 왕자들이 쭐라롱꼰 왕에게 국가의 근대화를 위한 개혁을 제안하는 건의문에서도 나타난 바 있었다. 그러나 라마 5세와 라마 6세는 정부의 중심에 강력한 왕권이 있어야 한다는 생각을 결코 포기할 수 없었다. 입헌 체제에 대한 적극적인 논의는 라마 7세 시대에 활발히 제기되었다. 정부 체제의

20세기 초 방콕의 타이 왕궁

근본적 개혁의 필요성을 인식하고 있던 라마 7세는 스스로 헌법의 도입에 관심을 표하기도 했다. 그러나 우유부단한 성격의 소유자로 평가되는 이 왕의 재위 기간에 의회 도입은 결국 이루어지지 않았다.

19세기 말과 20세기 초 사이에 태국에서 일어난 다른 하나의 이념적 흐름으로 민족주의를 중시할 필요가 있다. 식민 통치를 받지 않은 태국의 민족주의는 동남아시아의 다른 나라들과는 달리 외세에 대한 저항의 원동력이 아니라, 민족 정체성의 재발견과 확립이라는 성격을 띠었다. 간략히 말하자면, 민족주의를 통해 타이 정체성이 형성되었던 것이다. 타이 민족주의의 또 다른 특징은 그것이 왕족과 귀족 관료 사회 등 엘리트 계층에서 시작된 "위로부터"의 민족주의란 점이다. 민족주의는 20세기에 태국이라는 국민 국가를 형성하는 데 중요한 힘으로 작용하게 된다.

의회 민주주의는 1932년의 쿠데타를 통해 실현되었다. 쿠데타의 주역들은 프랑스 및 독일에서 유학한 소장 법학자와 장교들로, 이들은 왕실 중심의 정부 운영 방식에 대해 강한 불만을 갖고 있었으며 민주주의만이 특권층의 권력 남용에 종지부를 찍을 수 있고 국가를 번영으로 이끌 것이라고 보았다. 쿠데타가 당시 관료 사회에서 많은 지지를 획득할 수 있었던 것은, 왕실 정부가 1930년에 시작된 세계 대공황의 여파로 조세 수입이 격감하자 1931/32년도 예산의 균형을 위해 공무원의 봉급을 대폭 삭감한 데 대해 관료들이 전반적으로 불만을 품고 있었기 때문이다. 무혈로 끝난 1932년의 혁명을 통해 태국의 정치 체제는 절대 군주제에서 입헌 군주제로 바뀌었다.

입헌 군주제 시대의 타이 현대사

태국의 현대 정치는 1932년부터 시작한다고 말할 수 있다. 이 해에 절대 군주제가 붕괴됨으로써 이제는 누구라도 정치에 참여할 수 있게 되었다. 그리고 1932년은 군부가 국정을 주도하기 시작한 해라는 점에서 태국의 정치사에서 또 다른 중요한 의미를 갖는다. 군부의 집권은 60년 동안 이어져 1992년에야 종식되었다. 이 기간 국가 권력을 둘러싸고 군부의 여러 파벌 사이에 경쟁이 심하여 총 18번의 쿠데타가 발생했다. 태국은 외형적으로는 민주주의 국가

타이인의 이름 부르기

태국에서는 성姓 대신에 이름을 부르는 것이 공식적이다. 예컨대 1932년의 혁명과 그 후 타이 정치사에서 중요한 역할을 한 쁘리디 파놈용Pridi Phanomyong은 역사책에서 '쁘리디'로 불린다. 이런 관행은 오랫동안 대부분의 타이인이 성에 대한 개념이 없었던 것에서 비롯되었을 것이다. 가문의 이름들이 사용되기는 했지만, 그것은 귀족 관료 중에서도 매우 특별한 경우에만 나타났다. 타이 사회에서 성은 라마 6세에 의해 1913년에 처음으로 도입되었다. 그는 이 해에 자신의 문학적 재능을 발휘하여 성의 목록을 만들어 태국 국적을 가진 타이인 가장들이 그 가운데 하나를 택해 관청에 자신의 가문의 성을 등록하도록 했다. 이 조치에도 불구하고 타이인은 오늘날까지 성을 부르는 것에 그다지 익숙하지 않다.

1932년 혁명을 일으킨 육군의 주요 인물. 중간 줄의 왼쪽에서 다섯 번째 인물이 1933년부터 1938년까지 혁명 정부의 수상을 지낸 파혼Phahon, 세 번째 인물이 피분송크람Phibunsongkhram

였지만, 실질적으로는 정치가 불안정하고 권위주의적이며 심지어 독재적이었다. 그래서 이 기간 태국의 정치의 성격은 '준민주주의,' '군부 독재,' '군부 주도형 관료 지배 체제' 등의 개념으로 규정되기도 한다.

1932년 혁명 세력은 인민당을 결성하고 헌법을 제정했다. 그러나 이렇게 출범한 "민주주의적인" 새로운 정부는 곧 군부에게 휘둘리게 되었다. 1938년에는 군부의 핵심 인물인 피분송크람Phibunsongkhram이 집권했다. 그는 국가를 독재적으로 통치했으며 군국주의적이자 민족주의적인 정책을 펼쳤다. 피분 정권은 1939년에 국가주의 정책을 실시하기 시작했다. "타이인을 진정한 타이인으로 만든다"는 목적을 갖고 추진된 국가주의 정책은 구체적으로는 타이인이 나라의 실질적인 주인이 되도록 한다는 것과 타이 문화를 활성화함으로써 태국의 지배적인 문화로 승화시키는 것을 목표로 두었다.

이에 따라 주변부의 모든 소수 민족들에게 타이어의 학습뿐만 아니라 불교에 대한 존중도 강요되었다. 피분 정권은 또한 태국의 국제적인 공식 명칭을 기존의 '시암'에서 타이 민족과 문화를 강조하는 '타이-랜드'로 변경했다. 피분 정권은 태국 내 화인의 경제적 활동을 제한하는 반反화인 정책을 실시했는데, 이것도 민족주의적인 정책의 일환에서 이루어진 것이었다.

1960년 벨기에를 방문한 푸미폰Bhumibol 국왕과 시리낏Sirikit 왕비

피분 정권의 군국주의적인 측면은 제2차 세계 대전 때 분명히 나타났다. 혁명 초기부터 친일적인 성향을 보인 타이 정부는 피분 정권에 이르러서는 1941년 12월에 일본과 동맹을 맺더니, 그 이듬해 1월에는 전통적인 우방이던 영국과 미국에 선전 포고를 하기에 이르렀다. 그러나 태평양 전쟁의 전세가 일본군에게 점차 불리하게 돌아가자, 피분은 1944년에 수상직에서 물러났다.

전후 수 년 동안 태국의 정치는 급격한 변화를 겪었다. 태평양 전쟁 때 피분 정권의 친일적인 군국주의 정책에 반대하여 태국 국내외에서 항일 자유 타이 운동이 일어났다. 이 운동의 주역 가운데 한 사람이었던 쁘리디 파놈용Pridi Phanomyong은 전후 수상에 취임하여 양원제를 도입하고 여러 정당들이 참가하는 선거도 실시하는 등 민주화를 위해 노력했다.

1935년 라마 7세의 후임으로 왕위에 오른 아난타 마히돈Ananda Mahidol 왕이 1946년에 그의 침실에서 피살된 시신으로 발견되었다. 사인이 밝혀지지 않은 이 사건으로 쁘리디는 궁지에 몰려 결국 수상직에서 물러나 국외로 망명을 떠났다. 아난타 마히돈의 뒤를 이어 그의 동생인 푸미폰 아둔야뎃Bhumibol Adulyadej이 짜끄리 왕조의 제9대 왕으로 추대되어 오늘날까지 60년 이상 태국의 왕위에 앉아 있다.

군부 주도의 정치는 1947년에 피분이 쿠데타를 일으켜 재집권함으로써 재개되었다. 1947년 쿠데타에는 사릿Sarit, 타놈Thanom, 쁘라팟Praphat, 찻차이Chatichai 등 여러 장교들이 가담했는데, 이들은 그 후 30년 동안 여러 파벌을 형성하여 상호 견제하며 권력 투쟁을 벌이면서 군부 정치의 무대에서 중요한 역할을 담당했다. 1947년 쿠데타의 주역들은 1951년에 또 다시 쿠데타를 일으켜 군인이 국회의원이 되는 것을 금지한 1949년 헌법을 폐지하고 국회의원의 반은 정부가 임명할 수 있도록 만들었다. 이에 따라 1952년에 구성된 국회의 임명직 의원들은 거의 모두 군 장교들로 이루어졌다. 이로써 군인은 국가의 행정뿐만 아니라 입법도 장악하게 되었다.

1938년부터 1944년까지 그리고 1948년부터 1957년까지 총 15년 동안 태국의 수상을 지낸 피분송크람Phibunsongkhram

본격적인 군부 독재 체제는 1957년 9월 사릿 장군의 쿠데타 이후 수립되었다. 사릿은 이 쿠데타로 피분 세력을 축출하고 권력을 자신과 그의 심복인 타놈에게 집중시켰다. 그 이듬해 10월에 사릿은 또 한 번 쿠데타를 일으켜 독재 정권을 수립했다. 그는 헌법을 폐지하고 모든 정당을 해산하고 정부에 비판적인 국회의원과 학생과 노동자들을 구속했다. 많은 신문이 폐간되었고 숱한 언론인이 감옥에 갇혔다. 이 해부터 1968년까지 10년 동안 계엄령 체제가 태국을 지배했다.

사릿 정권은 1961년에 제1차 경제 개발 계획을 실시했다. 이것은 국가가 시장에 적극적으로 개입함으로써 경제 성장을 이룩하고 이로써 정치적인 안정을 기한다는 전형적인 개발 독재였다. 그 이후 국가가 주도하는 경제 개발 과정에서 군부는 국영 기업과 사기업의 운영을 통해 부를 축적했다. 군부 정권은 수출의 대부분을 차지하는 농산물의 생산과 가공 및 유통 산업을 적극적으로 지원했다. 또 수입 대체 산업화 정책을 실시하여 농산물 수출을 기반으로 성장한 기업들이 국내 소비를 위한 공산품 생산도 할 수 있도록 지원해 주었다.

사릿 타나랏Sarit Thanarat 수상

공산품의 수입 대체 산업은 주로 자본과 기술을 제공하는 외국계 기업과의 합작을 통해 추진되었는데, 1970년대 이후에는 일본이 최대 투자국으로 부상했다. 농산물 수출과 국내 소비용 공산품 생산을 통해 몇몇 기업이 재벌 그룹으로 발전했으며, 특히 화인 기업이 크게 성장했다. 이러한 기업들과 군부 세력 사이에는 유착이 이루어져, 군부 실세는 기업들에게 특혜를 제공했고 그 대가로 기업인으로부터 정치 자금을 받았다.

1963년 12월 사릿의 사망 후 권력을 물려받은 타놈은 1973년까지의 장기 집권 기간 사릿의 시대에 틀이 잡힌 군부 독재의 정치 구조를 별다른 변경 없이 유지해 나갔다. 그는 쁘라팟에게 군 최고 사령관의 지위를 물려주었을 뿐만 아니라, 그를 내무부 장관 겸 부수상에 임명했다. 타놈과 쁘라팟은 자녀들을 서로 결혼시킴으로써 사돈 관계까지 맺었다. 1963년부터 1973년까지 타이 정치는 이 두 사람의 손아귀에 놓여 있었다고 해도 과언이 아니다. 위의 기간을 타놈-쁘라팟 시대라고 부를 정도다.

타놈은 1971년 11월에 쿠데타를 일으켜 국회를 해산하고 1968년에 부활된 헌법을 폐지했으며, 그 이듬해 12월에는 국회의원을 모두 정부가 임명하고 그 가운데 3분의 2는 군과 경찰에서 뽑는다는 내용의 신헌법을 발표했다. 국가의 이해관계가 군부에 의해 좌지우지되는 상황을 더 이상 용납하기를 거부하는 태국의 학생과 중산층 시민은 1973년 6월부터 반정부 시위를 시작했다. 군부 정권의 퇴진과 민주적인 헌법을 요구한 시민들이 구속되자, 시위의 규모는 눈덩이처럼 커져 10월에는 수십만 명으로 불었다. 시위 군중에 대한 발포로 많은 사상자가 난 혼란스러운 상황에서 국왕도 민중의 편을 들어주었다. 타놈 정부는 결국 10월 14일 퇴진하여 해외로 망명했다.

타놈 낏띠까촌Thanom Kittikachorn 수상

1973년 10월 혁명이 가져다 준 타이 정치의 민주화는 오래 가지 못했다. 지난 수십 년 동안 군부 독재 체제에서 행정의 경험을 쌓을 수 없었던 문민 정치인들은 국가를 운영하기에는 너무 미숙했다. 정당들이 우후죽순처럼 생겨났다. 1975년 1월의 선거 결과 어떤 정당도 과반수를 차지하지 못하는 등 정치적 불안은 극도에 달했다. 좌익 사상이 학생과 노동자 사이에서 큰 인기를 얻었고, 공산주의자들의 정당 활동이 활발하게 일어났다.

1975년에 베트남이 공산화되고 라오스와 캄보디아마저 공산주의자들의 수중에 넘어가자, 태국은 안보의 위협에 직면하게 되었다. 게다가 태국의 경제는 인도차이나의 미군 철수와 더불어 태국에 대한 미국의 원조가 중단되고, 1차 석유 위기를 맞이하여 침체에 빠졌다. 이러한 상황에서 1976년 10월에 방콕의 탐마삿대학교에서 좌익과 우익의 유혈 충돌이 일

1973년 10월 혁명. 방콕의 랏차담넌 가에서 스크럼을 짠 학생들이 시위 행진을 하고 있다.

어나자, 이를 빌미로 군부는 쿠데타를 일으켜 정권을 다시 장악했다.

군부는 집권 후 사회 질서를 다시 잡기 위한 조치의 일환으로 좌파 성향의 급진 사회 운동가들에 대한 대대적인 검거에 나섰다. 이때 군부의 탄압을 피해 수천 명의 젊은이들이 학생, 공무원, 노조 간부, 교사 등의 신분을 포기하고 정글로 들어갔다. 군부는 1978년 12월에는 신헌법을 공포하여 정부가 상원의 임명권을 갖도록 했다. 이로써 군부는 국가 안보와 예산과 내각 불신임 등 중대한 사안에 대한 하원의 결정을 거부할 수 있게 되었다.

1980년에 쁘렘 띤술라논Prem Tinsulanonda 장군이 수상에 취임한 이후 비록 군부의 집권은 계속 되었지만, 태국은 정치적으로 안정되기 시작했으며 경제적으로도 번영의 길에 들어섰다. 쁘렘은 주요 군부와 민간 정치인의 폭넓은 지지를 받고 있었을 뿐만 아니라, 국왕의 두터운 신임도 얻고 있었다. 1981년 4월 군부 내 급진주의자들이 쁘렘 정부를 상대로 일으킨 쿠데타가 실패로 돌아간 것도 왕실이 그의 정부를 전폭적으로 지지한 덕분이었다.

8년 이상 지속된 그의 집권 기간 동안 쁘렘은 한편으로는 정부에 대한 군부의 영향력을 점차 축소시켰으며, 다른 한편으로는 문민 정치인의 활동 영역을 점차 확대해 나갔다. 특히 그는 좌파 운동가들에 대해 특별 사면을 베풀었는데, 이 조치로 정글에 숨어 있던 자들이 사회로 복귀하여 시민 사회 운동에 활발하게 참가했다.

1980년대까지 타이 정치의 군부 시대는 국제 정치의 시각에서 보면 냉전 시대의 산물이었다. 동아시아에서 미국을 위시한 서방 자유민주주의 세계의 이해관계와 소련 및 중국을 위시한 공산주의 세계의 이해관계가 충돌하는 상황은 안보가 태국에서 가장 중요한 이슈로 간주되도록 만들었고, 이것은 군부의 집권 내지는 독재를 정당화하는 데 이용되었다. 그러나 1980년대 말 이후 소련과 동구권에서 공산주의 체제의 붕괴로 시작된 탈냉전 시대의 도래 이후 이념과 안보의 논리는 설득력을 점차 상실했다. 게다가 경제 성장의 결과 민주적인 정치 참여와 투명한 정부 운영에 관심을 갖는 중산층이 두터워졌다. 또한 세계화의 영향은 태국에서도 국가에 대해 사회와 시장의 비중을 강화해야 한다는 목소리를 점차 높였다. 1980년대 이후 비정부기구NGO로 대표되는 시민 사회 단체들의 활동이 현저하게 증대한 것은 그러한 변화로 인한 결과의 하나였다.

1980년부터 1988년까지 태국의 수상을 지낸 쁘렘 띤술라논Prem Tinsulanonda

1990년대에 들어서서 군부 독재는 타이 시민들의 눈에는 사라져야 할 정치적 유물로 비쳐지고 있었다. 그들은 이제 정말 민주적인 내용의 헌법 제정 등 타이 정치의 근본적인 개혁을 요구하고 있었다. 이러한 상황에서 1991년 2월에 수찐다 크라쁘라윤Suchinda Kraprayoon 장군을 중심으로 한 군부는 쿠데타를 일으켜 1988년 선거를 통해 수상에 취임한 찻차이 정부를 전복시켰다. 군부 세력은 수상의 임명과 군부 중심의 상원의 권한 강화 등과 같은 비민주적인 조항들을 포함한 새로운 헌법을 통과시켰다. 1992년 3월에 새로운 정부를 구성하기 위한 선거가 실시되었다. 폭력과 특히 지방의 매표 행위가 심했던 선거의 결과 친군부 정당들이 승리했다. 그러나 군부는 수상에 다수당의 당수가 아니라 군부의 최고 실력자인 수찐다를 임명했다. 이것은 군부가 정치의 전면에 복귀하겠다는 것을 타이 사회에 통고하는 것과 마찬가지였다.

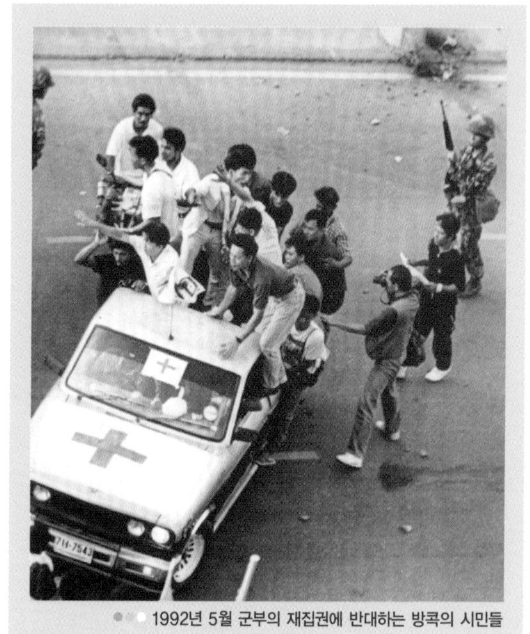
1992년 5월 군부의 재집권에 반대하는 방콕의 시민들

이에 야당 세력들은 4월부터 민중 민주주의 캠페인을 통해 수찐다의 사임과 헌법 개정을 요구하기 시작했다. 팔랑탐Palang Dharma 당의 당수인 짬롱 시므앙Chamlong Srimuang이 주도하는 반군부 데모에는 방콕의 중산층 시민들이 대거 참가했다. 시위대는 한때 40만 명 이상에 이르기도 했다. 5월에 진압군의 발포로 숱한 사상자가 발생하는 등 사태가 극심한 양상에 달하자, 국왕은 수찐다와 짬롱을 불러 문제의 해결을 촉구했다.

결국 수찐다는 수상직에서 스스로 물러났으며, 이로써 군부의 재집권 시도는 수포로 돌아갔다. 1992년 9월에 치러진 선거에서 "천사Angels"라고 불린 민주 계열의 정당들이 "악마Devils"라고 불린 친군부 계열의 정당들에 대해 승리를 거둠으로써, 태국의 정치는 문민 정부의 시대를 맞이하게 되었다.

태국의 경제는 1990년대에 정치와 마찬가지로 큰 변화를 겪었다. 그동안 자본을 축적한 태국의 기업들은 1970년대 후반에 들어서서 종래의 수입 대체 산업화 전략에서 수출 지향 산업화 전략으로 전환할 필요를 느꼈다. 그러나 1979년에 발생한 2차 오일 쇼크로 1980년대 초에 세계 경제가 심각한 불황에 빠지게 되자 태국의 수출 지향 산업화 전략은 제대로 추진될 수 없었다. 그러다가 1985년에 일본의 엔화 환율이 크게 절상되자, 태국의 수출 산업은 호황을 맞이하게 되었다.

1985년부터 1990년까지 태국의 수출은 3배나 증가했는데, 특히 일본에 대한 수출이 크게 늘었다. 이러한 수출 산업의 호조는 특히 일본 기업들을 중심으로 한 외국인 투자를 태국으로 끌어오는 데 촉매제가 되었다. 수출 산업의 호황과 외국인 투자의 증가에 힘입어 태국은 1985년부터 1994년까지 10년 동안 연 평균 9%에 달하는 놀라운 경제 성장을 기록했다.

그러나 1990년대 중엽부터 태국의 수출 경기는 침체하기 시작했다. 여기에는 여러 원인이 있지만, 무엇보다도 수출 산업이 그동안 비숙련 노동 집약 부문을 중심으로 육성되어 왔기 때문에 기술 개발이 부진했던 점이 중시되어야 한다. 경제 성장률은 증가하지만, 기술 개발의 취약으로 경상수지의 적자는 계속 확대되고, 이것은 외채의 증가를 가져왔다. 1990년대부터 임금이 큰 폭으로 상승한 것도 중요한 원인이었다. 외국 기업들과 자본가들은 중국과 베트남 등과 같이 태국에 비해 임금이 낮은 나라로 투자의 방향을 돌렸다. 특히 중국의 노동 집약 수출 산업이 크게 팽창하면서 태국의 해외 수출 시장을 잠식하기 시작했다. 이렇게 취약한 구조를 갖고 있던 타이 경제는 마침내 1997년에 이르러 외환 위기로부터 촉발된 경제 위기를 맞이하여 붕괴하고 말았다.

태국의 경제성장은 수도 및 중부 지방을 중심으로 이루어진 것으로, 그 결과 중앙과 지방 간 경제적 격차가 계속 증대되었다. 지역 간 경제적 불평등과 1990년대 말의 경제위기는 2001년 총선에서 탁신 친나왓Thaksin Chinawatra이 창당한 타이락타이Thai Rak Thai당이 승리하는 데 있어서 결정적인 배경이 되었다. 기업가 출신인 탁신 총리는 30바트만 내면 누구라도 병원 진료를 받을 수 있는 의료보험 제도를 도입하고 농가 부채를 3년간 유예하며 농촌에 대해 100만 바트의 사업 자금을 지원하는 등 친서민 정책을 펼쳤다. 가난한 동북부와 북부에서 큰 인기를 끈 그의 이러한 정책과 타이 경제의 빠른 회복은 2005년 선거에서 타이락타이당이 총 500개의 하원 의석 가운데 무려 377석을 차지하는 결과를 낳았다. 태국의 의회정치 역사상 처음으로 한 정당이 과반수 이상을 차지한 것이었다.

민주당을 중심으로 한 태국의 전통적인 야당 세력은 타이락타이당의 일방적인 독주에 정치적 위기감을 느꼈다. 반탁신 진영은 탁신을 지지하는 가난한 사람들이 무식하여 민주주의를 알지 못한다고 멸시해왔다. 그들의 시각에 동조한 군부는 2006년 9월 쿠데타를 일으켜 탁신을 몰아냈다. 그 이듬해 12월 총선에서 탁신 측의 정당이 다시 승리하여 집권했지만, 그 이후 타이 정치는 한편에는 탁신을 찬성하는 노동자와 농민 등 서민층, 다른 한편에는 탁신을 반대하는 국민들 간 사회적 갈등의 장이 되었다. 특히 방콕과 중부 지방의 중산층, 보수적 지식인들과 공무원들, 주요 언론, 군부 등을 포함하는 반탁신 세력은 거리 시위에서 왕실 색인 노란색 셔츠를 입기 때문에 '옐로우 셔츠'로 불렸다. 그에 비해 탁신 지지자들은 붉은색 셔츠를 입어 '레드 셔츠'로 알려졌다. 그 갈등은 빈곤층과 중산층 간 대립이자, 동북부 및 북부와 수도권 및 남부 간 지역주의 갈등이라고 말할 수 있을 것이다.

탁신 측의 정당은 2011년 7월 총선에서 또 다시 의회의 과반수 의석을 차지했다. 이에 군부는 2014년 5월 쿠데타를 일으켜 국정을 장악했다. 이에 대해 태국 국내에서의 항의는 물론, 미국 등 국제사회의 비난이 따랐다. 이처럼 태국은 군부가 여전히 정치적 힘을 행사하고, 계층 및 지역 간 불평등과 갈등이 심각하다. 태국은 최근 아시아의 신흥공업국 중 하나로 발돋움했지만, 차후 선진국으로 발전하기 위해서는 정치적 민주화는 물론 경제사회적 민주화도 이룩해야 할 것이다.

III
불교와 국왕과 타이 민족주의

타이 왕권의 불교적 바탕

태국은 왕권의 역할이 동남아시아에서 가장 강력한 나라에 속한다. 절대 군주제 시대 태국의 역대 국왕들은 사회의 구심점이었다. 그러한 위상은 1932년 혁명을 통해 입헌 군주제가 도입됨으로써 타이 국왕들이 실질적 권력을 상실한 이후에도 오늘날까지 유지되고 있다. 그것은 또한 1946년 왕위에 오른 후 현재까지 태국의 입헌 군주로서 활발한 사회적 역할을 해오고 있으며, 타이 국민들로부터 절대적인 신뢰와 존경을 받고 있는 푸미폰 왕에게서도 엿볼 수 있다.

이러한 타이 왕권은 그 이념적 바탕을 불교에 두어 왔다. 그것은 무슬림 국가들에서 통치자가 통치 권력의 이념적 바탕을 이슬람에 두는 것이나, 중세 시대 유럽의 군주들이 기독교를 통치 권력의 이념적 근거로 삼았던 것과 비교될 수 있다. 태국에서 왕권과 불교는 상호 보완적인 관계에 있어 왔다. 국왕은 불교를 물질적으로 후원하고 제도적으로 보호해 주었으며, 불교는 국왕의 통치 권력을 지지하고 정당화해 주었다. 역사적으로 서로 공고히 결합해 온 왕권과 불교는 19세기 말부터 논의되기 시작한 타이 민족 정체성의 바탕을 이루었다. 여기서 왕권과 불교가 결합하는 역사적 과정을 살펴보고자 한다.

타이 왕권에 대해 역사적으로 논할 때 대개 수코타이 왕조 시대부터 시작하며, 그때 종종 인용되는 것은 13세기 말에 제작된 것으로 추측되는 '람캄행 비문' 이다. 비문의 관련 부분은 다음과 같다.[1]

> 람캄행 왕의 시대에 수코타이는 좋았다. 물에는 물고기가 살고 논에는 벼가 자랐다. 통치자는 평민들에게 통행세를 부과하지 않았다. …… 평민과 귀족 사이에 분쟁이 일어나면, 왕은 진실을 조사하여 분쟁을 공정하게 해결한다. 그는 도둑들과 연합하지 않으며 장물을 은닉한 자들을 좋아하지도 않는다. 그는 또한 다른 사람의 재산을 보면 탐내지 않는다. …… 왕궁 문 입구에 종이 달려 있다. 나라에 사는 한 평민이 문제가 있어 마음에 고통이 일어나 이것을 왕에게 알리려고 할 때는, 가서 그 종을 치기만 하

면 된다. 그러면 나라의 통치자인 람캄행 왕이 듣고 그를 불러 문제를 조사하여 공정하게 해결해 준다. 이에 수코타이의 평민들은 그를 칭송한다. …… 람캄행 왕은 모든 타이인의 임금이고 모든 타이인에게 공덕과 참된 불교의 가르침을 알게 하는 스승이다.

위의 비문에 그려진 람캄행 왕은 전형적인 "가부장적 군주"로 간주되어 왔다. 그는 전쟁 때는 지휘관으로 전투에 직접 참가하고, 평화시에는 백성에게 도덕적 모범이 되는 스승의 역할을 하며, 나라의 살림을 신경 쓰고, 심지어 백성의 재판관이 되는 등 정부의 대부분 기능을 혼자서 감당한다. 많은 타이 역사 연구자들은 람캄행 왕 치하의 타이 사회가 왕이 신하와 백성들에 대해 아버지와 같은 자세로 임하는 대가족이라고 보면서, 그러한 가부장적 왕권은 타이족이 13세기 중엽 수코타이 왕조를 세웠을 때부터 시작되었다고 본다.

13세기 말에 타이 세계는 수코타이를 중심으로 여러 성읍 국가가 상당히 복잡한 관계로 얽혀 있었다. 1278년 혹은 1279년경 람캄행이 즉위했을 때, 왕국은 수코타이를 중심으로 한 작은 영역에 불과했다. 그러나 비문의 기록에 따르면, 그의 재위 말에 수코타이의 영향력은 동쪽으로는 오늘날 라오스의 수도인 위앙짠까지, 남쪽으로는 말레이 반도의 나콘시탐마랏까지, 서쪽으로는 오늘날 미얀마 영토에 속하는 버고까지, 북쪽으로는 라오스의 루앙프라방까지 미쳤다.

이러한 정치적 상황을 고려해 볼 때, 가부장적 왕권이 람캄행 왕 시대의 타이 사회에 적용될 수 없다는 것은 분명해진다. 람캄행 비문에서 그의 왕 칭호로 '포쿤pho khun' 이란 용어가 사용되어 있다. '포쿤' 에서 '포pho' 는 '아버지' 를 뜻한다. '쿤khun' 은 옛 태국에서 일반적인 통치자를 가리키는 개념이었으나, 나중에 그 의미가 변하여 한 성읍의 성주 정도의 지위를 나타내는 용어로 쓰였다. 즉 '포쿤' 은 '모든 성주들의 우두머리' 란 뜻으로, 이것은 당시 람캄행 왕이 여러 성읍을 자신의 지배 아래 두고 있었음을 가리킨다.

람캄행 왕 시대 '포쿤'으로 표현되는 수코타이 왕국의 왕권은 왕조 초기의 단순한 가부장적 왕권이 더 이상 아니었고, 거기에는 불교적 왕권의 성격이 포함되어 있었던 것으로 보인다. 불교가 당시 타이족의 세계에 속했던 성읍 국가들에서 보편적 신앙으로 널리 퍼져 있었던 점을 고려할 때, 그 정치적 구심점에 있는 수코타이의 왕이 불교의 수호자 및 후원자가 되는 것은 자연스러운 일이었다. 타이족의 세계를 이념적으로 하나로 묶는데 당시 불교보다 더 좋은 것은 없었을 것이다. 람캄행 왕의 왕권이 지닌 이러한 불교적 성격은 앞에서 인용한 비문의 끝 부분인 "람캄행 왕은 모든 타이인의 임금이고 모든 타이인에게 공덕과 참된 불교의 가르침을 알게 하는 스승이다"에서 암시되어 있다.

불교적 왕권은 람캄행 왕 이후 타이 국왕들의 왕권에 이념적 바탕을 제공했다. 불교적 왕권은 수코타이 시대 말기인 리타이Lithai(재위 1347~1368년) 왕 때 구체적인 모습을 갖게 되었다. 리타이 왕은 '마하탐마라차 1세Mahathammaracha I'라고도 불린다. 이 칭호에서 짐작할 수 있는 것처럼, 그는 강한 불교적 성향을 지녔던 인물로 보인다. 마하탐마라차는 팔리어의 '마하 담마라자mahā dhammarāja'에서 파생한 것으로, '불법佛法에 입각한 위대한 왕'을 뜻한다. 그는 이미 왕자 시절에 불교의 우주론인 『뜨라이푸미까타』를 편찬했다. 1361년에 세워진 한 비문에 의하면, 그는 왕이 된 후에는 불교 경전 전체인 삼장三藏Tripitaka 가운데 특히 율장律藏(Vinaya)과 논장論藏(Abhidhamma)을 공부했으며, 왕의 10가지 법도에 합당한 통치를 했다고 한다.[2]

불교에 바탕을 둔 타이 왕권은 아유타야 시대에 들어와 제도화되어, 불교적 왕권의 성격이 보다 명백한 형태를 취하게 되었다. 옛 타이 왕국의 법전인 『꼿마이뜨라삼두엉』의 도입부에 해당하는 프라 탐마삿Phra Thammasat에는 다음과 같은 문구가 있다.[3]

군주는 열 가지 왕의 법도에 머물러 있어야 하며 항상 오계五戒를 지키고 불교 절일節日에는 팔계八戒를 지켜야 한다. 그는 모든 존재들에게 자비를 베풀어야 한다. 그리고 그는 법전을 공부하기 위해 끊임없이 노력해야 한다. 그는 자신에게 유익한 자와 유익하지 않은 자의 바름과 그름을 판단하는 것, 정의롭고 진실한 자를 높여 세우는 것, 정당한 방식으로 부를 획득하는 것, 정당한 방식으로 왕국의 행복을 유지하는 것 등 네 가지 법을 행해야 한다.

오계는 한자로는 단순하게 불살생不殺生, 불투도不偸盜, 불사음不邪淫, 불망어不妄語, 불음주不飮酒로 설명된다. 그러나 그 내용을 풀어 쓰면, 살생을 하지 않기, 주어지지 않은 것을 취하지 않기, 그릇된 육체적 쾌락을 삼가기, 그릇된 언행을 삼가기, 부주의한 정신 상태를 유발하는 것을 먹거나 마시지 않기가 된다. 팔계는 위의 오계에다가, 그릇된 시간에 식사하는 것을 삼가기, 춤 · 음악 · 연극에 빠지거나 꽃 · 화장 · 장식품 등으로 치장하기를 삼가기, 높고 큰 잠자리를 삼가기 등을 포함한 것이다. 열 가지 왕의 법도는 보시布施, 바른 행위, 관용, 희생 및 헌신, 공명정대, 온화, 금욕 및 자제, 화내지 않기, 다른 존재에게 해를 끼치지 않기, 비저항을 포함한다.

특히 불교 군주로서 지켜야 할 이 열 가지 왕의 법도는 아유타야 시대 타이 왕들이 매우 중시한 것으로 보인다. 17세기에 나라이 왕이 작성했다고 전해지는 '플렝 야오 파야꼰 끄룽시 아유타야Phleng Yao Phayakon Krung Si Ayutthaya' 즉 '아유타야에 대한 예언의 노래'는 "아유타야는 열 가지 왕의 법도가 결여된 자가 왕위에 오르기까지는 행복하고 번영하는 왕국으로 머무를 것이다"라고 말한다.[4]

왕이 지켜야 할 법도를 중시하는 이러한 인식은 불교적 왕권의 핵심 개념인 담마라자와 연결된 것으로, 왕은 담마dhamma(산스크리트어로는 다르마dharma) 즉 불법佛法에 따라 정의롭게 통치해야 한다는 것이다. 이처럼 담마라자 즉 법왕法王으로서의 불교적 왕권은 백성과 사회에 대해 도덕적

자따까Jātaka 즉 붓다의 전생설화前生說話 가운데 하나인 베산따라자따까Vessantara-Jātaka에 나오는 한 장면. 베산따라 왕은 깔링가Kalinga 왕국에서 온 브라만 수도승들에게 왕권의 상징인 흰 코끼리를 주어버린다. 여기서는 물병의 물을 부어주는 것으로 보시의 행위가 상징되어 있다. 보시는 불교 군주가 지켜야 할 열 가지 왕의 법도 가운데 첫 번째 덕목이다.

인 책임을 갖는 것이었다.

불교가 왕권의 가장 중요한 바탕이 되었던 아유타야 왕조 시대에 아유타야 왕들은 왕권을 정당화 및 강화하고자 할 때 불교에 호소했다. 그것은 불교가 지배적인 문화 이념이던 당시 타이 사회에서는 자연스러운 선택이었다. 아유타야 시대에 대한 사료들에는 왕위를 노리는 자나 국왕이 왕권을 획득하거나 강화하고자 할 때, 불교를 중시하고 이용한 사례가 도처에서 발견된다.

1680년대에 수 년 동안 태국에 머문 프랑스인 드 베즈de Bèze 신부의 기록에 의하면, 1688년 친유럽적인 나라이 왕의 정부를 전복하려고 궁정 혁명이 일어났다. 그때 쿠데타를 주동한 펫타라차는 주위 사람들에게 자신이 불교의 후원자임을 과시했으며, 이를 통해 지지자들을 얻으려 했다.[5]

아유타야의 왕들은 자신들이 왕권을 차지한 것이 전생의 공덕 때문이라고 스스로 믿었으며, 또한 다른 사람들에게도 그렇게 납득시키기 위해 노력했다. 그러나 왕권이 공덕의 양에 따라 결정된다는 인식이 지속되는 한, 옛 타이 왕국의 왕들은 즉위 직후 왕권 획득의 정당성을 위한 공덕뿐만 아니라, 왕위에 계속 머무르기 위한 공덕도 충분히 갖고 있다는 것을 다른 사람들에게 끊임없이 확인시킬 수 있어야 했다. 그렇지 않으면 다른 사람이 동일한 공덕 사상을 이용하여 현재의 왕의 공덕은 소진되었고, 이제는 자신이 왕이 될 공덕을 갖추고 있다고 주장함으로써, 쿠데타 지지 세력을 모으고 반역을 정당화할 수 있었을 것이다.

불교 군주의 이미지를 가장 강하게 보여주는 아유타야의 왕 가운데 한 명인 18세기의 보로마꼿 왕은 원래 선왕이 지목한 왕위 계승자가 아니었다. 그는 선왕의 아들들을 살해하고서야 왕위에 오를 수 있었다. 그는 그러한 즉위를 정당화하기 위해 자신이 왕위에 오른 것은 전생의 공덕에 의해 이미 결정되어 있었다고 주장했다.

라따나꼬신 왕조를 창건한 라마 1세는 아유타야 시대부터 내려오는 담마라자의 이상적인 군주상을 실현하기 위해 노력한 타이 국왕 가운데 한

1805년경에 작성된 뜨라이푸미까타의 한 필사본에 들어 있는 삽화. 그림의 윗부분은 불교 신들의 왕인 인드라Indra 즉 제석帝釋의 궁전과 그가 거하는 수미산須彌山을 보여준다.

사람이었다. 그는 즉위 후 먼저 불교의 개혁에 착수했다. 도덕적 위기가 아유타야 멸망의 원인이라고 믿은 그는 국가의 도덕적 기강과 질서의 회복에 우선적인 비중을 두었기 때문이다. 그리하여 그는 아유타야 시대 말기 이래 혼란에 빠져 있던 승가를 정비하기 시작했으며, 이를 위해 일련의 종교 법령들을 제정했다. 그리고 그는 박식하고 경건한 승려들을 지도자에 임명하여 교단의 권위를 회복시켰다. 이로써 그는 불교계의 후원자라는 왕권의 위상을 회복함과 동시에, 왕권의 안정과 정당성을 위해 불교계의 지지를 확보할 수 있었다.

라마 1세는 또한 『뜨라이푸미까타』를 새롭게 편찬했다. 아유타야 시대부터 전해 내려온 『뜨라이푸미까타』의 사본과 불교 경전과 불경 주석서들을 참고로 하여, 장장 19년이나 걸려 1802년에 완성된 새로운 『삼계론』은 불교도들의 신앙과 지식을 증진시켜 궁극적으로는 불교의 홍왕에 기여할 것이라고 보았다. 라마 1세의 『삼계론』은 그 이전의 본들에 비해 체제상 근본적으로 다르다.

뜨라이부미trai bhūmi는 욕계欲界, 색계色界, 무색계無色界로 구성되어 있는 삼계의 존재들을 설명한다. 이전의 본들은 지옥 세계인 욕계로부터 시작해 인간 세계와 신의 세계를 포함하는 색계와, 인식의 세계인 무색계를 거쳐, 열반의 순서로 묘사했다. 그에 비해, 1802년의 작품은 인간을 먼저 다루고 그 다음에 지옥 세계, 천상 세계, 무색계를 논한다. 이 순서는 의도적으로 인간 세계를 중시한 것으로 보인다. 불교는 현세의 행위 즉 카르마 karma에 따라 내세의 존재가 결정된다고 본다. 라마 1세는 타이 왕국의 백성들이 현세에서 좋은 카르마를 쌓을 수 있도록 도와주고 싶었던 것이다.

라마 1세는 불경의 전면적인 개정도 추진했다. 기존의 불경들이 내용상 상이한 것을 확인한 그는, 1788년 불경 개정을 위한 대규모 워크숍인 결집結集을 개최했다. 불교에 대해 깊은 관심을 갖고 있던 그는 정화되고 통일된 내용의 불경이 불교의 발전에 매우 중요한 것임을 분명히 인식하고 있었을 것이다.

한편 결집은 라마 1세로서는 불교 후원자의 면모를 과시하는 기회였다. 또한 승가로서는 태국에서 1475년에 개최된 이래 300여 년 만에 다시 열리는 이 종교회의가 승려들의 화합을 다지는 귀중한 계기가 되었다. 결집에서 불경 개정 작업을 위해 218명의 승려와 32명의 불교학자가 임명되었다. 이렇게 구성된 위원회는 5개월의 작업 끝에 1789년 4월에 경장經藏, 율장律藏, 논장論藏으로 구성된 삼장三藏의 개정본을 완성했다. 오늘날 태국에서 사용되는 불경은 이때 개정된 삼장을 토대로 한 것이다. 라마 1세는 개정 작업이 진행되는 동안 매일 승려들에게 음식 공양을 하는 등 불교 후원자의 전통적인 역할을 다했다고 한다.

태국을 포함한 동남아시아의 전통적인 불교 왕국들에서는 왕국 내의 백성과 신하들이 도덕적 의무를 수행하고 해탈에 도달할 수 있는 최적의 조건을 마련해 주는 책임은 통치자의 몫이었다. 그러한 책임을 충실히 행하는 군주가 바로 담마라자이다. 라마 1세는 불교적 가치관에 입각하여 새로운 타이 왕국을 건설하는 데 스스로 담마라자의 역할을 인식하고 있었던 것으로 보인다.

담마라자 개념은 또 다른 중요한 불교적 왕권 개념인 짜끄라바르띤

20세기 초 타이 왕실의 흰 코끼리. 흰 코끼리는 태국에서 왕권의 중요한 상징 가운데 하나이다. 따라서 태국의 역대 국왕들은 가능한 한 많은 흰 코끼리를 포획하기 위해 노력했다. '흰 코끼리'의 '흰' 색은 실제로는 백색이 아니라 연분홍에 가까운 색조를 가리킨다. 그것도 코끼리 몸 전체가 아니라 눈, 입천장, 발톱, 털, 상아 언저리 살 등의 부위에서 그러한 색상이 나야 한다.

cakravartin 즉 전륜왕轉輪王과 연결되어 있다. 불경 가운데 장부長部의『전륜왕경轉輪王經』에 따르면, 국왕은 담마라자가 되어야 하며, 담마의 실현을 통해 짜끄라바르띤이 될 수 있다. 군주는 담마를 준수하고 백성에게 담마의 모범이 되며, 사람과 짐승을 포함한 왕국 내의 모든 중생을 보호하는 등 담마라자로서 나라를 다스려야 한다. 그러다 보면, 어느날 문득 짜끄라cakra 즉 하늘에서 내려온 '우주의 바퀴'가 그의 앞에 나타날 것이다.

그러면 왕은 그의 군대와 함께 짜끄라를 따라 동서남북 사방으로 가서 세계의 모든 왕들의 복종을 받고 그들에게 담마를 가르치며 마침내 '우주의 바퀴'를 돌리는, 진정한 '세계의 정복자'인 전륜왕이 된다는 것이다. 전륜왕은 큰 공덕을 지닌 자로서 무력을 쓰지 않고 오직 담마의 수단을 통해서만 세상을 정복하고 통치하는 왕을 일컫는다. 즉 가장 이상적인 담마라자가 짜끄라바르띤이 될 수 있다고 보는 것이다.[6]

타이 왕권의 실제 모습

담마라자를 통해 살펴본 타이 왕권

의 모습은 다분히 이념적인 차원의 것이라고 할 수 있다. 태국을 포함한 동남아시아의 불교 군주들 가운데는 한편으로는 담마라자를 추구하면서, 다른 한편으로는 백성에게 절대 군주로 군림하면서 위압적이고 폭력적인 통치를 행하고, 이웃 국가에 대해서는 유혈적인 정복 사업을 벌이기를 주저하지 않는 자들도 흔히 발견된다. 절대 군주 시대 태국의 불교적 왕권은 역사를 통해 나타나는 실제적인 정치적 상황에서 모순적인 세 가지 측면을 보여준다.

첫째, 국왕이 담마라자이어야 함에도 불구하고, 실제적으로는 백성과는 별개의 존재로 백성 위에 군림하는 절대적인 지배자의 위상을 가졌다. 둘째, 짜끄라바르띤을 추구하는 불교 군주가 평화로운 수단으로 나라를 다스리리라는 기대에도 불구하고, 실제적으로는 종종 백성을 폭력적 수단으로 압제하며 이웃 국가들에 대해 유혈적인 전쟁을 벌였다. 셋째, 담마라자로 간주되는 국왕에 대해 모든 백성이 충성을 바치고 경외할 것이라는 기대에도 불구하고, 국왕들은 실제적으로는 종종 왕자들과 신하들의 세력 경쟁과 반역에 직면했거나 심지어 그들에 의해 시해되기도 했다.

첫째, 백성 위에 군림하는 절대 군주의 위상에 대해 살펴보자. 전근대의 태국에서 왕은 일반적인 세계와는 별개의 존재로 간주되었다. 왕은 왕궁 내부에서 왕실 호위대에 둘러싸여, 외부의 무단 접근에서 철저히 보호되었다. 왕이 왕궁 밖을 나서는 경우는 드물었지만, 일단 행차가 있게 되면, 왕이 지나가는 곳에서는 백성들의 일상생활이 모두 정지되었다. 배를 타고 행차를 하면, 강변의 집들은 모든 창과 문을 닫아야 했으며, 맞은편에서 오는 배에 타고 있는 사람은 왕의 배가 지나갈 때까지 배 바닥에 얼굴을 댄 채 엎드린 자세로 있어야 했다. 왕이 육로로 행차할 경우도 그 상황은 비슷했는데, 이에 대해서는 17세기 중엽 태국을 여행한 프랑스 사람 장 밥티스트 타베르니에가 관찰한 다음의 기록이 있다.[7]

> 왕이 나타나면, 모든 문과 창을 닫아야 한다. 백성들은 땅바닥에 납작

엎드려야 하고 왕을 쳐다보면 안 된다. 아무도 왕보다 더 높은 곳에 있으면 안 되기 때문에, 모든 사람들은 집 안에 들어가 있어야 한다.

또한 왕의 행렬이 지나갈 때까지, 백성들은 절대적인 침묵을 지켜야 했다. 왕의 행차시 왕을 쳐다보지 못하게 한 것은 한편으로는 왕의 목숨을 노리는 위험을 원천 봉쇄한다는 효과를 가질 수 있었을 것이다. 그러나 다른 한편으로는 왕의 존엄성에 대한 백성의 경각심을 유지시키는 데 필요했을 것이다. 1630년대 초부터 1640년대 초까지 아유타야에서 활동한 네덜란드인 예레미아스 판 플릿은 "왕은 왕국과 그 속국들과 백성들의 생명과 재산에 대해 지고의 권력과 권한을 갖고 있다"고 말했다.[8] 이것은 전근대 타이 국왕이 왕국의 실질적인 최고 권력자이자, 백성의 '짜오 치윗cao chiwit' 즉 '생명의 주인'이었음을 암시한다.

그렇다면 백성과는 별개의 존재로, 백성 위에 군림하는 절대적 군주라는 왕권의 이념적 바탕은 과연 무엇인가? 이 의문에 대한 답으로 우선 왕은 제도적 권력과 군사적 힘을 가진 왕국의 통치자라는 단순한 측면을 생각할 수 있다. 그러나 보다 중요한 측면은 불교적인 바탕이다. 왕은 카르마 사상 혹은 공덕 사상에 따라 왕국 안의 모든 사람들 가운데 승려들을 제외하고는, 전생에 가장 많은 공덕을 쌓은 존재라는 것이다. 그 때문에 백성들의 복종과 충성을 받을 권리가 있다는 것이다. 그리고 왕권은 왕국의 문화적 정체성과 정치적 질서의 바탕인 담마를 세상에서 구현하는 구심점이자 나아가서는 담마의 상징이기 때문에 경외되고 신성시될 수 있었던 것이다.

둘째, 압제와 무력을 행사하는 절대 군주의 위상에 대해 살펴보자. 19세기 초까지의 수백 년 동안 태국의 왕들은 이웃 국가들과 숱한 전쟁을 치루었다. 또 왕자들 사이에, 혹은 왕실과 관료 사회 사이에 빈번하게 일어난 왕위 계승 분쟁에 대한 이야기는, 태국 왕실 연대기의 많은 부분을 차지한다. 전쟁과 내전의 기록들은 사실 불교 군주의 담마라자 이상에 걸맞지 않다. 태국의 불교 군주들이 역사적으로 보여준 전쟁 행위와 국내의 피비린내 나는 권력 투쟁은 어떻게 이해해야 하는가?

불교 군주들은 실제적 통치 과정에서, 위협적인 이웃 국가들을 견제하고 주변 속국들을 통제하며 국내의 질서와 안정을 기하는 데, 담마의 준수와 확립보다는 군사력과 전쟁이라는 수단에 더욱 의지했다. 또 절대 군주의 위상을 유지하기 위한 제도에 더욱 관심을 갖고 있었다. 그렇다면 담마라자 및 짜끄라바르띤의 이상적 이미지와 왕들이 재위 기간 보여준 정치적 현실 사이의 괴리는 어떻게 설명할 수 있을까?

불교 군주들은 전쟁을 치를 때, 종종 적을 '마라māra' 즉 불법의 실현과 성취를 방해하는 악마로 간주했다. 그래서 그들은 불교의 적인 이들을 제거하고 자신의 왕국에 불교적 질서와 평화를 수립하고 보호하는 것을 불교 군주의 의무로 생각했다. 이를 통해 스스로 짜끄라바르띤이 될 수 있다고 생각한 것이다.

예를 들면, 톤부리 왕조를 건설한 딱신 왕과 라따나꼬신 왕조를 창건한 라마 1세는 미얀마 군대와 싸울 때, 전쟁을 치르는 것은 불교를 보호하기 위함이라고 선포했다. 라마 3세는 1840년에 캄보디아로 군대를 출정시키면서, 그 원정은 당시 태국이 자신의 속국으로 여기던 캄보디아의 불교를 베트남인의 위협에서 지키기 위함이라고 선포했다.[9] 이처럼 태국의 국왕들은 담마를 수호하는 것이 불교 군주의 의무이기 때문에, 적국의 사람들에 대한 살생 행위도 불교적 관점에서 볼 때 합법적이라고 해석했던 것이다. 그러나 그러한 관점은 앞에서 보았던 평화적 이미지의 짜끄라바르띤 개념에 어울리지 않는다.

기원 4~5세기에 인도에서 활동한 저명한 대승 불교 철학자인 바수반두Vasubandhu는 네 가지 유형의 짜끄라바르띤을 구분한다. 첫째는 금륜金輪 짜끄라바르띤으로 평화로운 수단으로 세상을 정복하여 세계의 네 대륙을 모두 통치한다. 둘째는 은륜銀輪 짜끄라바르띤으로 세 대륙을 지배한다. 셋째는 동륜銅輪 짜끄라바르띤으로 두 대륙을 지배한다. 넷째는 철륜鐵輪

짜끄라바르띤으로 무력을 통해 정복하며 세계의 4분의 1인 잠부디빠Jambudīpa 대륙만 지배한다. 이 마지막 짜끄라바르띤은 종종 '무력' 혹은 '군대'를 뜻하는 '발라bala'와 결합하여 '발라 짜끄라바르띤'이라고도 불린다.[10]

불교학자들은 발라 짜끄라바르띤의 대표적인 인물로 기원전 3세기에 무력으로 인도를 통일했을 뿐만 아니라 불교를 후원하고 확산시키는 데도 탁월한 공적을 쌓은 아쇼카Ashoka 왕을 든다. 특히 그를 발라 짜끄라바르띤으로 묘사한 스리랑카의 왕실 연대기들은 미얀마를 포함한 동남아시아의 여러 나라에 소개되었는데, 그 과정에서 발라 짜끄라바르띤이라는 아쇼카 왕의 이미지가 동남아시아의 불교 군주들에게 알려지게 되었다.

이들은 왕국을 건설하고 확장하며 특히 강력한 왕권이 중심이 된 패권주의적 제국을 건설하려고 할 때, 도달하기 어려운 금륜 짜끄라바르띤보다는 아쇼카의 발라 짜끄라바르띤을 불교 군주의 이상적 모델로 삼았을 것이다. 그리하여 15세기 아유타야 왕조의 보롬마뜨라이록까낫 왕은 전쟁의 승리를 기념한 송축시에서 "잠부디빠 대륙의 지배자"로 칭해졌으며, 딱신 왕은 라오스의 한 왕에게 1775년 보낸 서신에서 자신을 "잠부디빠의 위대한 왕"이라고 불렀다.[11]

셋째, 왕위가 반역과 찬탈의 대상이 될 수도 있었다는 왕권의 실제적 상황에 대해 살펴보자. 1680년대 태국을 방문한 프랑스인 시몽 드 라 루베르는 타이 국왕들의 왕권의 실제적 상황과 특히 왕권에 대한 백성들의 실제적 자세에 대해 흥미로운 기록을 남겼다.[12]

> 백성들의 운명과 삶을 그토록 절대적으로 좌지우지하는 이 왕들은 그 왕좌가 그만큼 더욱 불안하다. 왕들은 자신의 신하들 가운데 어떠한 자에게서도 우리가(프랑스인이: 역주) 우리의 왕에 대해 갖는 충성과 사랑을 발견하지 못하며, 발견한다고 해도 그것은 기껏해야 소수에 불과하다. 재산이라고는 아무 것도 없으며, 자기 나라에는 확고한 생계의 바탕이 없기 때

> 문에, 땅을 재배하는 것에만 의지하여 사는 사람들은, 왕에 대해 별다른 애착심이 없다. 그들은 어떠한 왕의 통치 아래서도 같은 멍에를 짊어져야 한다고 마음을 먹고 있지만, 더욱 무거운 멍에는 감당할 수 없다는 것을 확실히 알고 있기 때문에, 왕의 운명에는 별 관심이 없다. 경험이 입증하는 것처럼, 그들은 조금만 문제가 생겨도 힘이나 술책으로 왕관을 획득하는 자에게 왕관이 넘어가도록 둔다. 타이인이나 중국인이나 인도인은 자신의 특별한 증오심을 발휘하기 위해, 혹은 비참한 삶에서 벗어나기 위해, 혹은 너무 잔인한 죽음을 피하기 위해 쉽게 죽을 수 있다. 그러나 왕과 나라를 위해 죽는 것은 그들의 관습에서 미덕이 되지 않는다.

라 루베르는 절대 군주의 왕좌도 신하들의 반역으로 불안할 수 있으며, 백성들이 반역과 왕위 찬탈의 결과를 쉽게 기정사실로 받아들인다고 썼다. 이러한 관찰은 전근대 태국의 왕위를 둘러싼 여러 분쟁 상황과 그에 대한 백성들의 자세를 보여주기에 충분하다. 그러면 왕권이 왜 그처럼 불안했는가? 그 원인은 무엇보다도 전통 왕국 시대 태국의 왕위 계승 방식에서 찾을 수 있다.

타이 역사에서 왕위 계승을 둘러싼 분쟁의 가장 빈번한 형태 가운데 하나는 왕의 아들과 왕의 동생의 싸움이었다. 태국을 방문한 여러 유럽인은 왕의 동생이 왕의 아들보다 왕위 계승에서 우선권을 갖고 있었다고 말한다.[13] 그러나 태국의 옛 법전에서는 그러한 규정이 확인되지 않는다.

아유타야 시대에 정해진 삭디나 제도에 따라 삭디나가 가장 높은 우빠랏Uparat 자리는 대개 왕의 동생에게 돌아갔는데, 우빠랏이 왕위 계승권을 갖고 있었다는 것도 입증되지 않는다. 게다가 19세기 말까지 타이 역사에서 왕위가 평화로운 방식으로 왕의 친동생에게 승계된 경우는 극소수에 불과하다. 실제적인 왕위 교체 상황을 조사하면, 왕위는 찬탈이나 다른 비정상적인 경우들을 제외하면, 대부분 왕의 아들에게 넘어갔다. 그렇다고 해서 왕의 적자嫡子에게 왕위 계승권이 있다는 어떠한 규정이 있는 것도 아니다.

전근대 태국의 왕위 계승에 관하여 다음의 세 가지 특징을 확인할 수 있다.

첫째, 왕이 죽기 전 내린 결정이 중요한 역할을 했으며, 이변이 없는 한, 왕이 지명한 자가 왕위를 계승했다.

둘째, 왕이 다음 왕으로 지명한 자는 일반적으로 왕자들 가운데, 그것이 왕의 아들이건 왕의 동생이건, 가장 나이가 많거나 가장 정치적 경험이 풍부한 사람이었다. 그리고 그러한 자는 왕이 지명한 자가 아니더라도 대개 왕족과 관료 사회의 상당 부분의 지지를 받았기 때문에, 뒤에 왕위에 오르는 경우가 많았다.

셋째, 왕위 계승 과정이 불안정한 경우, 다른 경쟁자보다 우월한 군사력과 더욱 많은 관료 사회의 지지를 배후에 둔 가장 강력한 자가 왕위를 차지했는데, 그것은 선왕이 지명한 새 왕이 너무 어리거나 군사력 등 물리적 바탕이 없거나 너무 약한 경우에 종종 일어났다.

왕위 계승에 원칙이 없다는 점 때문에 타이 역사에서 왕위 계승은 거의 항상 불안하게 진행되었다. 또 정치적 혼란이 일어나는 중요한 하나의 배경이 되었다. 그 상황은 쫄라롱꼰 왕이 1887년에 왕위가 국왕의 아들에게 직접 승계되어야 한다는 새로운 왕위 계승 제도를 도입함으로써 비로소 개선되었다.

타이 민족주의의 형성 태국의 절대 군주는 백성 위에 군림하면서 백성의 경외의 대상이 되었으나, 19세기 태국이 서구와 접촉을 늘이고 점차 근대화되면서 국왕과 백성의 관계가 가까워졌다. 한 걸음 더 나아가 민주주의적 사상의 유입에 따라 절대 군주제에 대한 회의가 제기되기에 이르렀다. 이윽고 1932년 쿠데타를 통해 절대 군주제가 입헌 군주제로 바뀌었다. 이로써 태국의 국왕은 전통 왕국 시대 백성들의 '생명의 주인'으로서 지녔던 절대적인 권력을 상실하고, 이제는 헌법에 의해 규정된 국가의 상징적인 수반의 위상만 갖게 되었다.

19세기에 태국의 왕권과 관련하여 또 다른 중요한 변화가 일어났다. 그것은 타이 민족주의가 한편으로는 불교를 그 바탕에 두면서, 다른 한편으로는 국왕을 구심점으로 하여 형성되기 시작했다는 사실이다. 타이 민족주의는 서양 열강들에 의한 식민지화의 위협에서 나라를 지킴과 동시에 서구 열강들의 모델을 좇아 근대화를 이룩하려는 힘으로서 태동되고 전개되었는데, 그 힘의 중앙에 국왕이 있었다. 국왕과 더불어 불교는 전통 왕국 시대 '불교적 왕권' 개념으로 결합되어, 왕권의 성격과 기능의 형성에서 핵심적인 역할을 했으며, 19세기 말 이후 근대적 국민 국가 개념의 발전에서도 중요한 부분을 차지했다. 바로 이 점이 타이 국가 개념의 독특한 측면이다. 타이 민족주의 형성에서 왕권과 불교가 핵심적인 바탕을 이룬 점은 오늘날 타이 민족의 정체성을 이해하는 데 매우 중요하다.

태국에서 절대 군주가 국가 발전의 중심에 있어야 한다는 생각은 19세기 말부터 나타나기 시작한다. 유럽에 외교관으로 파견된 몇 명의 타이 왕자들은 태국이 문명화되고 독립을 유지할 수 있는 방책으로 1885년에 쭐라롱꼰 왕에게 입헌 군주제의 도입을 건의했다. 이에 대해 쭐라롱꼰 왕은 1888년에 쓴 한 에세이에서 태국에서는 절대 군주제가 폐지될 수 없다는 것을 강조하면서 다음과 같이 말한다.[14]

타이 헌법에서 국왕의 위상

태국의 국왕은 현행 헌법에서 어떠한 위상을 갖고 있을까?

1997년에 개정된 태국의 헌법에 국왕과 관련된 주요 조문들은 다음과 같다.

"태국은 국왕을 국가의 수반으로 갖는 민주적 정부 형태를 취한다."(2조)

"주권은 타이 국민에게 속한다. 국가의 수반인 국왕은 권력을 헌법상 규정된 바에 따라 국회와 내각과 사법부를 통해 행사한다."(3조)

"모든 사람은 국가와 종교들과 국왕과 이 헌법 하에서 국가의 수반으로 있는 국왕을 가진 민주적 정부를 보호 · 유지할 의무가 있다."(66조).

태국과 같은 국가의 통치를 유럽 국가 국왕들의 예를 따라 하는 것은 불가능할 뿐만 아니라, 백성이 좋아하지도 않을 것이다. 만약 의회를 두려고 해도, 국회의원이 될 능력이 있는 자가 그다지 없을 것이다. …… 백성들은 국회의원이 될 자들보다 국왕에게 더욱 큰 신뢰를 둔다. 그것은 그들이 볼 때 국왕이 정의에 거하는 자이고, 다른 어떤 사람보다 정말로 백성들로 하여금 평안과 행복을 누리도록 보호하고 사랑하기 때문이다.

쭐라롱꼰 왕은 태국에서 절대 군주제를 폐지할 수 없는 원인으로 국왕들이 그동안 국가를 성공적으로 운영해 왔으며, 그러한 국왕들에 대해 백성이 큰 신뢰를 갖고 있는 점을 지적한다. 그는 특히 '정의에 거하는' 국왕의 역할을 강조하는데, 여기서 '정의'로 번역된 '윳띠탐yuttitham'은 '불교적 가르침에 합당한 공의'로 이해될 수 있는 것으로, 이것은 그가 불교 군주의 전통적인 역할을 강하게 인식하고 있었다는 것을 엿볼 수 있게 한다.

국가의 존립에서 국왕의 존재와 불교를 중시하는 쭐라롱꼰의 이러한 생각은 1893년 루앙 랏따나 야띠Luang Rattana Yati라는 이름의 한 귀족 관료에게서도 나타났다. 영국에서 법학을 공부한 그는 1893년에 쓴 한 글에서 당시 프랑스의 군사적 위협에 직면해 있던 타이 국민들에게 다음과 같이 호소한다.[15]

국가를 사랑하는 모든 타이인으로서는 침략하는 적에 대항하여 왕국을 지키기 위해 최후의 노력을 경주하는 것은 의무일 것이다. …… 나는 태국에 태어난 남자들은 항복하여 다른 국가의 노예가 되려고 하지 않으리라고 믿는다. …… 우리는 국왕의 은혜에 보답하기 위해 단결하여 적과 싸워야 한다. 우리는 불교가 불경스러운 자들에 의해 짓밟히지 않도록 수호해야 한다. 우리는 우리의 조국을 적의 침략에서 방어해야 하며, 태국의 자유와 독립을 보존해야 한다.

이 글에서 랏따나 야띠는 타이 국민들이 나라를 수호해야 할 이유로 국왕에 대한 충성심과 불교에 대한 존중과 국가에 대한 애국심을 든다. 국왕과 불교는 쭐라롱꼰의 후계자인 와치라웃 즉 라마 6세의 시대부터 타이 민족주의와 태국의 정체성의 핵심 요소로 본격적으로 거론된다. 와치라웃 왕은 타이 역사에서 민족주의를 본격적으로 추진하여 이를 제도적·공식적 차원으로 발전시킨 국왕으로 평가된다. 그는 태국이라는 근대적 국민 국가가 타이 민족을 중심으로 그리고 국왕을 구심점으로 건설되어야 한다고 보았다.

와치라웃 왕. 타이 역사에서 타이 민족주의를 체계적으로 확립한 왕으로 평가된다.

와치라웃 왕은 즉위 직후 1911년 5월에 '스아빠Sua Pa' 라고 불린 자신의 "홍위병" 조직을 창설했다. 그는 유럽의 보이스카우트를 모방하여 태국의 전국에서 청년들을 뽑아 만든 이 부대를 자신이 품고 있던 정치적 이상을 실험하고 확산하는 도구로 사용했다. 그는 1911년 12월에 정식 대관식을 치르는 자리에서 스아빠를 창설한 목적을 다음과 같이 밝혔다.[16]

> 이 전국적인 기구의 목적은 우리 민족의 가슴 속에 국가의 정치적 독립을 정의와 공평으로 통제하고 유지하는 국왕에 대한 사랑과 충성심을, 조국인 국가와 우리의 종교와 그리고 무엇보다도 국가적 단결과 상호 우정의 개발에 대한 헌신을 심어주고자 하는 것이다. 이러한 자질들은 우리의 국가적 존립이 의지할 가장 튼튼한 토대를 만들 것이며, "자유의 국가"라

는 그 국명에 대한 기대를 저버리지 않을 것이다.

타이 국기

여기서 와치라웃 왕은 타이 국민이 국왕과 불교와 민족에 대해 충성심을 가져야 한다는 것, 그리고 이 세 요소의 바탕 위에서 태국이라는 국가가 서 있을 수 있다는 것을 강조한다. 스아빠의 주요 기능은 한마디로 민족과 불교와 국왕을 지키고 국민의 단결을 고취하는 것이었다. 세 요소에 대한 그의 중시는 그가 제정한 적 · 백 · 청 삼색으로 된 태국의 국기에서도 엿볼 수 있다. 그는 국기의 세 가지 색의 상징에 대해 자신이 쓴 한 편의 시에서 다음과 같이 설명한다.[17]

세 가지 색깔의 뒤에 놓여 있는
의미에 대해 말하리라.
흰 색은 순수를 위한 것으로 삼보三寶[18]와
타이인의 마음을 보호하는 법을 나타낸다.
붉은 색은 우리들의 피를 가리키는 것으로, 이 피는 우리들이

'타이'의 의미

'타이Thai'는 태국에서 흔히 "자유"혹은 "자유로운"의 뜻을 가진 것으로 이해되어 왔다. 그리하여 태국Thailand을 "자유의 나라" 혹은 "자유를 사랑하는 나라" 등으로 설명한다. 그러나 '타이'의 의미가 무엇인지는 아직도 명확히 밝혀지지는 않았지만, 최근의 한 연구에 따르면, 그것은 단순히 '사람'을 가리키는 용어로, 타이인들이 스스로를 그렇게 불렀다고 한다.

우리의 민족과 신앙을 지키기 위해 기꺼이 희생할 것을 나타낸다.
파란 색은 백성의 지도자의 아름다운 색조로서
그 지도자 때문에 사람들이 그것을 좋아한다.
세 색깔은 줄무늬로 정렬되어
우리 타이인이 좋아하는 국기를 이룬다.
우리의 군인은 승리를 위해 이것을 지니고 가서
시암의 명예를 드높여라.

와치라웃 왕은 1911년에 행한 다른 연설에서 국왕이란 백성이 나라를 이끌어 가는 지도자로서 자발적으로 선택한 존재이며, 그러한 역할이 주어진 국왕은 '공동체' 즉 국가의 구심점으로서 모든 국민의 존경과 충성을 받아야 마땅하다고 강조한다.[19] 와치라웃이 국가의 구심점인 국왕의 존재를 얼마나 소중히 여겼는지는 그가 자신의 부친인 쭐라롱꼰 왕의 서거일인 10월 23일과 라따나꼬신 왕조가 시작된 4월 6일을 타이 역사상 최초의 국경일로 정했다는 사실에서도 엿볼 수 있다. 그는 또한 태국에서 보편적 이념이 되어 있는 도덕적 가치 체계로서 불교가 보존되고 번영하는 것은 국가의 운명과 직결되어 있다고 보았다.

와치라웃 왕은 태국의 국민 모두가 오직 자신의 리더십 아래 단결되어

타이인의 요일에 따른 색 구분

예부터 내려오는 태국의 관습에 의하면, 각각의 요일은 나름대로의 색으로 대표된다. 일요일은 빨간색, 월요일은 노란색, 화요일은 핑크색, 수요일은 초록색, 목요일은 오렌지색, 금요일은 파란색, 토요일은 자주색. 특히 태국의 여성들 가운데는 요일의 색깔에 맞추어 옷을 입는 사람이 많다. 와치라웃 왕은 비록 실제로는 토요일에 태어났지만, 금요일을 자신이 태어난 요일로 간주하여, 자신의 색을 파란색으로 정했다.

국가를 이루기를 원했다. 자유주의와 입헌주의와 같은 유럽의 정치 사상과 제도를 맹목적으로 찬성하고 그것을 태국에 무조건 도입하려는 것은 위험하기 짝이 없는 발상이다. 태국을 "문명화된" 국민 국가로 발전시키기 위해서는 태국 고유의 역사와 문화의 바탕 위에 국가를 건설해야 한다. 태국 고유의 역사와 문화의 바탕은 특히 국왕에 대한 충성과 불교에 대한 존중을 통해 다져진다. 이것이 와치라웃 왕의 국가관이며 그가 생각한 타이 민족주의의 내용이었다.

국왕과 불교와 민족 사이의 관계에 대한 와치라웃의 생각이 담긴 연설들은 뒤에 한 권의 단행본으로 묶여 출판되었으며, 이 책은 1942년부터 1957년까지 타이 교육부에 의해 중등 과정 국어 교과서의 교재로 사용되었다. 국왕 · 불교 · 민족 세 요소로 구성된 태국의 공식적인 국가 이념이 오늘날 타이 국민들의 의식 속에 깊이 뿌리를 내리는 데 와치라웃의 1910년대 초의 연설들이 얼마나 중요한 영향을 미쳤는지는 어렵지 않게 짐작할 수 있을 것이다.

국왕과 불교가 바탕을 이루는 타이 민족주의에 대한 강조는 1957년 사릿이 추진한 락타이Lak Thai 정책에서 계속 이어졌다. 락타이 개념은 국민과 불교와 국왕의 세 요소가 태국이라는 국가를 떠받친다는 것으로, 그 기본 정신은 앞에서 보았던 것처럼 쭐라롱꼰 왕과 이 왕의 몇몇 동시대 타이 엘리트들의 국가관에서 이미 나타났으며, 와치라웃 왕에 의해 더욱 정교화되고 제도화되었다.

사릿이 추구한 락타이는 불교라는 타이 문화의 응집력과 국왕이라는 타이 사회의 구심점을 바탕으로 타이 국가의 정체성을 심어주려는 것이었다. 그리고 궁극적으로는 이를 통해 태국을 사릿 정권 체제 아래에서 하나로 통합하여 국가를 더욱 효율적으로 통치하려던 정책이었다. 즉 락타이는 불교를 믿고 국왕을 타이 사회의 구심점으로 믿는 타이 국민을 형성하려던 국가 이념이었다. 락타이는 하나의 정책으로서는 이미 반 세기 전의 유물이 되어 있다. 그러나 그 정책의 근간을 이룬 타이 민족주의의 정신,

즉 불교와 왕권의 바탕 위에 타이 민족과 국가가 성립되고 유지된다는 생각은 오늘날까지도 이어지고 있다.

IV
타이 사회에서 불교의 역할

상좌 불교의 특징

태국의 불교는 불교의 여러 부파 가운데 상좌 불교이다. 때로는 '상좌부 불교'라고도 칭한다. '상좌上座' 혹은 '상좌부上座部'는 팔리어 '테라바다Theravada'의 한역漢譯이다. 테라바다의 '테라thera'는 절의 장로長老 즉 '상좌'를 의미하고, '바다vāda'는 '말씀', '가르침'을 뜻한다. 상좌 불교는 종종 소승 불교로 불리기도 한다. 그러나 '소승 불교'라는 용어는 두 가지 점에서 적합하지 않다.

첫째, 소승 불교에는 원래 여러 부파들이 있었고, 상좌 불교는 그 가운데 하나에 불과한 것이기 때문이다. 둘째, '소승小乘'은 '작은 수레'라는 뜻인데, 이 용어는 대승 불교 측에서 소승 불교 측의 개인주의적인 구도 방식을 경멸하여 일방적으로 붙인 것이기 때문이다. 이 용어는 상좌 불교 측 사람들에게는 유쾌한 것이 아니다.

상좌 불교는 대승 불교의 비판대로 실로 그 수행 방식에서 개개인의 수도와 해탈을 중시한다. 이 점은 대승 불교와 상좌 불교가 각각 무엇을 추구하는지를 비교하면 보다 명확히 이해될 수 있다. 대승 불교는 보살菩薩을 추구한다. 보살은 산스크리트어 '보디사뜨바bodhisattva'의 한자 음역으로, '깨달은 존재'를 뜻한다. 보살은 석가모니처럼 스스로 붓다 즉 '깨달은 자'가 될 뿐만 아니라, 다른 존재들의 해탈을 위해서도 끊임없이 노력하겠다고 서약하고 수도를 행하는 사람을 가리킨다. 보살은 심지어 자신의 해탈을 연기하면서까지 남의 해탈을 돕는다는 자세를 취한다. 대승 불교에서는 남녀노소를 불문하고 누구나 마음만 먹으면 보살이 될 수 있다.

그에 비해 상좌 불교는 아라한arahant을 추구한다. 아라한阿羅漢은 '훌륭한 자, 능력 있는 존재'를 의미한다. 불경에서 아라한은 '사물의 본질을 인식하고 세속적인 집착에서 해방되고 악에서 멀리 떨어져 있고 출생과 부패와 사망을 초월한 존재'로 그려져 있다. 상좌 불교에서는 아라한이 되기 위해서는 우선 출가를 해서 비구가 되어야 하는데, 비구의 신분은 오직 만 20세 이상의 남자에게만 허용된다. 여자가 아라한이 되려면, 불교의 윤회 사상에 따라 다음 생에서 남자로 태어날 수 있어야 하며, 또 출가하여 비구의 신분을 획득해야 한다. 해탈의 가능성을 이처럼 남성 비구에게만 제한하고 있기 때문에 상좌 불교는 때때로 '엘리트 불교'라고도 불린다.

새벽 녘 숲 속에서 명상 수련에 열중하고 있는 타이 스님들

상좌 불교의 비구는 철저히 개인적인 수행을 통해 아라한에 도달하기 위해 노력한다. 원시 불교의 경전 가운데 하나인 『법구경法句經』에 실려 있는 다음의 시는 상좌 불교의 이러한 개인주의적 수도 자세를 잘 표현하고 있다.

> 자기야말로 자신의 의지처
> 자신을 두고 누구에게 의지하리
> 잘 다스려진 자기야말로
> 실로 얻기 어려운 의지처

이처럼 철저하게 자신의 노력에 의해 붓다가 될 수 있다고 보는 상좌 불교는 "자력自力의 종교"이다. 그에 비해 다른 존재의 구원을 위한 노력을 강조하고 또 심지어 아미타불에게 의지함으로써 극락정토에 갈 수 있다고 보는 대승 불교는 "타력他力의 종교"라고 할 수 있다.[1]

일상화된 불교

대부분의 타이인에게 하루는 불교와 더불어 시작한다. 가정주부는 이른 아침부터 탁발 공양을 위해 음식을 장만한다. 동네 사람들은 인근 절의 스님들이 자신의 집 앞을 지나가는 시간을 대충 알고 있다. 동틀 무렵 집 식구들은 길가에 미리 나와 기다리고 있다가 스님들이 다가오면 정성스레 준비된 밥과 반찬을 바리때에 넣어준다. 간혹 그 전날 시장에서 사온 연꽃을 함께 드리기도 한다.

원시 불교의 전통에 가까운 상좌 불교에서는 비구는 재가在家 불교 신자가 주는 음식은 무엇이든지 먹을 수 있기 때문에 육류 섭취도 가능하다. 이것은 대승 불교에서 육식을 엄격히 금하는 것과 구별된다. 아침의 탁발 공양과 더불어 타이인이 그토록 소중히 여기는 공덕 축적의 일상이 시작된다.

아침 일찍 스님에게 탁발 공양 드리는 모습

타이어로 '왓wat'이라 불리는 절은 태국에서 마을 한 복판에, 동네의 시장 근처나, 시내 중심에 위치해 있다. 그만큼 절은 타이인의 생활과 밀접하게 연결되어 있다. 직장에 다니지 않는 주부는 수시로 절에 들러 불상에 경배를 올리고 스님의 설법을 듣고 남편과 자식을 위해 기도를 드린다. 혹은 절 경내의 큰 보리수나무 그늘에 동네 아주머니들과 더불어 앉아 이야기를 나누기도 한다. 절 옆을 지나가던 행인이나 시장의 상인도 낮에 절에 들러 불상에 향을 올리며 직장을 위해 혹은 사업의 번창함을 위해 기도를 드린다. 절은 이들 불교 신자들에게 삶의 공간에서 가장 중요한 부분 가운데 하나가 되어 있다.

태국의 불교 신자들은 불일佛日이나 불탄일佛誕日 혹은 만불절萬佛節과 같은 불교 절일에는 절에 가서 아예 살다시피 한다. 불일은 타이어로 '완 프라wan phra'라고 하는데, 그믐, 음력 8일, 보름, 음력 23일 등 한 달에 네 번 있다. 완 프라 날이 되면, 주민은 아침 일찍부터 절에 가서 장시간 설법을 듣고 불경을 낭송하고 명상 수련을 한다. 그들 가운데 우바새나 우바이와 같이 신심이 두터운 자들은 기본적인 오계 외에도 정오 이후 음식을 취하지 않고, 춤과 음악과 연극 관람과 몸에 대한 치장을 삼가고, 높고 큰 침대에서 자지 않는다는 세 가지 계율을 포함한 팔계를 지키려고 노력한다. 그들은 절에서 하룻밤을 자고 새벽녘에 집으로 돌아가는데, 완 프라를 이렇게 경건하게 보내면 많은 공덕이 쌓인다고 믿는다.

태국에는 절이 약 3만 3천 개나 있다. 인구 2천 명당 1개꼴로 절이 있는 셈이다. 타이 절은 대개 다음과 같은 구조로 되어 있다. 우선 절에서 가장 중요한 건물은 타이어로 '우보솟ubosot' 혹은 줄여서 '봇bot'이라 부르는 법당法堂으로, 한국 사찰의 대웅전에 해당된다. 봇의 모양은 직사각형의 텅 빈 홀로, 한쪽 끝에 불상이 놓여 있다. 봇은 절의 스님들이 모여 명상하고 설법하는 곳이며, 특히 승려의 수계식은 반드시 여기서 행해진다.

봇의 둘레에는 타이어로 '바이 세마bai sema'라고 부르는 여덟 개의 지계석地界石이 땅에 박혀 있다. 바이 세마로 구별된 공간은 상좌 불교의 의식 가운데 가장 중요한 수계식을 행하기에 적합한 성스러운 곳으로 간주

아유타야에 위치한 왓 나프라멘Wat Na Phra Men 사원의 우보솟과 바이 세마

치앙마이의 왓 쩨디루앙Wat Cedi Luang의 위한wihan

된다. 바이 세마의 양식은 시기에 따라 변해왔기 때문에, 봇의 역사와 나아가서는 그 절의 역사를 짐작할 수 있는 근거가 되기도 한다.

절에서 두 번째 중요한 건물은 타이어로 '위한wihan'이라 부르는 불당佛堂으로, 형태는 봇과 비슷하지만 규모는 대개 약간 작다. 위한에는 절에서 소중히 여기는 불상들이 안치되어 있다. 절에는 또한 타이어로 '살라sala'라고 부르는 정자亭子가 있다. 살라는 봇과 비슷한 직사각형의 건물로, 기둥과 지붕만 있고 벽이 없어 시원하다. 동네 주민이 수시로 와서 이곳에서 쉬거나 기도를 드리거나 설법을 듣는다. 살라는 때로는 마을 주민이 모여 마을 축제 등과 같은 공동의 행사를 앞두고 회의를 하는 곳으로 사용되기도 한다.

타이 절의 또 다른 중요한 건물로 붓다의 사리나 고승의 사리를 안치해 둔 불탑이 있다. 대개는 불당 바로 옆에 위치하는 불탑은 타이어로 '쩨디cedi' 혹은 '쁘랑prang'이라고 하는데, 쩨디는 대개 종의 꼭대기에 뾰족탑을 얹어 놓은 형태로 스리랑카가 그 기원이다. 쁘랑은 옥수수 속대와 같은 형태로 캄보디아로부터 수입되었다. 스님들이 거처하는 '꾸띠kuti' 즉 승

펫차부리의 왓 콩카람Wat Khongkharam 사원의 살라

사僧舍도 절의 한 중요한 부분을 차지한다. 어떤 절에는 불경을 보관하는 '호 뜨라이ho trai' 즉 장경각藏經閣이 있다. 호 뜨라이는 대개 높은 기둥 위에 세우는데, 그 밑에는 연못이 있다. 그것은 특히 화재 위험에서 불경을 보호하기 위한 것이다.

타이인의 삶은 불교 사원과 승려들과 긴밀하게 연결되어 있다. 절이 타이 사회에서 어떤 역할을 하는지 살펴보자.

첫째, 절은 학교의 기능을 갖고 있다. 근대적인 교육 제도가 도입되기 전에, 태국에서 평민들의 교육은 절에서 이루어졌다. 스님들은 아이들에게 타이어의 읽기와 쓰기 그리고 산수를 가르쳤다. 오늘날 초등학교의 기초 과정 교육이 절에서 이루어진 셈이다. 교육의 기회는 마을의 남자 아이

방콕의 왓 프라깨우 사원, 일명 에메랄드 사원의 불탑. 첫 번째 것이 쩨디, 세 번째 것이 쁘랑

들에게만 주어졌다. 물론 마을의 사내아이들이 모두 다 절 교육을 받은 것은 아니었다. 형편상 매일 식구를 도와 논밭에서 일해야 하는 아이들도 많았다.

절에 와서 스님들로부터 배우는 아이들은 타이어로 '덱 왓dek wat' 즉 '절 어린이' 라고 부른다. 절에서는 일주일에 5일 동안 오후마다 교실이 열렸다. 완 프라 당일에는 물론이거니와 종종 그 하루 전에도 수업이 없었다. 교과 내용에는 불경을 읽기 위한 준비 과정으로 인도 기원의 팔리어 수업이 포함되는 경우도 더러 있었다. 전통적인 사원 교육은 좋은 불교도를 길러내는 데도 이용되었던 것이다.

19세기 말 라마 5세 시기부터 근대적인 학교들이 세워지고 근대적인 교

펫차부리의 한 절의 호 뜨라이

과 과정을 훈련받은 전문적인 교사들이 배출되기 시작하면서 절의 교육 기관으로서의 기능이 점차 사라졌다. 스님의 교사 역할은 오늘날 사실상 종식되었다. 그럼에도 불구하고 태국의 국공립 학교들 가운데 상당수가 여전히 사원의 경내에 자리 잡고 있는 것을 보면, 절의 교육 기능이 완전히 사라진 것 같지는 않다. 타이 불교 사원들의 교육 기관으로서의 잠재력은 1997년 외환 위기 이후 발휘되었다. 경제적 곤란으로 1998년 10월경 태국 전역에서 약 30만 명의 학생들이 학업을 중단했다. 이때 태국 도처에서 절의 사미승 학교들이 일반 학생들도 받아들여 공부를 가르쳤다. 동북부 지방의 콘깬에 있는 왓 시누안Wat Si Nuan 사원의 경우 학생 수가 40%나 증가했다고 한다.

둘째, 절은 병원의 역할을 담당하기도 한다. 근대적인 의료 기술과 의료 시설이 도입되기 전에는, 태국에서 질병과 부상의 치료는 민간요법에 의해 이루어졌다. 민간요법을 시술할 수 있던 사람들은 전통적인 치료 주술사 외에 글을 읽고 쓸 수 있었던 불교 승려들이었다. 스님들은 민간요법에 관한 책을 공부하거나 선배 스님들로부터 의술을 전수받았다. 오늘날 서양 의학에 기반을 둔 시설과 장비를 갖추고 전문의들이 일하는 현대식 병원이 도처에 들어서 있다. 그러나 의료 기관으로서의 사원의 기능이 완전히 사라진 것은 아니다. 태국의 불교 사원들 가운데는 마약 중독자, 에이즈 환자, 암 환자, 나병 환자 등을 치료하는 재활 센터를 운영하는 곳이 많다. 어떤 곳은 정신병자들을 돌보기도 한다.

셋째, 절은 사회복지 기관으로서의 기능을 갖기도 한다. 태국의 스님들 가운데는 고아원이나 양로원이나 장애인 시설을 운영하는 자들이 있다. 절의 의료 사업이나 이러한 사회복지적인 활동은 태국의 왕실과 행정 기관이나 민간 구호단체 혹은 개인들로부터 많은 후원을 받는데, 이때 신문과 텔레비전 등도 모금 활동에 적극 참여한다. 또한 절은 옛날부터 여행 중인 스님뿐만 아니라 타처에서 온 일반인에게도 잠자리와 먹을 것을 제공해 준다. 오늘날 태국의 수많은 절들은 심지어 외국인 관광객들에게도 문을 열어두고 있다.

넷째, 절은 마을의 사회 문화적인 센터이다. 절은 경내뿐만 아니라 절문 밖에도 꽤 넓은 공터를 갖고 있기 때문에, 마을에서 열리는 축제는 항상 절을 중심으로 준비되고 벌어진다. 예를 들면, 양력 4월 중순에 태국의 설인 송끄란Songkran 축제가 시골 마을에서 열리면 절 마당에 가설 무대가 세워진다. 영화 상영은 물론이고 연극과 무

펫차부리의 왓 콩카람 사원에서 운영하는 초등학교

용과 음악 공연도 이 무대에서 행해진다. 무아이타이Muay Thai 즉 타이복싱 시합도 절 마당에서 벌어진다. 절 앞 길가에는 음식 행상들의 좌판이 즐비하게 놓인다.

절 마당은 평일에도 마을 청년들이 모여 '따끄로takro' 라고 불리는 대나무공 차기놀이나 축구 경기를 하는 곳으로 쓰인다. 주민은 마을에서 행할 중요한 행사는 으레 절을 중심으로 한다는 생각을 갖고 있다. 절에는 마을 주민이 회합의 장소로 사용하는 살라 외에, 불교 축제 때 주민이 모여 함께 음식을 만드는 큰 부엌도 있다. 마을 사람들의 사회 문화적 활동에서 공간적 구심점인 절은 마을의 단합을 상징한다.

그밖에도 절은 타이 사회에서 여러 다른 역할을 한다. 절은 동네 주민이 골동품과 귀금속, 은행 통장이나 집문서 등 소중히 여기는 물품과 서류를 맡아서 보관해 주기도 한다. 이것은 절과 스님에 대한 신뢰가 그만큼 크다는 것을 반영한다. 또 면사무소나 그와 유사한 관청이 없는 산골짜기 오지의 경우, 당국에서 마을 주민에게 공지할 일이 생기면, 종종 절의 법당이나 경내의 마당을 이용한다. 선거 때는 절이 투표소의 역할을 하기도 한다. 중앙 정부의 고위 관리가 마을을 방문하면, 절에서 환영 행사가 벌어진다. 그만큼 절은 마을 주민에게 권위 있는 곳으로 간주되고 있다.

태국에서는 출생, 결혼, 주택 건축, 임종 등 인생에서 중요한 단계는 불교와 연결되어야 길하고 복된 것이 된다고 믿는다. 아이가 태어난 지 30일이 지났을 때 아이의 머리카락을 자르는 소위 '탐콴tham khwan' 의식이건, 결혼식이건, 부지를 택하여 집을 새로 지을 때건, 장례식이건 반드시 스님들이 초빙된다. 이들은 성수聖水를 뿌려 의식 당사자나 택지를 정화하고 불경을 낭송함으로써 아이와 신랑 신부의 삶을 축복해 준다. 불교는 타이인에게 가장 강력한 보호력의 근원이자 축복의 가장 큰 원천으로 간주된다.

불교는 타이인에게 타이 문화 그 자체로 받아들여진다. 태국의 불교 사원들에서 종종 "우리는 타이 문화를 사랑한다"라는 글귀의 표어가 붙어 있는 것을 볼 수 있다. 여기서 '타이 문화' 는 '불교 문화' 와 거의 같은 의

치앙마이 주의 왓 도이수텝Wat Doi Suthep 사원 경내에 붙어 있는 한 현판. 현판 문구인 "라오 락 왓타나탐 타이"는 번역하면 "우리는 타이 문화를 사랑한다"가 된다.

미로 사용되는 것을 느낄 수 있다. 불교가 타이 민족 정체성의 근간이기 때문에 정치적 권위도 불교를 그 기반에 두고 있어야 성립하고 기능을 발휘한다. 불교는 헌법에 명시되지 않았을 뿐이지 태국의 국교이다.

불교는 타이 학교 교육의 교과목에서 중요한 부분을 차지한다. 학생들은 어릴 때부터 불교의 역사와 교리를 공부하고, 절과 스님에 대한 예의바른 자세가 무엇인지를 배운다. 공립학교에서는 불교 의식도 수업의 일부로서 행해진다. 1960년대 말 태국의 서북부에 위치한 매사리앙 군의 한 공립학교에서 몇 명의 기독교 신자 학생들이 조례 시간에 교정에 세워져 있는 불상에 대한 경배를 거부한 일이 일어났다. 학교에서 이 학생들에게 불교 의식에 참가할 것을 강요하자, 그 지역의 기독교 선교사들이 학교와 군청을 방문하여 항의했다. 항의는 어느 곳에서도 받아들여지지 않았다.

군청의 부군수는 태국의 국민이라면 누구나 스님에게 경의를 표하고 불상에게 합장의 예를 올리는 것이 마땅하다고 생각했다. 교장은 태국의 학생이 하나님이나 알라에게 경배한다면 붓다에게도 절을 올리는 것은 당연한 것이라고 주장했다. 한 중학교의 교장은 심지어 불교 의식을 거부하는 한 기독교 신자 학생에게 체벌을 주었다. 미국인 선교사들이 관청을 통해 항의했지만, 아무 소용이 없었다. 당시로서는 다른 대안이 없던 기독교 신자 학생들은 공립학교에 계속 다니기 위해서는 불상에 절을 올리는 불교 의식에 참가할 수밖에 없었다. 교장과 부군수에게 학교의 불교 의식은 종교적 문제가 아니라 국가적 정체성과 관련된 것이었다. 그들은 기독교 신자들이 불교 의식을 거부하는 행위를 종교적 신념과 결부시켜 이해하려고 하지 않았다. 그들은 그것을 타이 문화적 정체성과 나아가서는 태국이라는 국가의 권위에 대한 도전으로 간주했던 것이다.[2]

공덕 지향적인 불교 신앙

상좌 불교에서는 수행의 궁극적인 목표인 해탈을 추구하는 것은 오로지 출가한 비구들의 특권이다. 태국의 비구는 약 45만 명을 헤아리는데, 과연 불교 국가다운 엄청난 숫자이다. 그러나 이들의 뒤에는 6천여만 명에 이르는 일반 불교 신자 즉 재가가 있다. 그렇다면 이들 재가는 무엇을 자신의 불교 신앙의 목표로 삼는가? 특히 인구의 반을 차지하지만, 남자들에 비해 해탈의 기회에서 크게 불리한 여성의 경우 불교 신앙에서 무엇을 획득하려고 할까?

불교는 '상사라saṁsāra' 즉 윤회輪廻와 '카르마karma' 즉 업業이라는 두 가지 기본적인 사상 위에서 출발한다. 신과 인간과 지옥 중생과 짐승 및 미물 등을 포함한 모든 중생은 윤회의 사슬에 갇혀 있는 동안에는 한 생에서 다음의 생으로 끊임없는 삶을 살아가야 한다. 그리고 모든 중생은 매일의 행위를 통해 업을 쌓는데, 그것이 선업이냐 악업이냐의 결과에 따라 다음 생에서 어떤 존재로 태어나 어떤 삶을 살아가게 될 것인가가 결정된다. 상좌 불교에서 비구는 명상 수련을 통해 해탈을 획득하여 윤회에서 영원한 해방, 즉 열반에 이르는 것을 추구한다.

윤회와 업은 모두 내세에 초점을 둔 개념이다. 스님들은 재가들에게 불교의 윤회 사상과 업 사상을 설명하면서, 되도록이면 선업을 많이 쌓아 다시 태어날 때에는 극락 세계에 태어나든지, 혹은 비구가 되어 아라한이 되도록 노력할 것을 당부할 것이다. 대부분의 타이 불교 신자들은 스님들의 이러한 설법의 의미를 잘 이해한다.

그러나 재가들이 불교 신앙에서 갖는 관심은 다른 곳에 있다. 오래 전에 태국에 한 영국인이 살았는데, 그는 일을 미루고 자주 절에 가는 하인에게 내세에는 극락에서 신으로 태어날 것이라고 비꼬는 투로 말했다. 그러자 그 하인은 "천만에요. 극락 따위는 흥미 없습니다. 열반도 사양합니다. 나는 다시 한 번 이 세상에 돌아와 왕이나 부자가 되어 즐겁게 살고 싶을 뿐입니다"라고 대답했다고 한다.[3]

붓다는 윤회 속에서 사는 인생 자체가 고苦이기 때문에 사람은 모름지기 해탈하여 열반에 이르러 다시는 어떠한 존재로도 태어나지 않아야 한다고 역설했다. 그러나 태국을 비롯한 상좌 불교 나라들의 민중은 위의 이야기 속에 등장하는 타이인 하인처럼 '절대적 구제' 즉 열반에는 별로 관심이 없다. 그들은 다시 태어나는 것에 대해 거부감이 없으며, 오히려 윤회하는 삶 속에서 '상대적 구제' 즉 세상에서 더 많은 행복을 누릴 수 있기를 바란다. 그들은 불교의 근본적인 가르침에 역행하는 것을 의도적으로 추구하는 것이다.

불교에서는 선한 원인은 선한 결과를 낳고, 악한 원인은 악한 결과를 낳는다고 말한다. 그러나 재가 불교 신자들은 이 불교의 근본 원리를 선한 원인이 있으면 행복한 결과가 생기고, 악한 원인이 있으면 불행이 일어난다는 것으로 해석한다. 행복을 추구하는 그들은 행복한 결과를 낳는 원인이 되는 행위를 해야 하고, 불행을 초래하는 원인이 되는 행위를 피해야 한다고 생각한다.

행복한 결과를 낳는 원인이 되는 행위를 '공덕'이라고 한다. 공덕은 타이어로 '분bun'이라고 하는데, 이것은 팔리어의 '푼냐puṅṅa'에서 파생된 것이다. 태국의 재가들이 불교 신앙에서 가장 큰 관심을 두고 있는 것이 바로 이 '분을 행하는 것' 즉 타이어로 '탐분tham bun'이라고 부르는 것이다. 달리 말하자면, 타이 재가들은 공덕 지향적인 불교 신앙을 갖고 있다는 것이다.

태국에서 불교가 일상화되어 있다는 말은 '탐분'이 일상화되어 있다는 말과 비슷하다. 마을 주민 사이에 흔히 오가는 말 가운데 하나가 "절에 탐분하러 간다"이다. 절에 가서 스님의 설법을 듣는 것도, 절 마당에 있는 불상에 시원한 물을 끼얹는 것도, 법당 안의 불상에 종이 금박을 붙이는 것도, 불일이나 불교 절일에 절에 올라가 팔계를 지키고 스님들에게 생필품이나 가전제품을 선물하는 것도, 우기가 끝난 다음 절에 가서 스님들에게 돈과 가사를 시주하는 것도 모두 공덕 행위이다. 매일 아침마다 행하는 탁발 공양도 물론 탐분이다. 결혼식 등 집안의 중요한 행사 때 스님들을 초빙하여 음식을 대접하는 것도 탐분에 속한다. 사원의 신축 혹은 개축을 위해 헌금을 하는 것이나 불탑을 세우는 것은 큰 탐분이다.

절을 지어 불교 교단에 바치는 것은 보통의 재가들에게는 능력 밖의 일일 것이다. 불탑 하나를 세우는 것도 가난한 농민으로서는 행하기 힘든 일이다. 태국의 북부나 라오스에서는 마을 주민이 모래로 불탑을 쌓고 그 모

불교 절일에 절에 가서 스님에게 시주하는 재가 신도

래를 절의 경내에 깔아 우기에 스님들이 다니는 땅이 질퍽거리지 않도록 만드는 관습이 있는데, 이것은 가난한 농민이 불탑 건축에 얼마나 큰 공덕 행위의 가치를 두고 있는지를 엿볼 수 있게 한다. 그러나 태국의 불교 신자들이 가장 큰 공덕 행위로 치는 것은 출가하여 비구가 되는 것이다. 1950년대 초에 미국의 인류학자인 카우프만이 중부 태국의 한 마을에서 조사해보니, 타이인은 다음의 순서에 따라 공덕 행위의 비중을 매겼다.[4]

1. 스스로 비구가 되는 것
2. 절을 지어 승가에 바치는 것
3. 아들을 출가시켜 승려로 만드는 것
4. 태국 전역의 불교 사원들로 성지 순례 하는 것
5. 절의 보수 및 증축 공사에 헌금하는 것
6. 스님에게 매일 탁발 공양하고 불일과 불교 절일에 음식 공양하는 것
7. 사미승이 되는 것
8. 불일이나 불교 절일에 절에 가서 팔계를 지키는 것
9. 항상 오계를 준수하는 것
10. 하안거夏安居의 종료를 기념하는 까틴Kathin 축제 때 스님들에게 돈과 가사를 선물하는 것

이상 살펴본 공덕 행위들은 모두 절과 스님을 대상으로 한다. 즉 승가를 대상으로 하지 않는 것은 탐분이 되지 않는다. 여기에는 중요한 의미가 담겨 있다. 탐분이 재가들이 추구하는 내세와 현세의 행복을 낳을 수 있기 위해서는 그것들이 승가에게 주어진 것이거나 적어도 승가의 손을 경유한 것이어야 한다는 것이다.

타이 절에 돈을 기부하면 "축복을 증명한다"는 일종의 영수증을 받는데, 그 "영수증"의 뒷면에 "이 세상의 복전福田"이란 문구가 적혀 있다. 이것은 승가야말로 공덕 행위가 복의 열매를 맺게끔 하는 밭이라는 뜻을 담

고 있다. 이런 연유로 탁발 공양 때 음식을 받는 승려는 재가에게 고맙다는 인사를 하지 않는다. 감사를 표하는 쪽은 오히려 재가 불교 신자들이다. 즉 스님이 자신에게 탐분의 기회를 주어서 감사하다는 것이다.

탐분을 가운데 두고 재가와 승가는 다음과 같은 관계를 갖고 있는 것 같다. 첫째, 승가 쪽에서 보면 승가는 자신이 공덕의 '복전' 이라는 관념을 재가에게 불어넣음으로써, 경제적인 능력이 없는 자신들의 의식주 문제를 해결할 수 있다. 둘째, 재가의 입장에서 보면 자신들의 탐분이 내세와 현세의 행복을 낳을 것이라는 확실한 보증이 필요한데, 그 보증을 승가로부터 받을 수 있다는 이점이 있다.

재가는 다양한 공덕 행위를 통해 한편으로는 내세에서 더욱 행복한 인간으로 살아가기를 희망하지만, 다른 한편으로는 현세에서도 더욱 많은 복을 누리고 자신과 가족의 삶이 나아지기를 바란다. 사실 민중은 대부분 내세보다는 현세의 일이 더욱 중요하다. 그래서 재가 민중은 탐분을 통해 죽고 난 다음에 올 내세의 행복보다는 우선 눈앞에 당장 놓여 있는 문제가 해결되고 현세의 삶이 개선되는 것을 더욱 중시한다. 한 걸음 더 나아가 그들은 현재의 기복적인 욕구를 채우기 위해서 내세 지향적인 불교 신앙의 범주를 과감히 이탈해 버린다. 그리고 철저히 현세 지향적인 주술 신앙이나 정령 신앙이나 샤머니즘 등 민간 신앙의 세계와 접촉한다. 태국의 재가들은 내세와 현세의 행복을 위해 이처럼 불교와 민간 신앙의 두 세계를 들락거리며 살아간다.

카우프만이 조사한 위의 리스트에서 흥미로운 것은, 얼핏 생각하면 웬만한 농민으로서는 실현 불가능한 것으로 보이는 사원 헌납이 가장 큰 탐분일 것 같은데 비구가 되는 것보다 순위에서 밑이라는 점이다. 출가가 가장 큰 탐분이라면, 여기서 절대적으로 불리한 사람은 여성이 된다. 이 문제의 해결 방안으로 태국에서는 아들을 스님으로 출가시키는 부모에게도 큰 공덕이 돌아가게끔 했다.

출가가 출가 당사자에게 최대의 탐분이 되고 또 아들을 출가시키는 부모 특히 어머니에게도 큰 탐분이 되기 때문에, 타이 사회에서는 오래 전부터 일시적 출가라는 관행이 생겨나게 되었다. 오늘날 태국에서는 많은 젊은이들이 만 20세가 되면 머리를 깎고 비구가 된다. 그들은 대부분 우기 3개월 동안 승가 생활을 체험하고 환속한다.

푸미폰 왕의 출가 시절 모습

그 유래를 알 수 없는 이러한 일시적 출가의 전통은 왕실에서는 적어도 14세기의 수코타이 시대로까지 거슬러 올라간다. 태국의 역대 국왕들 가운데는 왕좌를 잠시 떠나 삭발을 하고 수개월 동안 불문에 들어갔다 온 자들이 꽤 많다. 일반인 사이에서도 언제부터인가 남자라면 일생에 한 번 스님이 되는 것이 바람직한 행위로 간주되기 시작했다. 이러한 관습에 따라 푸미폰 왕도 한때 불문에 들었던 적이 있다.

출가가 최대의 공덕이 되고 아들을 출가시키는 것도 큰 공덕으로 인정받는 것에는 또한 승가의 깊은 이해관계가 걸려 있다. 즉 승가는 이를 통해 인적 자원인 승려들을 지속적으로 확보할 수 있게 되었다. 복전福田 사상을 통해 재가가 승가에게 시주하게끔 함으로써 물질적 필요를 충족시킬 수 있는 승가는 일시적 출가라는 방편을 통해 인적인 필요도 채울 수 있게 되는 것이다.

그러나 출가를 하나의 탐분으로 인정한 것은 이처럼 승가에게 이익이 되기도 하지만 다른 한편으로는 손해를 초래하기도 한다. 그것은 승가에는 이제 본격적으로 불경을 공부하고 명상 수련에 열중하면서 열반을 추구하는, 불교 본래의 목적에 합당한 진지한 비구들이 있는가 하면, 공덕을 축적하기 위한 방편으로 단기간 절 경력을 쌓은 것으로 만족하는 일시적인 비구들도 존재하게 되었기 때문이다. 전자를 "열반 지향적 승려"라고 칭한다면, 후자는 "공덕 지향적 승려"라고 부를 수 있을 것이다. 여기에 더하여 타이 승가에는 눈앞의 행복을 위해 민간 신앙을 추구하는 재가 불교 신자들의 필요에 따라 때로는 점술사나 무당의 역할도 마다하지 않는 "주술적 승려"도 있다.

비구의 생활

타이 승가에는 사미승 제도가 있다. 남자 아이들로 초등학교에 다닐 나이가 되면 사미승이 될 수 있다. 사미승의 연령은 만 20세 전까지로 제한되어 있다. 사미승은 타이어로 '삼마넨samma nen' 혹은 줄여서 '넨nen' 이라 부르는데, 이것은 팔리어의 '사마네라sāmaṇera'에서 온 것이다. 사미승은 재가 불교 신자와는 달리 10가지 계율을 지켜야 한다. 10가지 계율은 위에서 본 팔계 가운데 일곱 번째 계율인 춤과 음악과 연극 관람과 몸에 대한 치장을 삼간다는 계율을 '춤과 음악과 연극 관람을 삼간다' 는 것과 '몸에 대한 치장을 삼간다' 는 것의 두 개의 계율로 나누고, 거기에다가 금이나 은을 받는 것을 금한 계율이 더해진 것이다.

수업을 마치고 절 마당에 나온 사미승들

오늘날 사미승이 되는 것은, 부모가 일반 학교의 학비를 감당할 능력이 없거나, 아들을 일찍부터 스님으로 만들려 하거나, 혹은 학교가 없는 시골에서 자식에게 어떤 형태든 교육을 받게 하려는 경우 등이다. 사미승의 교육은 '덱 왓' 과는 달리 그 내용이 불교에 관한 것으로 채워져 있다. 사미승들에게도 학교의 학년처럼 여러 급이 있다. 그들은 매년 정부의 종교청이 주관하는 불교 시험에 합격함으로써 점차 진급할 수 있다. 사미승 가운데는 계속해서 비구가 되어 승가에서 경력을 쌓는 자도 많다. 그러나 그들은 중요한 회합에 참석하지 못하는 등 비구에 비해 열등한 지위에 놓여 있다.

본격적인 승려는 비구이다. 승가는 비구가 중심이 되어 움직인다고 해도 과언이 아니다. 승가의 중요한 결정이 이루어지는 회의에는 오직 비구만 참석할 수 있다. 비구는 만 20세 이상의 남자로서 계를 받는 수계식을 거쳐야 될 수 있다. 일시적 출가의 승려이건 '붙박이' 승려이건 수계한 승려는 모두 비구이며, 그 신분에는 차이가 없다. 그러나 그 수계는 태국의 공인된 불교 교단 산하의 절에서 이루어진 것이어야 한다.

산띠아속Santi Asok이라는 태국의 한 신흥 불교 운동 단체가 1980년대에 그 추종자들에게 임의로 수계식을 베풀어 비구의 자격을 준 일이 있었다. 이에 승가의 최고 위원회는 1989년에 이 단체의 창설자인 포티락Phothirak을 승가의 재가 없이 승려들에게 수계식을 행한 혐의로 기소했다. 태국의 사법부는 포티락의 행위를 태국의 승가법을 위반한 것으로 인정하여 1995년에 그에게 유죄를 선언했으며, 이로써 산띠아속의 승려들의 비구 자격이 모두 취소되었다.

비구가 사미승과 다른 큰 차이의 하나는 비구는 지켜야 할 계율이 227개나 된다는 것이다. 비구가 되는 데 가장 중요한 수계식은 바로 이 227개의 계율을 받는 의식이다. 상좌 불교는 계율의 준수를 매우 중요시한다. 역사적으로 보면, 상좌 불교 국가들은 자신의 나라에 전쟁이나 큰 정치적 혹은 사회적 변화로 승가가 문란해지거나 붕괴되었을 때, 계율의 질서를 다시 세우도록 했다. 그리하여 계율이 잘 확립되어 있는 다른 나라의 비구들을 초빙하거나, 자국의 승려들을 그리로 파견하여, 거기서 다시 계를 받은 다음 돌아와 자국 승가의 계율을 재확립했다.

상좌 불교 국가 가운데 하나인 스리랑카는 16세기 이후 내란에 시달리고, 포르투갈의 빈번한 침공을 받았다. 결국에는 네덜란드의 식민지가 되어, 불교가 극도로 침체에 빠진 적이 있었다. 이에 스리랑카의 끼르띠 스리Kirti Sri 국왕은 1750년에 태국으로 사신을 파견하여, 아유타야 정부에게 스님들을 파송해 줄 것을 요청했다. 이 요청에 따라 15명의 타이 비구들이 스리랑카에 가서 7천 명의 비구와 3천 명의 사미승에게 수계식을 베풀어 주었다.

이후 스리랑카의 승가는 다시 살아났으며, 이때 생겨난 샤마니까야 Syāma Nikāya 즉 시암파 불교 교단이 오늘날 스리랑카의 최대 불교 교단이 되어 있다. 이 역사적인 사례에서도 볼 수 있듯이, 계율은 상좌 불교의 정통성을 유지하는 데 핵심적인 요소로 간주되었다. 상좌 불교를 계율 불교라고 칭하는 것도 그러한 연유에서이다.

타이 비구들은 보름과 그믐, 즉 한 달에 두 번씩 있는 소위 포살일布薩日에 법당에 모여 227개의 계율을 낭송하고 그동안 계율을 범한 것을 참회한다. 227개 계율은, 위반할 경우 승가에서 즉각 축출되는 대죄大罪, 일정한 기간 후에는 승가에 복귀할 수 있는 경죄輕罪, 고백만 하면 용서되는 미죄微罪, 그밖의 다양한 규칙들 등 네 가지 범주로 나뉜다.

이 가운데 대죄는 첫째 사람은 물론이거니와 동물의 암컷과 성관계를 맺는 것, 둘째 비록 미미한 가치를 가진 것이라도 훔치는 것, 셋째 고의로 사람을 죽이는 것, 넷째 초자연적인 능력을 가졌다고 거짓말을 하는 것 등 네 가지이다. 대죄의 계율을 범하고 승가에서 추방된 자는 사회에서도 기피와 멸시의 대상이 된다. 그래서 타이 비구들 중에는 227개 계율을 다 기억하지 못하는 것은 물론이고 팔리어로 된 계율의 의미도 올바로 이해하지 못하는 자들이 많지만, 이들도 대죄의 계율만큼은 줄줄 외우고 또 그 뜻도 명확히 알고 있다.

비구의 의식주 생활을 포함한 일상적인 행동은 모두 계율의 범위 안에서 이루어져야 한다. 타이 비구들은 한국의 스님들과는 달리 황색의 승복을 입는다. 승복은 원시 불교의 전통에 따라 치마 형태의 내의內衣, 윗도리에 해당하는 상의上衣, 어깨에 걸치는 대의大衣 등 세 가지로 구성되어 있다. 비구는 절 경내에서는 한 쪽 어깨를 드러내고 생활할 수 있으나, 절 밖으로 나갈 때는 양쪽 어깨를 다 덮는다.

비구는 스스로 음식을 만들어 먹으면 안 되며, 통상적으로 재가의 음식 공양에 의존하여 생활한다. 비구는 병이 든 경우를 제외하고는 정오가 지난 다음에는 딱딱한 음식은 어떠한 것이라도 먹어서는 안 된다. 정오 이전의 식사는 한 번으로 끝낼 수 있지만, 아침과 점심의 두 번으로 나누어 먹는 승려들도 많다. 오후 시간에 차나 커피나 주스 등 음료수를 마시는 것은 허용된다. 또 담배를 피우거나 동남아시아의 오래된 기호 식품인 구장잎을 빈랑열매와 석회와 함께 씹는 것도 괜찮다. 그러나 마리화나나 아편을 피우는 것은 오계 가운데 하나인 '부주의한 정신 상태를 유발하는 것을 먹거나 마시는 것을 금하는' 계를 범하는 것이 된다.

비구의 일상적인 행동에서 매우 민감한 영역의 하나로 여성과의 접촉에 대한 금기가 있다. 여성은 아들을 낳아 승려로 출가시키고 물질로 승가를 후원함으로써 불교가 2,500년 이상 유지되어 오는 데 큰 역할을 해 왔음은 누구나 알고 있다. 그러나 여성은 상좌 불교의 비구 세계에서는 항상 경계의 대상이 되어 왔다. 붓다는 수제자인 아난다가 여자들의 수계를 허락해야 하는지를 묻자, "여자들은 쉽게 화를 내고 격정에 휩싸이며 질투가 많고 어리석기 때문에 공공의 회합에는 들어올 자리가 없다"라고 말했다고 한다.[5] 붓다가 과연 그러한 말을 했는지는 의심스럽지만, 이 이야기는 적어도 여성이 상좌 불교에서 어떻게 평가되어 왔는지를 보여준다.

227개 계율 가운데 상당수가 비구와 여성과의 관계에 대한 것이다. 비구는 여자는 물론이고 암컷 동물과도 신체적인 접촉을 해서는 안 되고, 여자가 들고 있는 물건을 만져서도 안 된다. 심지어 비구의 어머니나 할머니가 그에게 약품이나 음식을 주려고 할 때도 손에서 손으로 직접 전달해서는 안 된다. 이 경우 그는 천을 바닥에 펼쳐 그 천 자락의 끝에 놓여진 선물을 천을 끌어당겨 취해야 한다. 여성과의 접촉을 피하는 자세는 비구의 입장에서 보면 해탈을 향한 자신의 수도에 방해되는 요소를 제거한다는 의미를 갖는다. 그러나 비구가 여성과 거리를 두는 것은 재가의 눈에는 승려가 지닌 "성스러운 힘"을 입증하는 것으로 비치게 될 것이다.

불교의 역할에 대한 전망 타이 사회에서 불교계의 영향력은 승려와 사원의 숫자에서도 추측할 수 있듯이 막강하다. 도시에서 입지 조건이 좋은 곳과 마을의 요지에는 금박으로 번쩍거리는 절 건물이 넓은 터를 차지하며 자리잡고 있다. 탐분에 공을 들이는 숱한 재가 불교 신자들의 헌금이 절과 스님에게로 끊임없이 흘러 들어간다. 태국의 종교위원회가 밝힌 바에 따르면, 불교계의 자산은 부동산과 현금을 합쳐 약 3조원에 이른다.

2003년에 방콕 인근의 논타부리 주에서 살해된 난타피왓Nanthaphiwat이라는 주지 스님은 벤츠 승용차와 많은 부동산 외에도 35억 원을 자신의 은행 계좌에 갖고 있었다. 불교는 물질에 대한 탐욕을 경계하는 데 어느 종교보다도 엄격하지만, 오늘날 태국의 불교계는 황금 만능주의의 풍조에 빠져 있다고 해도 과언이 아니다. 태국의 많은 스님들은 신도들에게 돈을 받고 "예언"을 들려주며 성수聖水와 부적을 판다.

타이 승가는 이러한 금전적인 탐욕의 문제 외에도, 마약과 섹스 스캔들로 얼룩져 있다. 태국의 종교청에 따르면, 타이 비구들의 10%가 상습적으로 마약을 복용하고 있다. 비구들의 성적인 타락도 심각하다. 1996년에는 한 비구가 영국인 관광객을 성폭행하고 살해한 사건이 일어났다. 타이 언론에는 마을 주민을 강간하고 여신도들과 간통을 벌이는 스님들의 이야기가 종종 보도된다.

프라 얀뜨라Phra Yantra는 한때 많은 추종자들을 거느린 유명 스님이었다. 그러나 그는 신도들의 헌금으로 오스트레일리아의 사창가에서 매춘부들과 놀았다는 것이 알려져 몰락하고 말았다. 타이 불교계의 어떤 인사는 많은 승려들 가운데 한 두 명이 실수를 저지르는 것을 가지고 타이 승가 전체를 싸잡아 비난할 수는 없다고 말하지만, 타이 사회의 정신적 지도자

중부 지방의 빠툼타니 주에 위치한 왓 탐마까이Wat Thammakai. 태국에서 가장 큰 사원인 왓 탐마까이는 불교의 물질주의화에 대한 비난을 받고 있다.

의 위치에 있는 비구들의 타락은 엄연한 현실이다.

타이 비구들 중에서 타락한 자들이 나타나는 것은 근본적으로는 공덕 지향적인 타이 불교의 성격과 구조에서 비롯된다. 다른 보다 구체적인 원인은 타이 남자들의 일시적 출가의 관행이다. 출가하는 방법은 매우 쉽다. 출가 후보자는 몸과 정신이 건강하다는 판단을 받은 후 간단한 양식을 쓰고 보증인을 한 명 세우면 된다. 엄격한 심사 과정이 없다 보니 수도자로서의 자질이 부족하거나 승려로서의 삶을 살아갈 정신적인 준비가 제대로 안 된 자들이 비구가 되는 경우가 허다하다. 심지어 그들 가운데는 절보다는 차라리 감옥에서 "수도"하는 것이 더 나을 사람도 적지 않을 것이다.

또 다른 원인은 비구들에 대한 관리 체계가 허술하다는 점이다. 일단 비구가 되어 타이인이 경외하는 승가의 울타리 안에 들어가기만 하면, 그는 도덕적으로 문제가 없는 "거룩한 존재"로 인정된다. 태국에서 스님들은 "프라phra"라고도 불리는데, 이 단어는 신이나 왕과 같이 경배의 대상이 되는 거룩한 존재의 이름이나 타이틀 앞에 놓여 일종의 경칭 접두사로 쓰인다. 비구에 대한 감시와 관리가 사실상 없기 때문에, 난타피왓 같은 승려가 엄청난 돈을 모을 수 있었던 것이다.

최근 태국의 인구 가운데 불교 신자의 비율은 비록 근소하지만 점차 줄어들고 있다. 반면에 이슬람 신자와 기독교 신자의 비율은 늘고 있다. 이슬람과 기독교의 교세가 커지는 것은 세계적인 현상이다. 그러나 태국만 두고 볼 때, 불교의 교세가 줄어드는 것은 타이 국민들 가운데 타이 승가와 나아가서는 불교에 대한 관심을 잃어버린 자들이 점차 많아지고 있다는 것을 의미한다. 승려들의 타락과 부패는 많은 타이인에게 불교에 대한 실망감을 주었을 것이다.

타이 사회는 지난 수십 년 동안 경제적으로, 정치적으로, 사회적으로 급격한 변화를 겪어 왔다. 산업화와 더불어 농촌에서 도시로의 대규모 인구이동이 일어났고, 정치적인 민주화와 함께 사회에서도 점차 투명성과 효율성이 중시되고 있다. 또한 세계화와 더불어 서구 문화와 일본, 중국, 한국 등 아시아의 다른 나라들로부터 온 문화가 태국의 전통 문화의 공간을 잠식해 들어가고 있다.

많은 타이인은 이처럼 급변하는 타이 사회의 흐름 속에서 불교계도 개혁되어야 한다고 말한다. 비구와 재가가 서로 돈으로 연결되는 것이 아니라, 상호 존경과 신뢰의 관계가 회복되어야 하고, 절과 스님에 대한 모든 시주는 투명하게 관리되어야 할 것이다. 그러나 어떠한 제도적인 개혁보다도 중요한 것은 비구들이 자아 성찰과 공부를 통해 스스로 변화해야 한다는 것이다. 타이 국민의 절대 다수가 불교를 믿는 한, 타이 사회에서 불교의 지배적인 지위는 앞으로도 계속될 것이다. 그러나 변화하는 타이 사회에서 불교가 어떤 역할을 할 것인지는 불교계가 어떤 변화를 보여줄 것인지에 달려 있다.

V
태국의 민간 신앙

민간 신앙의 이해의 중요성 불교는 수코타이 왕조 이후 태국의 국교일 뿐만 아니라 타이 사회의 지배적인 문화이다. 그러나 불교가 지배하는 타이 문화의 저변에는 정령 숭배, 조상신 숭배, 샤머니즘, 주술 신앙 등 민간 신앙이 흐르고 있다. 우리는 람캄행 비문에서 이미 수코타이 시대에 민간 신앙이 불교와 함께 타이 사회에서 강력한 힘을 발휘하고 있었음을 보았다. 불교는 타이 역사에서 항상 정치 권력의 등을 타고 막강한 영향력을 행사해 왔다. 또 불교에는 숱한 사원들과 비구들을 바탕으로 한 승가의 조직이 있으며, 정부와 관료 사회로부터 재정적 지원 외에 법적인 보호도 있어 왔다.

그에 비해 민간 신앙은 그러한 제도적 조직이나 국가적 보호가 없었거나, 있었더라도 매우 미미했으며, 또 그것마저도 그늘에서 행해졌다. 그럼에도 불구하고 민간 신앙이 소멸하지 않는 것은 민중이 볼 때 현세의 기복적 욕구를 채우는 데 민간 신앙이 불교보다 더욱 효과적이라고 판단되어 왔기 때문일 것이다.

방콕을 비롯한 태국의 도시들의 길거리에서는 불교 사원은 말할 것도 없고 힌두교 신상과 중국 사당도 종종 볼 수 있다. 비록 드물기는 하지만 성당과 개신교 교회의 십자가도 간혹 만날 수 있다. 또 이슬람 사원들도 곳곳에서 발견된다. 특히 말레이시아와 가까운 태국 남부 지방에서는 이슬람이 다수 종교이다. 이렇게 보면, 마치 타이 문화가 인도, 중국, 중동, 서구 등의 문화로 채워져 있는 듯한 인상을 받는다.

그러나 이러한 외래 문화의 바탕에는 태국 특유의 민간 신앙의 문화적 전통이 깔려 있다. 태국의 종교 문화의 구조를 시간의 흐름에 따라 살펴보면, 민간 신앙이 가장 먼저 있었고, 그 토대 위에 인도 기원의 불교와 힌두교가 쌓이고, 그 위에 대승 불교, 유교, 도교의 중국 종교Chinese Religion가 놓여지고, 그 위에 이슬람과 기독교가 포개져 있는 모습이다.

태국의 종교 문화는 중층적重層的인 구조로 이루어져 있다. 이 중층적 구조에서 힌두교는 비록 오래 전에 태국에 도입되었고 한때 타이 왕실에서도 섬긴 적이 있으나, 오늘날에는 인도계나 극소수의 타이인만 신봉한다. 중국 종교는 화인에게만 인기가 있다. 이슬람도 말레이인이나 인도계 무슬림, 파키스탄 및 중동 출신 무슬림 등이 믿는 소수 민족들의 종교이다. 이슬람을 믿는 타이인은 극소수에 불과하다. 천주교와 개신교의 기독교는 최근 괄목할 만한 성장을 보이고 있지만, 그 교세는 타이 인구의 1%에 불과하다.

태국의 중층적인 종교 문화 구조에서 가장 오래 되고 가장 넓은 폭의 지지 세력을 갖고 있는 것은 불교와 민간 신앙이다. 이 중에서도 민간 신앙은 불교가 타이 사회에 소개되기 훨씬 전부터 타이 민족의 삶의 일부분을 이루고 있었다. 물론 민간 신앙은 고정되어 있는 것이 아니다. 민간 신앙이 불교 혹은 힌두교와 만나 새로운 형태의 주술 신앙이 생기고, 중국 종교의 영향으로 풍수 신앙이 타이 사회에서 유행하며 새로운 방식의 샤머니즘이 등장해 왔다. 이처럼 태국의 민간 신앙은 태국 내 소수 민족들의 문화와 접촉하면서 시대의 흐름에 따라 끊임없이 변화해 왔다. 민간 신앙은 특히 태국의 보편적인 종교 문화인 불교와 깊이 연결되어, 어떤 경우에는 불교와 민간 신앙의 경계가 애매모호하다.

태국의 민간 신앙은 '피phi' 와 '콴khwan' 이라는 두 개념으로 대표된다. 피 신앙과 콴 신앙은 오늘날 타이 민중의 일상생활 속에서 살아 움직이고 있다. 피 신앙과 콴 신앙을 이해한다는 것은 타이인이 자신들의 현세적 필요와 기복적 욕구를 충족하기 위해 어떤 방편에 호소하는지를 이해하는 것이다. 또한 민간 신앙에 대한 이해는 자연스럽게 민간 신앙과 불교의 관계에 대한 이해로 나아갈 수밖에 없기 때문에, 그것은 궁극적으로는 타이 불교의 성격에 대한 깊은 이해를 가능하게 할 것이다. 타이 민간 신앙에 대한 이해는 타이 불교에 대한 이해만큼 중요하다.

피 신앙 타이 사회에 광범위하게 퍼져 있는 민간 신앙의 중추적 개념이라고 할 수 있는 피는 사람들에게 두려움의 대상인 동시에 의지의 대상이며, 따라서 적절한 경배와 위무가 필요하다고 본다. 신에 대한 경외심을 지니고 있는 타이인에게 '와이 피wai phi' 즉 피에게 절을 올리는 것은 기본적인 의무이다. 그러나 '핏 피phit phi' 즉 피를 거스르고 잘못 섬기는 행위는 위험한 결과를 낳는 것으로 간주되며, 이럴 경우 피를 달래기 위해 제사 등 적절한 위무가 따라야 한다. 피는 자신을 올바른 방식으로 섬기는 자들에게 도움을 주는 존재로 인식되어 있다.

태국의 왕실학술원에서 편찬한 백과사전에는 피가 상세하게 설명되어 있다. 이에 따르면, 피는 사람들의 눈에 보이지 않는 신비스러운, 초자연적인 존재이지만 경우에 따라 그 형상을 나타내기도 한다. 피는 이익이 되기도 하지만 해악을 끼칠 수도 있다. 즉 '좋은 피'가 있는가 하면 '나쁜 피'도 있다는 것이다. 또 피에는 높은 단계의 피가 있는가 하면 낮은 단계의 피도 있다. 예컨대 성城이나 도시의 수호신인 '락므앙lak muang'은 높은 단계의 피로 분류되는 데 비해, 아귀餓鬼인 '피쁘렛phi pret'은 낮은 단계의 잡귀에 속한다.[1]

피는 강, 바다, 산, 나무, 숲 등에 거하는 자연의 정령뿐만 아니라, 죽은 자의 망령, 조상신, 토지신土地神, 마을 수호신 그리고 기타 타이인의 일상생활과 관련된 모든 초자연적인 존재들을 망라하는 신을 가리킨다. 다양한 피의 명칭들이 알려져 있는데, 그것은 피가 어떠한 장소에 거주하는지, 어떤 방식으로 피가 되었는지 그리고 어떤 형상을 취하고 있는지에 따라 정해진다. 예를 들면, 바다의 귀신은 '피탈레phi thale,' 숲의 귀신은 '피빠phi pa'라고 부른다. 밤에 인광처럼 빛이 나는 귀신은 '피카뭇phi khamot'이라고 한다.

농촌이나 밀림을 끼고 있는 마을에서 주민은 늘 피를 의식하면서 산다. 마치 피와 더불어 생활하는 것과 같다. 그들은 특히 자연 정령과 잡귀들을 두려워하는데, 그러한 피의 대표적인 예로 '피끄라스phi krasue'와 '피따이홍phi tai hong'이 있다. 피끄라스는 피비린내 나는 것이나 날 것을 좋아하여 사람의 배설물이나 내장을 먹는 귀신으로 알려져 있다. 특히 아기를 갓 출산한 산모나 신생아가 피끄라스가 선호하는 공격 대상이다. 만약 아기나 산모가 특별한 원인도 없이 시름시름 앓다가 죽으면, 사람들은 피끄라스가 그 몸 안에 들어가 내장을 먹어 치웠기 때문이라고 믿는다. 그래서 아기가 태어난 집에서는 피비린내가 나지 않도록 항상 집을 청소하고 아기 주위에는 성수聖水를 뿌린 금줄을 두르고 부적을 붙인다.

피끄라스보다 더욱 위험한 것은 횡사한 사람의 망령인 피따이홍이다. 타이인은 사람이 전염병으로나 독사에 물려 죽거나 불의의 사고나 습격으로 살해되면, 그 혼령이 복수심을 품은 위험한 원령이 된다고 믿는다. 피따이홍에는 어떤 방식으로 횡사했느냐에 따라 다양한 종류가 있는데, 가장 위험한 것은 임신 중이나 출산 중 죽은 여자의 혼령이라고 본다.

'피따이탕끌롬phi tai thang klom' 이라고 불리는 이 피는 자신이 죽은 곳의 근처를 배회하며 자기 대신 그 지역에 거할 희생자를 찾아 죽이기까지는 계속 평온을 찾지 못하고 떠돌아다닌다. 사람들은 이 피가 그 원한 때문에 강력한 힘을 갖고 있다고 믿는다. 그래서 주술사들은 이 피를 이용하여 특별한 약을 조제한다. 그들은 출산하다가 갓 죽은 여자의 시신을 찾아 그 원령을 불러낸다. 그리고는 시신의 턱 밑에 촛불을 대어 시신에서 떨어지는 기름을 단지에 받는다. '남만프라이namman phrai' 라고 불리는 이 기름은 짝사랑 상사병에 걸린 사람들 사이에서 인기가 좋은데, 그것은 짝사랑의 대상에 이 기름을 조금만 발라도 대번에 큰 효과가 난다고 믿기 때문이다.

태국의 모든 피들을 그 성격에 따라 체계화하고 분류하는 것은 무리이다. 그것은 피의 종류가 너무 많기 때문이기도 하지만, 지방에 따라 피의 명칭과 기능이 다르며 때로는 피에 관한 정보도 한결같지 않기 때문이다. 이 책에서는 타이인의 생활에 밀접한 관계가 있는 비교적 중요한 피들만 택하여, 이들을 그 성격과 기능에 따라 분류하고 설명할 것이다.

지역 신으로서의 피

타이인은 그들의 생활과 관련된 공간

에는 그 공간의 영적인 주인 혹은 수호신이 있다고 믿는다. 공간의 수호신을 지역 신 혹은 지역 수호신이라고 부르는데, 공간의 크기에 따라 여러 단계의 지역 신들이 있다.

첫째, 집의 신 즉 가신家神이 있다. 중부 태국의 농촌 마을에서는 주민들이 '피반phi ban' 혹은 '피르안phi ruan' 이라고 불리는 집의 신을 섬긴다. 마을 사람들은 피반이 생전에 자신의 소유하던 집을 배회하면서 후손들이 자신에게 섭섭하게 대할 때는 종종 그들에게 해악을 끼치기도 한다고 믿는다. 그래서 집 주인은 매일 저녁에 거실의 선반 위에 얹어 놓은 향과 초에 불을 붙이고 피반에게 집과 식구가 모두 무사하다고 보고한다. 집안의 큰 행사가 있을 때 피반에게 제물을 올리고 경배하는 것은 물론이다.

이로 볼 때 피반은 조상신의 범주에 속한다. 보다 분명한 조상신 개념으로는 태국의 중부 지방에서 '피뿌야따야이phi puya tayai' 라고 부르는 '할아버지 할머니 신' 이 있다. 조상신을 잘 섬기지 않으면 화가 난 조상신이 식구들에게 병이 나도록 한다고 믿었던 이 지방 마을 주민은 피뿌야따야이에게 매일 제물을 바치는 데 소홀하지 않았다고 한다.

방콕의 한 빌딩 뒤뜰에 서 있는 산프라품

두 번째 단계의 지역 신은 '택지 신' 혹은 '토지 신' 으로, '프라품짜오티phra phum cao thi' 혹은 줄여서 '프라품' 이라고 칭한다. 프라품은 사람이 사는 집이나 건물이 놓인 땅의 영적인 소유자이자 그 땅에 대한 수호신으로 간주된다. 태국의 도처에서, 농가이건 아파트이건 상점이건 호텔이건 백화점이건 오피스텔이건 관공서이건 간에 그

마당 혹은 경내에 프라품의 사당인 '산프라품san phra phum' 이 놓여져 있는 것을 종종 볼 수 있다. 심지어 불교 사원 경내에서도 산프라품이 발견된다. 이것은 한국의 사찰에서 흔히 볼 수 있는 산신각山神閣과 비슷한 성격이다.

산프라품은 대개 외다리 기둥 위에 얹혀 있는데, 그 형태는 태국의 전통적인 왕궁이나 불교 사원이나 힌두교 사원 혹은 타이 전통 가옥의 정교한 축소 모형이다. 산프라품의 당집 안에는 신상이 안치되어 있는데, 그것은 대개 붓다 혹은 고승, 힌두 신, 승리와 번영을 준다는 '차이몽콘Chai Mongkhon' 이라는 신, 역시 행운을 갖다 준다는 '낭꽉Nang Kwak' 이라는 여신, 늙은 부부의 형상을 하고 있는 신들 가운데 하나이다. 타이인은 프라품이 그 땅에 세워진 건물을 보호해 주고 그 건물에 사는 사람들에게 육체적인 안녕뿐만 아니라 물질적인 복도 준다고 믿는다. 그래서 이른 아침에 주부는 산프라품에 향을 피우고 꽃과 음식 등 제물을 차려 놓는다. 집 식구들은 아침에 직장이나 학교에 가기 위해 집을 나설 때 프라품에게 합장

방콕 시내의 한 산프라품에 안치되어 있는 차이몽콘. '차이몽콘' 은 산스크리트어 '자야jaya-망갈라 maṅgala' 에서 파생한 것으로, '자야' 는 '승리, 정복' 을, '망갈라' 는 '행복, 길상吉祥' 을 뜻한다.

의 예를 올리고 귀가할 때도 그렇게 한다. 또 집에 손님이 오면 프라품에게 신고하여 프라품이 그 손님을 밤에 괴롭히지 말도록 빈다.

세 번째 단계의 지역 신으로, 마을 신 혹은 마을 수호신이 있다. 태국의 동북부 지방 농촌 주민은 '피뿌따phi puta' 즉 '할아버지 신' 이라고 부르는 마을 수호신을 섬긴다. 피뿌따의 사당은 대개 마을의 변두리에 있는 언덕에 큰 고목나무 아래에 놓여 있다. 주민은 피뿌따에게 마을에서 일어난 모든 중요한 일을 보고한다. 어떤 마을에서는 피뿌따의 신이 내린 무당이 이듬해 농사의 성공 여부를 알려주는 굿을 열기도 한다. 만약 흉년이 들 것이라는 예언이 나오면, 마을 주민은 피뿌따의 사당 앞에 모여 마을의 농사가 잘 되게 해달라고 피뿌따에게 빈다.

네 번째 단계의 지역 신으로 도시의 수호신이 있다. 람캄행 비문에 등장하는 수코타이 성 남쪽 구릉 위의 프라 카풍Phra Khaphung이라는 산신은 도시 수호신의 한 예임이 분명하다. 비문에 그는 수코타이 성을 보호하는 신으로, 왕국의 다른 모든 신들보다 큰 존재라고 되어 있다. 오늘날에는 도시 수호신이 '락므앙' 이라는 개념으로 알려져 있다. '도시의 기둥' 이란 뜻에 걸맞게 락므앙은 대부분 기둥 형상인데, 그 꼭대기가 연꽃 봉오리 모양으로 처리되어, 그 기둥이 예사로운 기둥이 아님을 암시한다.

방콕의 도시 수호신 사당인 프라 락므앙

락므앙의 기원에 관해 윌리엄 스키너는 힌두교의 시바Shiva신의 상징인 링가linga 즉 남근男根이 고대 캄보디아의 앙코르 왕국(802~1431년)에서 왕권을 상징했으며, 이 시바신의 링가 컬트가 태국으로 전해져 락므앙의 형태로 발전했다고 설명한다.[2]

프랑스의 동양학자인 앙리 마스페로Henri Maspero에 따르면, 베트남 북부의 흑따이Black Tay족에서는 성읍müong마다 두 종류의 지역 신이 있었다. 하나는 백성을 위한 공식적인 신인 '피므앙fi müong'이고, 다른 하나는 '락스아lak süa' 혹은 '락므앙lak müong'이라고 불리는 성읍 군장君長의 개인적인 수호신이었다. 락스아나 락므앙은 나무 기둥의 형태로 그 성읍의 거룩한 장소에 세워졌다.[3] 마스페로의 연구는 태국의 락므앙이 인도 기원이 아니라 따이족 계통의 민족들 사이에서 오래 전부터 널리 퍼져 있었던 지역 신일 가능성을 보여준다.

그러나 방콕의 프라 락므앙Phra Lak Muang에 안치되어 있는 락므앙이 남근 형상인 것을 고려할 때, 태국의 락므앙 신앙은 비록 인도 영향 전부터 타이 민족에 알려져 있었던 것으로 보이나, 13~14세기 이후 태국에 전해진 시바신 컬트의 영향을 받아 오늘날과 같은 형태로 발전하지 않았나 싶다.

프라 락므앙 사당의 내부. 앞 쪽의 긴 락므앙은 라마 1세에 의해 1782년에, 뒤 쪽의 짧은 것은 라마 4세에 의해 1852년에 세워졌다.

태국의 많은 도시들에는 락므앙 사당이 있는데, 그것은 대개 그 도시의 가장 중요한 불교 사원 옆에 자리잡고 있다. 이 사실은 절의 경내에 서 있는 산프라품에서 볼 수 있는 것과 마찬가지로, 태국에서 지역 신 신앙과 불교가 서로 깊이 결합되어 있다는 것에 대한 증거가 된다. 태국의 가장 유명한 락므앙으로 방콕의 프라 락므앙Phra Lak Muang이 손꼽힌다. 프라 락므앙 사당은 라마 1세가 라따나꼬신 왕조를 창건한 1782년에 왕조를 상징하는 불교 사원인 왓 프라깨우Wat Phra Kaew, 일명 '에메랄드 사원' 옆에 세운 것이다.

프라 락므앙 사당에는 두 개의 남근 형상 기둥이 있는데, 하나는 라마 1세, 다른 하나는 라마 4세의 명에 의해 세워졌다. 여기서 우리의 주목을 끄는 점이 있다. 라마 1세는 불교를 왕조의 발전을 위한 이념적 바탕으로 간주할 정도로 중시했다. 또 라마 4세는 라따나꼬신 왕조 역사상 불교에 관한 학식이 가장 깊고, 또 정통주의 불교 개혁을 위해 가장 열심이었다. 그러한 두 왕이 태국의 전통적인 지역 신 신앙에 각별한 정성을 쏟았던 이유는 무엇이었을까? 이에 대한 명확한 답은 보이지 않지만, 다음과 같은 추측은 가능하다.

불교는 사회적 질서를 위해 필요한 이념으로, 백성을 통치하는 데 유익한 수단이었다. 불교는 이처럼 국가를 유지하는 데 도움을 주는 이념적 힘

프라 락므앙의 뜰에 마련된 가설 제단에서 락므앙 신에게 절을 하고 소원을 비는 사람들

이 되었음은 사실이지만, 국가를 보호해주는 힘 그 자체는 아니었다. 그에 반해 락므앙 지역 신은 수도를 그리고 나아가서는 수도가 중심이 된 왕국을 보호해주는 힘으로 간주되었던 것이다.

락므앙의 도시 수호 역할은 국왕을 포함한 통치 엘리트들에게만 의미가 있었을 것이다. 방콕의 프라 락므앙 사당은 매일 참배객으로 붐빈다. 이들이 프라 락므앙 사당을 찾는 것은 락므앙이 방콕을 보호해 주는 것에 대한 감사를 표하기 위해서가 아니라, 건강 · 재물 · 직장 · 사업 · 자녀 등과 관련된 사적인 문제의 해결을 위해서이다. 프라 락므앙 사당의 입구 쪽에는 악사들과 무희들이 진을 치고 있는데, 소원을 성취한 사람은 이들을 고용하여 락므앙을 위해 전통 무용 공연을 드리기도 한다.

다섯 번째 단계의 지역 신은 타이 왕국 전체에 대한 수호신 즉 국가 수호신이다. 타이 왕국 수호신은 타이어로 '프라 사얌 테와티랏Phra Sayam Thewathirat' 이라고 부르는데, 이 지역 신은 타이 역사상 가장 강력한 왕들의 신령들이 합친 것이라고 한다.

어떤 왕들이 "타이 역사상 가장 강력한" 자들이었는지는 타이인 사이에서도 관점에 따라 의견이 분분하지만, 대개 외적을 물리쳐 영토를 성공적으로 방어하고 확대하거나, 왕국의 대외적인 위신을 드높여 소위 '마하랏maharat' 즉 '대왕大王' 으로 불리는 국왕들이 거기에 포함된다. 예컨대 람캄행, 나레수안, 나라이, 딱신, 쭐라롱꼰 등이다. 프라 사얌 테와티랏의 제단은 현재 방콕의 고궁Grand Palace 경내의 프라 마하몬티안Phra Maha Monthian 궁전 중앙에 있는 파이산탁신Phaisan Thaksin 궁에 안치되어 있다.

프라 사얌 테와티랏

'사얌' 은 '시암' 의 타이어식 발음이고, '테와티랏' 은 산스크리트어 '데바deva-아디adhi-라자rāja' 에서 파생한 것으로 그 뜻은 '국왕 위의 신' 이다. '프라 사얌 테와티랏' 은 문자 그대로 번역하자면, '타이 국왕에 대한 신' 이 된다.

역대 국왕 및 왕족에 대한 숭배 타이 왕국 수호신의 경우에서 본 것처럼, 역대 국왕들은 태국의 민간 신앙 세계에서 종종 매우 중요한 역할을 한다. 한국에서도 역대 국왕들이 신으로 받들어 모셔진다. 예컨대 경남 밀양에 있는 영남루嶺南樓 경내의 천진궁天眞宮에 가 보면, 단군을 비롯하여 부여, 발해, 가락, 고구려, 백제, 신라, 고려, 조선 등 한국 역사상 8개 왕조의 시조의 영정과 위패가 봉안되어 있다. 이들 신위神位에 대한 제사가 음력 3월과 10월 등 매년 두 번 실시된다. 그러나 한국의 역대 국왕에 대한 숭배는 대중적인 민간 신앙으로 발전하지 않았다. 태국의 경우는 다르다.

태국 중부의 우통에서는 이 지역 출신으로 14세기 중엽에 아유타야 왕조를 창건한 우통Uthong 왕의 신령이 도시의 수호신으로 받들어 모셔진

방콕의 국회의사당 광장에 서 있는 쭐라롱꼰 왕의 동상

다. 수코타이에서는 '프라 매야Phra Mae Ya' 라고 불리는 신이 도시 수호신의 위치를 점하고 있다. 주민은 프라 매야가 람캄행 왕의 대비大妃의 신령이라고 믿는다. 프라 매야는 지역의 다른 어떤 신보다 더욱 숭배되어, 프라 매야의 사당은 항상 사람들로 붐빈다.

방콕의 톤부리 지역에서는 1767년에 톤부리 왕조를 창건한 딱신 왕의 신령이 인기가 높다. 그의 사당은 짜오프라야 강의 톤부리 쪽 강안에 위치한 왓 아룬Wat Arun 일명 '새벽 사원' 의 입구에 있는데, 딱신이 화인 출신이기 때문에 특히 방콕의 중국계 타이인이 딱신 사당을 많이 찾는다.

태국 역대 국왕의 신령 가운데 전국적으로 볼 때 오늘날 타이인이 가장 숭배하는 것은 쭐라롱꼰 즉 라마 5세이다. 방콕의 국회의사당 광장에 서 있는 이 왕의 동상 주위에는 매주 화요일과 목요일 저녁마다 수백 수천의 사람들이 몰려와 제물을 바치고 기도를 올린다. 화요일은 쭐라롱꼰 왕이 태어난 요일이고, 목요일은 그의 스승의 날이다.

사람들은 대부분 가족 단위로 와서 동상 주위에 돗자리를 깔고 작은 제단을 차린다. 제물 가운데는 초와 향과 꽃 외에도 쭐라롱꼰이 생전에 애호했다는 장미와 시거와 브랜드위스키 등이 있다. 이들은 모두 가능한 한 핑크색이어야 하는데, 그것은 핑크가 화요일의 색이기 때문이다. 어떤 자들은 삶은 돼지머리를 가지고 오는가 하면, 여유가 있는 사람들은 심지어 악사와 무희들을 불러 가무의 정성을 바치기도 한다.

쭐라롱꼰의 초상화는 가장 잘 팔리는 실내 장식품의 하나가 되어 있을 뿐만 아니라, 많은 여염집들과 상점들은 그의 초상화를 모신 제단을 설치해두고 복을 빈다. 그리고 그의 사진을 담은 브로우치나 목걸이는 마치 영험 있는 호신부護身符처럼 잘 팔린다. 방콕에 소재한 왕실의 주요 사원인 왓 보원니웻Wat Bowonniwet 경내에는 쭐라롱꼰의 상을 안치한 사당이 세워져 있는데, 여기에도 참배객들의 방문이 끊이지 않는다.

쭐라롱꼰 왕 컬트에 대해서는 다양한 설명들이 있다. 공통된 견해는 그것이 정치적 · 사회적 변화에 민감한 타이 중산층의 산물이라는 것이다.

방콕의 왓 보원니왯 사원 경내의 한 사당에 안치되어 있는 쭐라롱꼰 왕의 상

즉 이들은 지난 수십 년 동안 큰 경제적 성장과 급격한 사회적 변화를 통해 새로운 사회적 욕구를 갖게 되었지만, 종래의 민간 신앙은 이를 충족시켜 주지 못하며, 산업화와 더불어 나타나는 새로운 사회적 · 문화적 갈등들을 전통적인 불교가 만족스럽게 해결하지 못한다고 본다.

그리하여 그들은 19세기 말부터 20세기 초까지 태국을 식민지화의 위협에서 지키고 국가의 근대화를 성공적으로 이끌어 발전과 번영의 기틀을 마련한 이 왕에게서 새로운 수호신을 찾고 있다는 것이다. 혹은 민중의 일상적인 이해관계로부터 갈수록 멀어져 가는 국가 권력에 대해 소외감을 느끼는 중산층이 더욱 개방적이고 민주적인 정치 체제의 이상적 인물상을 쭐라롱꼰에게서 모색한다는 것이다.

이러한 설명에는 태국의 사회적 · 경제적 문제들을 시원스럽게 해결하지 못하는 정부들에 대한 타이 시민들의 불만이 어렴풋이나마 반영되어 있는 것 같다.[4] 사회학적인 혹은 정치학적인 해석이야 어쨌든 간에, 쭐라롱꼰 왕 컬트에서 한 가지 분명한 점은 그것이 타이 사회의 전통적인 수호자로 인식되어 온 왕실에 대한 타이인의 신뢰와 경외심을 반영한다는 것이며, 그러한 배경에서 타이 왕실의 가장 위대한 왕으로 간주되는 쭐라롱꼰이 강력한 힘을 가진 신으로 받들어 모셔지고 있다는 것이다.

콴 신앙 앞에서 다양한 차원의 수호신을 살펴보았거니와, 타이인은 각 개인의 차원에도 수호신이 있다고 믿는다. 이 수호신을 '콴' 이라고 부른다. 콴의 의미는 크게 두 가지로 나뉜다. 첫째는 머리 정수리의 가마를 가리킨다. 둘째는 '생명의 정수精髓,' '수호 정령' 등의 의미이다. 태국에서는 개인의 수호 정령이 그의 머리 정수리에 깃들여 있다고 믿는데, 이것은 콴의 이 두 가지 의미가 어떻게 결합되어 있는지를 잘 보여준다. 태국에서 어린이이건 어른이건 할 것 없이 다른 사람의 머리 특히 정수리 부분을 함부로 만지거나 쓰다듬는 것이 금기사항 가운데 하나인 것도 이러한 배경에서 이해될 수 있다.

태국의 저명한 민속학자인 아누만 라차톤은 "정령을 가진 모든 것은 콴을 갖고 있다"라고 말하면서, 코끼리, 물소, 말, 논, 나무, 집 기둥, 마을, 도시도 콴을 지니고 있다고 본다.[5] 이로 볼 때, 위의 두 번째 의미의 콴 즉 '생명의 정수' 혹은 '수호 정령' 인 콴은 사람에게만 국한된 것이 아니라, 사람의 생활과 직접적인 연관이 있는 동물과 땅과 나무 등에도 적용될 수 있는 것이 된다. 집 기둥의 콴과 관련하여, 타이인은 집을 지을 때 서로 다른 숲에서 베어온 나무들로 집의 기둥을 세우는 것은 위험하다고 본다. 그것은 각각 다른 숲에 거하는 나무들의 콴이 서로 싸우게 되면, 사람이 그 집에서 살 수 없기 때문이다.

타이인의 민간 신앙을 이해하는 데 보다 중요한 것은 개인의 수호 정령인 콴이다. 태국의 왕실학술원 발행 백과사전에 의하면, 콴은 실체가 없는 것으로 사람이 태어날 때부터 그 몸속에 들어가 거한다. 콴은 사람이 정상적인 상태에 있는 동안에는 그의 몸속에 살지만, 잠을 자거나 몸이 아프게 되면 그 몸에서 나갈 수 있고 죽으면 그 몸을 완전히 떠난다고 한다.[6] 카우프만이 조사한 중부 태국의 마을 사람들은 콴이 몸을 떠나 있으면 그 사람은 아프게 된다고 믿으며, 그런 사람을 가리켜 '콴을 잃었다' 고 말하고, 그럴 경우 콴을 도로 불러오는 의식을 행한다.[7]

이러한 개인 수호신에 대한 정령 신앙은 태국뿐만 아니라 동남아시아의 여러 나라들과 나아가서는 아시아의 여러 지역에 널리 퍼져 있다. 예컨대 말레이시아에서는 인간과 동물 그리고 인간생활과 관련된 모든 것에 '서망앗semangat' 이 깃들여 있다고 믿는다. 대개 "혼" 혹은 "혼의 실체" 등으로 번역되는 서망앗은 그 소유자의 몸속에 자유자재로 들락거릴 수 있는데, 장기간 떠나 있으면 그 소유자에게 심각한 병이나 심지어 죽음을 초래한다고 본다.

이와 비슷하게 미얀마인은 '레이뱌leybya' 라고 불리는 개인적 정령이 인간의 몸속에 사는데, 그 사람이 잠들면 마음대로 움직이다가 죽으면 그를 완전히 떠난다고 믿는다. 이 레이뱌 신앙은 불교의 윤회 사상과 결합해, 많은 미얀마 사람들은 한 사람이 죽은 후 정령 혹은 망령이 되거나 다른 존재로 태어나는 것은 바로 레이뱌 때문이라고 설명한다. 중국에서도 병든 자나 죽은 자의 혼을 도로 불러오기 위한 의식이 민간에서 널리 행해져 왔다는 것은 주지의 사실이다.

콴은 한 아기가 태어나면 그 아기 속에 깃들여 그의 수호 정령이 된다고 한다. 중부 태국의 타이인은 자연 정령인 콴이 이처럼 사람을 숙주로 삼는 것은 그를 통해서 더욱 풍부한 음식을 공급받을 수 있고 또 아이가 자랄수록 콴도 그만큼 더욱 강해지기 때문이라고 믿는다. 타이인은 한 개인의 존재와 이처럼 밀접히 결합된 콴이 그 소유자에게 건강과 번영을 갖다 준다고 믿는다. 그래서 타이 사회에서는 콴이 없으면 그 사람은 불완전한, 무언가가 모자란 인간으로 간주된다.

정령 신앙

정령 신앙은 영어로는 '애니미즘animism' 으로, 그 어원은 '정령' 혹은 '영혼'의 뜻을 가진 '아니마anima' 이다. 정령 신앙은 모든 형상들, 특히 살아 있는 형상들에는 '정령' 이 깃들여 있다고 믿는다.

한 개인의 운명과 긴밀한 관계에 있는 이러한 콴의 성격 때문에, 타이 사회에서는 인생의 주요 통과의례 때 콴을 위한 의식을 행한다. 타이어로 '탐콴tham khwan' (문자 그대로 풀이하면 "콴을 행하다"가 됨)이라고 불리는 그 의식은 지역에 따라 약간의 차이는 있지만, 대개 다음의 경우에 행해진다.

11~13세 사이의 사춘기에 치르는 상투 자르기 의식.

첫째, 육체적 혹은 정신적인 질병이 있을 때, 둘째 생후 1개월 된 아기의 머리카락을 자를 때, 셋째 11~13살쯤에 사춘기에 이르러 '상투'를 자를 때, 넷째 남자가 불문에 출가할 때, 다섯째 결혼할 때 등이다. 태국의 동북부 지역에서는 이사를 가거나 신분상의 중대한 변화가 있을 때에도 탐콴 의식이 치러진다. 이 가운데 가장 중시되는 탐콴 의식은 두 번째와 세 번째와 네 번째와 다섯 번째이다.

남자들이 불문으로 출가할 때 치러지는 탐콴 의식은 '탐콴낙tham khwan nak' 이라고 불리는데, 여기서 '낙nak'은 출가 후보생을 가리킨다. 탐콴낙 의식은 남자가 절에 들어갈 때 그의 수호 정령인 콴이 함께 들어가 절 생활에서도 그에게 질병이나 불행이 닥치지 않도록 하기 위한 것이다. 결혼식 때 행하는 탐콴 의식에서는 신랑과 신부의 콴을 결합시킨다는 뜻에서 두 사람의 머리 위에 '몽콘파팻mongkhon pha phaet' 이라고 불리는 작은 실타래를 얹고, 그 두 개의 실타래를 가는 실로 연결시킨다.

아기가 태어난 지 한 달이 되면 행하는 탐콴 의식은 콴을 청하여 아기의 몸속으로 들어와 거하도록 하기 위한 것이다. 타이인은 탐콴 의식을 통해야 아기가 비로소 정상적인 인간이 되며 한 가족의 구성원으로 받아들여

혼례 의식에서 신랑과 신부의 콴을 몽콘파팻의 실로 연결시킨다.

질 수 있다고 본다. 여기서 유아에게 행하는 이 탐콴 의식을 보다 구체적으로 살펴본다.

탐콴 의식을 행하기 전에 우선 의식이 행해지는 집의 택지신인 프라품에게 제물을 바친다. 본격적인 탐콴 의식에 들어가 아기의 머리카락을 밀어버리는데, 이때 정수리 가마 부분의 머리카락은 그대로 둔다. 그것은 그 부분이 한편으로는 콴의 출입구라는 발상과 관계가 있고, 다른 한편으로는 가마 부분의 머리카락이 머리의 연한 부분을 보호하는 물리적인 기능을 갖기 때문일 것이다. 아이가 커가면서 다른 부분의 머리는 계속 밀되 정수리의 머리카락은 자라게 놔두어 상투를 이루는데, 그것은 11~13세쯤에 이르러 상투를 잘라내는 또 다른 탐콴 의식을 행할 때 완전히 없어진다.

1개월 된 아기의 머리에서 잘라낸 머리카락은 나뭇잎으로 만든 용기에 담아 흐르는 물에 떠내려 보낸다. 그리고는 아기의 몸을 성수聖水로 씻은 다음 식구와 친척들이 성사聖絲로써 아기의 두 손목과 두 발목을 묶어 주는 소위 '콴을 묶는' 의식을 행한다. 이로써 중부 타이인이 행하는 일반적인 탐콴 의식은 끝난다. 부유한 집이나 상류층의 경우에는 그 의식이 더욱 복잡하고 화려해진다. 의식에는 으레 브라만 승려와 불교 승려들이 초대된다. 위의 의식이 끝난 다음 식구와 친척들이 아기를 요람에 담아 앞뒤로 흔들어 주는데, 이때 아기를 위해 덕담을 한 마디씩 한다.

타이인이 탐콴 의식을 행하는 것은 이를 통해 '생명의 정수'를 받아들이고 보존하기 위한 것으로, 그것은 태국의 고온다습한 자연 환경에 적응하는 과정에서 생존을 위해 발전시킨 것이라고 볼 수 있다. 콴 신앙은 그러나 태국에 힌두교와 불교가 들어와서 제도 종교로 정착하게 됨에 따라 힌두교와 불교적 요소를 수용하여 현재는 혼합주의적 성격을 띠고 있는데, 그것은 피 신앙에서도 마찬가지이다. 콴 신앙은 특히 태국의 지배적인 제도 종교인 불교와 긴밀하게 결합되었다. 탐콴 의식이 널리 행해지는 곳이 불교가 강한 중부 지방인 것도 그러한 배경에서 이해될 수 있다.

주술 신앙

태국의 민간 신앙에 관하여 끝으로 설명해야 할 또 한 가지 중요한 것은 주술 신앙의 세계이다. 주술 신앙은 태국 전역에 그리고 모든 계층에 퍼져 있다. 타이인은 어떤 물체나 인간관계를 자신에게 유리한 방향으로 조작하려고 할 경우, 종종 주술에 호소한다.

태국의 유명한 고전 소설 가운데 하나인 『쿤창 쿤팬Khun Chang Khun Phaen』을 보면, 주인공의 한 명인 쿤팬Khun Phaen은 모험을 떠나기에 앞서 강한 힘을 가진 칼을 만들려고 한다. 이를 위해 그는 불탑의 꼭대기 부분, 억울하게 죽은 시신의 관에 박혀 있던 못, 성문의 못 등을 써서 칼날을 만드는데, 그것은 이들에 강력한 주술력이 실려 있다고 믿었기 때문이다.[8]

1970년대 말에 미국의 인류학자인 루이스 골롬이 태국 남부의 송클라에서 조사한 것도 타이 사회에서 주술 신앙이 얼마나 만연해 있는지를 잘 보여준다. 한 타이인 경찰관의 아내가 별 다른 원인도 없이 팔과 다리에 심한 통증을 앓게 되었다. 그녀는 남편과 함께 자주 다니는 절의 스님을 찾아가 상담을 했다. 주술사로도 소문난 이 스님이 알아본 결과, 본부인을 질투하

성사 의례를 하고 있는 스님들

던 경찰관의 첩이 문제의 장본인이었다. 첩은 본부인에게 해를 입히기 위해 주술사를 고용했다. 주술사는 본부인을 형상화한 인형에 사악한 주문을 걸은 후, 이것을 그녀가 사는 집의 계단 밑에 숨겨두었던 것이다.[9]

주술에는 다양한 형태와 방법이 있다. 가장 간단한 방식은 주문을 읊는 것이다. 주문은 주로 어떤 물체를 대상으로 행해진다. 사람들은 주문을 통해 그 물체가 특별한 주술력을 지니게 된다고 믿으며, 그러한 물체를 이용하여 자신의 목적을 달성하려고 한다. 주문을 읊는 것은 대개 특별한 제의적 행위와 함께 행해진다. 주문을 읊고 제의를 주관하는 것은 주술사의 몫이다.

타이인은 강력한 주술력은 불교에서 온다고 믿는다. 이러한 생각은 주술 신앙과 불교의 관계를 말해준다. 추측컨대 불교가 도입된 후 주술 신앙은 타이 사회에서 지배적인 종교가 된 불교를 상위의 종교로 인정하는 데 주저하지 않았을 것이며, 그때 불교를 초자연적인 힘의 새로운, 가장 강력한 원천으로 받아들였을 것이다. 또한 불교 승려들도 민중들이 일상생활의 각종 문제를 해결하는 데 빈번하게 주술 신앙에 호소하는 것을 보고, 종종 스스로 주술사의 역할을 맡기도 했다. '성사聖絲 의례'는 불교와 주술 신앙의 결합을 분명하게 보여준다.

생후 한 달이 지난 아기의 머리카락을 자르는 탐관 의식, 결혼식, 장례식, 주택 낙성식 등 다양한 경우에 행해지는 성사 의례는 다음과 같다. 스님들은 우선 타이어로 '사이신sai sin' 이라고 부르는 흰 목면 실, 즉 성사聖絲를 준비하여 그 한쪽 끝을 불상에 휘감아 맨 다음, 실의 다른 쪽으로는 탐관 의식이 행해지는 구역이나 새로 지은 집 등 성화聖化하려는 대상물의 주위를 감는다. 의식에 참가한 스님은 실의 나머지 부분을 손에 쥐고 팔리어로 '빠릿따Paritta' 라고 부르는 호주護呪 혹은 호경護經을 낭송한다. 사람들은 불상에서 오는 힘과 빠릿따의 주문에 의해 사이신이 감싼 모든 것이나, 사이신이 쳐진 구역의 모든 것은 성스럽게 된다고 믿는다.

타이인이 주술 신앙에 의지하는 것은 특히 개인의 육체적 보호와 물질적인 행운을 위해서이다. 이를 위해 그들은 문신, 부적, 따끄룻takrut, 목걸이 호신부 등 다양한 종류의 호신부를 이용한다. 이 가운데 문신은 문신이 새겨진 몸으로 하여금 주술적인 힘을 갖도록 한다는 데 그 목적이 있다. 타이인은 이 주술적인 힘이 자신을 다른 사람의 눈에 더욱 매력적으로 혹은 더욱 용감하게 비치게끔 해 주기도 하고, 자신을 질병과 사고나 심지어 칼날과 총알 등 외부의 위험에서 보호해 준다고 믿는다.

따끄룻

따끄룻은 금, 은, 구리, 주석 등으로 된 금속판에 불경의 경문經文이나 특별한 주문 혹은 비전적秘傳的인 도형을 새긴 후 원통형으로 말아 가슴이나 허리 혹은 손목에 차고 다니는 호신부를 일컫는다. 금속판을 매우 가늘게 만들어 살갗 밑에 집어넣기도 한다.

어린이나 여자들이 호기심이나 미용의 동기에서 종종 몸에 문신을 하는 경우도 있지만, 주술적인 목적을 가진 본격적인 문신은 만 17세 이상의 남자에게만 시술된다. 문신 시술은 타이어로 '아짠삭acan sak' 이라고 부르는 전문적인 문신 주술사가 행하지만, 가끔 불교 승려가 자신의 신도들에게 해 주기도 한다. 문신 시술자는 대개 고대 캄보디아 문자인 콤Khom 문

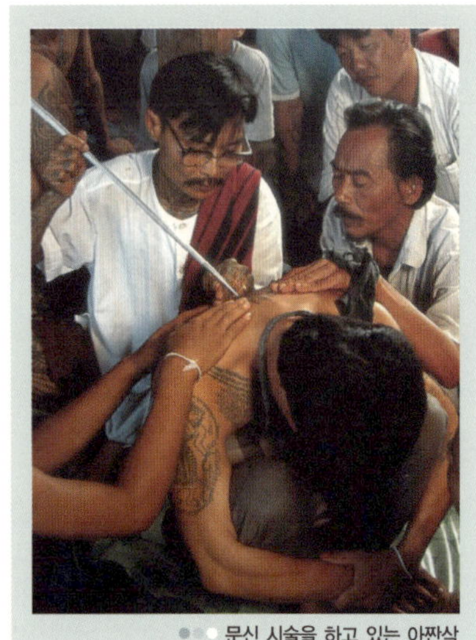
문신 시술을 하고 있는 아짠삭

자로 비전적인 도형과 글자를 새기며 그 과정에서 특별한 주문을 읊는다. 불교 승려가 문신 시술을 해 줄 때는 그를 통해 불교의 강력한 힘이 문신이 새겨지는 몸 안으로 유입된다고 믿는다.

타이인에게 가장 인기 좋은 호신부는 메달 형태의 목걸이 호신부이다. 호신부의 주술력이 자신에게 재물의 행운을 갖다 주고 자신을 위험에서 보호해 준다고 믿는 타이인은 자신의 특별한 목적에 적합한 호신부를 구하기 위해 애를 쓴다. 특히 영험이 많기로 소문난 호신부들은 치열한 경쟁의 대상이 된다. 목걸이 호신부의 조상彫像의 이미지는 붓다, 카리스마적인 승려,

방콕의 왓 마하탓 근처에서 각종 프라크르앙을 파는 노점상

역대 국왕 특히 쭐라롱꼰 왕, 힌두신, 낭꽈과 같은 민간 신앙의 신 등 다양하다. 이 가운데 가장 널리 퍼져 있는 것은 불상이다. 불상 이미지의 목걸이 호신부를 타이어로 '프라크르앙 랑phra khruang rang' 혹은 줄여서 '프라크르앙' 이라고 부른다.

프라크르앙에는 여러 급이 있다. 최상의 것으로는 작고한 승려들 가운데 카리스마가 많았던 자들이 손수 만들었거나 주문을 통해 성화聖化한 것들을 친다. 그 다음으로는 생존해 있는 자로 카리스마가 많은 승려들에 의해 제작된 것들이다. 그 밑으로는 평범한 승려들이 만든 것들과 공장에서 대량 생산한 것들이다. 대량 생산한 프라크르앙들도 승려의 주문을 통한 성화 작업을 거치는 것이 기본이다. 최상급의 프라크르앙들 가운데 가장 유명한 것은 방콕의 톤부리 지역에 있는 왓 라캉Wat Rakhang의 주지로 있던 왕족 출신 승려인 솜뎃 또Somdet Toe가 19세기에 제작한 것들이다. 이들은 수집가들 사이에서 '프라솜뎃 왓라캉Phra Somdet Wat Rakhang' 혹은 간단히 '프라솜뎃' 이라고 알려져 있다. 프라솜뎃은 수집가들 사이에 '호신부의 황제' 로 통한다.

태국의 프라크르앙 시장에서 '호신부의 황제' 로 알려져 있는 프라솜뎃 중의 하나

프라솜뎃 프라크르앙의 기본적인 재료는 점토이다. 솜뎃 또 스님은 주술력을 증대시키기 위해 여기에 여러 종류의 가루와 밥알, 바나나, 석회, 꽃잎 등을 첨가했다고 한다. 이들 첨가물은 모두 그의 수도 생활과 관련있는 것이었다. 예컨대 밥 알갱이는 그의 음식에서, 꽃잎은 그가 법당의 제단에 바친 꽃에서 따온 것이었다. 이러한 첨가물이 혼합된 점토로 불상을 만들

고 그것을 구워낸 다음, 여기에 주술력을 불어넣는 의식을 집행했다.

그는 프라크르앙을 '사이신'으로 두른 사각형의 공간에 진열해 두고, 여러 승려들과 함께 장시간 불경을 낭송하고 명상 기도를 했다. 이런 과정을 통해 프라크르앙들이 '성스러운 힘'을 지니게 되었던 것이다. 오늘날 프라크르앙이 만들어지는 것도 이와 비슷하다. 점토와 혼합되는 첨가물들이 사람에 따라 약간씩 다를 뿐이다.

타이 사회에 만연되어 있는 호신부는 타이인에게 단순한 주술 신앙의 대상일 뿐만 아니라, 최근에는 투자 대상이기도 하다. 특히 프라크르앙을 둘러싸고 수천 억 원대의 시장이 형성되어 있다. 프라솜뎃 왓라캉을 비롯한 유명한 프라크르앙들은 많게는 수억 원에 매매되기도 한다. 유명한 프라크르앙의 모조품이나 '짝퉁'도 많이 돌아다닌다. 프라크르앙에서 볼 수 있는 것처럼, 호신부의 주술 신앙은 불교와 깊이 연결되어 있다. 방콕에서 가장 큰 프라크르앙 시장이 왓 마하탓Wat Mahathat과 왓 랏차낫다Wat Rachanada 등 큰 절 옆에 형성되어 있다는 사실도 그와 무관하지 않다.

VI

민간 신앙과 불교가 어우러진 로이 끄라통 축제

공덕 지향적인 태국의 불교 축제들 축제는 한 나라나 한 지방 혹은 한 민족의 독특한 생태 환경과 역사와 문화 속에서 발생하고 변화·발전할 수 있지만, 다른 나라 혹은 다른 민족들과의 접촉을 통해 원래의 축제가 변하거나 새로운 축제가 도입될 수도 있다. 외부에서 도입된 축제는 일반적으로 그 지역의 생태 환경과 문화에 적응하고 변용한다. 축제는 특히 그 지역의 지배적인 종교나 관습의 영향을 받아 발전하는 경우가 많다. 그러한 점에서 축제는 그 축제가 행해지는 지역이나 민족의 역사와 문화를 이해하는 데 매우 중요하다.

태국의 축제들은 불교 국가답게 대부분 불교적 배경을 갖고 있다. 태국의 공식적인 불교 축제들로는 2월 보름의 마카 부차Makha Bucha, 5월 보름의 위사카 부차Wisakha Bucha, 7월 보름의 아산하 부차Asanha Bucha와 카오 판사Khao Phansa 등이 있다. 이 불교 축제들은 공휴일로 지정되어 있으며, 절이 있는 곳이면 어디든지 전국적으로 행해진다.

마카 부차는 한국에서는 만불절萬佛節로 알려져 있다. 불교의 전설에 따르면, 붓다가 입적하기 3개월 전인 마카 월에 붓다의 제자 1,250명이 사전에 어떠한 약속도 없이 벨루바나Veluvana 사원에 모였다. 또한 이들은 모두 붓다로부터 처음으로 수계한 자들이었고 모두 아라한이었다. 상좌 불교에서는 기적과 같은 이 사건을 기념하여 마카 월 보름에 마카 부차를 지낸다. 마카는 타이력으로 제3월이며, 한국의 음력으로는 1월이다.

5월 보름에 행해지는 위사카 부차는 한국의 초파일과 비슷한 불교 절일이다. 상좌 불교에서는 석가모니의 탄생과 해탈과 열반이 모두 동일한 달에 일어났다고 믿기 때문에, 이 세 가지 사건을 동시에 기념하여 위사카 부차를 지낸다.

아산하 부차는 붓다가 득도 후 최초로 설법한 것을 기념하는 소위 초전법륜일初轉法輪日이다. 아산하 부차가 끝나면 바로 그 다음 날에 카오 판사, 즉 불교 승려들이 우기 3개월 동안 절에 거하면서 수도에 정진하는 소위 하안거夏安居의 시작을 기념하는 축제가 열린다. 이때 여러 가정들에서는

'카오 판사' 즉 안거절安居節에는 하안거에 들어가는 스님에게 식구나 친척들이 각종 생필품을 챙겨준다.

태국의 오랜 전통에 따라 남자들이 일시적으로 불문에 들어가는 출가 의식이 치러진다.

공식적인 휴일은 아니지만 다른 어떤 불교 축제들보다 더욱 중시되고 성대하게 치러지는 불교 축제로 까틴Kathin 축제가 있다. 이 축제는 타이어로는 톳 까틴Thot Kathin이라고 하는데, '톳'은 '내려놓다'를, '까틴'은 '공덕의功德衣' 즉 재가 불자들이 비구들에게 드리는 승복을 일컫는다. 스님들에게 승복을 보시하는 것을 주 내용으로 하는 까틴 축제는 10월 보름부터 11월 보름 사이에 지역마다 각각 알맞은 시일에 행해지며, 이때 주민은 우기인 하안거가 끝난 스님들에게 돈과 승복과 기타 생활필수품들을 드리는 행사를 중심으로 큰 축제를 벌인다.

축제는 대개 저녁부터 시작되는데, 다른 불교 축제들과 마찬가지로 절 밖의 공터에 대나무로 만든 가설 무대가 세워져 음악과 춤, 연극과 타이복싱 등이 열린다. 톳 까틴은 탁발 공양을 비롯한 불교의 다른 보시 행위들과 마찬가지로 수련에만 정진해야 하는 비구들로서는 생활에 필요한 물품들을 공급받는 기회이고, 재가들로서는 타이 불교도들이 가장 중시하는 공덕 축적의 좋은 기회가 되는 셈이다.

전국적 규모의 불교 축제들에 비해 특정 절이나 특별한 불교 유적에서 행해지는 축제들도 있다. 이들은 방콕에서 열리는 것과 지방에서 열리는 것이 각각 약간 다르다. 방콕의 경우 대표적인 불교 축제는 푸카오 통Phu Khao Thong 즉 황금산Golden Mount이 있는 왓 사케Wat Sakhe의 축제를 들 수 있다. 푸카오 통 축제에서는 붓다의 유골이 안치되어 있는 것으로 믿는 푸카오 통에 대한 경배와 설법과 스님들에 대한 보시 외에도 절 경내에서는 연극과 놀이가 공연되고 시장이 열린다.

수도를 벗어나 지방으로 가면 불교 축제는 의식적 요소가 더욱 적어지고 사람들의 흥을 돋우는 놀이판과 연극 행사가 더욱 많아진다. 대표적인 예로 방콕에서 서쪽으로 약 75km 떨어진 나콘빠톰에 소재한 프라 빠톰 쩨디Phra Pathom Cedi의 불교 축제, 방콕에서 남쪽으로 약 30km 떨어진 사뭇쁘라칸의 프라 쩨디 끌랑 남Phra Cedi Klang Nam 축제 등이 있다. 이들은 대개 11월 중에 열리는데, 이때는 우기도 지나고 가을벼 심기도 끝난 때이다.

원래는 불교적인 축제가 아닌 축제들도 태국에서는 종종 불교적 성격을 띠게 된다. 그 대표적인 예로 태국의 전통적인 설날인 송끄란Songkran을 들 수 있다. 4월 13일부터 15일까지 사흘 동안 열리는 송끄란은 지구를 중심으로 한 태양의 회전을 황도黃道 12궁宮으로 나누어 그 처음인 백양궁白羊宮이 춘분을 기점으로 시작한다는 인도의 천문학에 그 기원을 둔 것이다.

방콕의 한 절에서 송끄란 축제시 불상에 물을 끼얹는 재가 신도들

그러나 송끄란의 실제 과정에서는 스님들에 대한 보시, 불상에 물 뿌리기, 불상을 통해 거룩해진 물을 서로 뿌리기 등 불교적 공덕 사상이 중요한 역할을 한다. 톳 까틴을 포함한 불교 축제들은 공덕을 중시하는 타이 불교 대중의 욕구 충족을 위해 만들어지고 계속 유지되어 오지 않았나 싶다. 태국의 불교 신자들에게 종교적 행위와 관련된 일상생활은 모두 공덕 축적에 초점이 맞추어져 있다고 해도 과언이 아니다. 그 점에서 불교 축제들은 공덕 축적의 큰 기회가 된다. 타이인이 불교 축제들에 열의와 정성을 갖고 참가하는 이유가 바로 여기에 있다.

로이 끄라통 축제의 미학과 낭만 타이력 제12월은 양력으로는 대개 10월 하순부터 11월 첫 3주까지의 기간에 해당한다. 우기의 마지막인 이 시즌을 타이인은 종종 '나 남na nam' 즉 '물의 계절'이라고 부른다. 태국의 강과 운하들이 물로 넘실거리는 이 계절에 타이인은 물의 풍요로움을 즐긴다. 타이력 제12월의 보름이 바로 로이 끄라통Loi Krathong 축제일로, 타이인에게 가장 인기 있고 즐거운 세시명절 중의 하나이다. 이날 저녁 사람들은 하천 혹은 운하의 둑으로 가서 '끄라통'이라고 부르는 나뭇잎 혹은 종이로 만든 작은 배를 물 위로 띄워 보내며 물의 신에게 경배하고 복을 빈다. 사람들이 끄라통을 만들고 물에 띄우는 모습에는 타이인의 낭만이 서려 있으며, 촛불을 켠 형형색색의 숱한 끄라통들이 강물 위로 불빛의 띠를 이루며 떠내려가는 모습에는 그들의 미학이 나타난다.

지리적으로 인도와 중국 사이에 있는 태국은 이 두 문명권으로부터 광범위하고 심원한 문화적 영향을 받았으며, 국경을 맞대고 있는 미얀마, 캄보디아, 라오스, 말레이시아 등의 이웃 나라들과 접촉을 통해 여러 문화적 요소들을 교환해 왔다. 이러한 과정을 통해 태국의 중층적인 종교 문화와 축제 문화가 형성되었다. 앞에서 본 불교 축제들은 불교 국가인 태국을 관찰하고 이해하는 데 좋은 창이 될 수 있다.

그에 비해 로이 끄라통 축제는 정령 신앙적 배경에서 발달한 것으로, 순

학교 학생들이 단체로 로이 끄라통 축제에 참가한 모습

수한 불교 축제들에서는 볼 수 없는 타이 축제의 민간 신앙적 측면을 엿보는 창을 제공한다. 그뿐만 아니라 로이 끄라통 축제는 태국의 불교적 토양에 접목되면서 한때 불교적 요소를 가진 적이 있었는데, 이로써 태국의 축제들 가운데 민간 신앙과 불교가 결합된 독특한 중층 문화적 구조의 사례를 보여준다.

로이 끄라통 축제의 가장 중요한 내용은 '로이 끄라통'의 문자적 의미처럼 끄라통 즉 '잎으로 만든 그릇'을 물에 띄워 보내는 것이다. 로이 끄라통 축제는 축제 당일 저녁의 이 행사 외에도 그 며칠 전부터 끄라통을 만드는 준비 과정과 축제일 밤 광장과 길거리의 각종 놀이와 구경과 난전의 장사까지 모두 포함한다.

로이 끄라통 축제가 가까이 다가오면, 수일 전부터 동네 주민과 상점, 회사, 단체들은 저마다 끄라통을 만드느라 분주하다. 끄라통은 물론 만드는 자의 경제적 상태에 따라 크고 작음과 화려함과 소박함이 다르겠지만, 사람들은 돈이 허락하는 한 더욱 멋지게 만들기 위해 애를 쓰고, 그것은 자연히 누구의 끄라통이 더욱 잘 만들어졌는가 하는 선의의 경쟁으로 나타난다. 큰 상점 주인은 진짜 보트 크기로 끄라통을 만들고 그 전체를 금박종이로 씌운다. 마을의 절에서도 스님들이 신도들과 함께 배나 연꽃 모양의 큰 끄라통을 만들고 붉은 종이와 금색 종이와 화환으로 치장한다. 대부분의 가정들에서는 바나나 나뭇잎으로 자그마한 끄라통을 만든다.

끄라통을 손수 만들 만한 시간적 여유가 없는 사람들은 시장이나 거리 가게에 나가 만들어진 끄라통을 살 것이다. 이것은 도시로 나가면 더욱 두드러진 현상으로, 여기에 축제의 상업성이 엿보인다. 파는 끄라통은 대개 기름종이나 플라스틱으로 만들어져 있는데, 그것들은 전통적인 끄라통의 꽃이나 배의 모양 외에도 물고기나 새의 형상을 취하거나 심지어 비행기 모습을 한 것도 있다.

혹자는 이러한 모양의 끄라통들은 진짜 끄라통이 아니라고 말한다. 그러나 변하지 않는 문화가 어디 있으며, 상대적이지 않는 전통이 가능할까. 오늘날 태국의 로이 끄라통 축제는 그렇게 변해 온 전통의 연장선상에서 행해지는 것이며, 그렇게 볼 때 끄라통의 변형은 별로 이상할 것도 없다.

끄라통은 그 전체가 물의 신에게 드려지는 하나의 제물이지만 동시에 하나의 제단이 된다. 그래서 끄라통은 언제나 그것이 실제 보트 크기의 큰 것이면 불을 켠 등이, 그것이 바나나나무 잎으로 만든 작은 것이면 촛불이 그 중심을 이룬다. 그 옆에는 연기를 피우는 향이 꽂힌다. 그밖에 여러 제물이 놓여지는데, 그것들은 대개 끄라통 주인이 얼마나 돈이 많은지에 따라 달라질 수 있다. 그러나 부유한 자의 것이든 가난한 자의 것이든, 끄라통은 기본적으로 꽃으로 장식되고 초와 향이 꽂히고 동전이 들어 있다. 제법 큰 끄라통에는 그밖에 화환과 과일과 약간의 밥까지도 놓여질 수 있을 것이다.

11월 보름 해가 진 후, 1시간쯤 지나 어두컴컴한 밤이 되면 사람들은 저마다 끄라통을 들고 강이나 운하나 저수지를 찾아간다. 그들은 물가에 와서 초와 향에 불을 붙이고 끄라통을 물 위로 조심히 밀어 떠내려 보낸다. 끄라통을 물 위로 띄워 보내면서 많은 사람들은 흘러가는 끄라통 방향으

로이 끄라통을 만드는 모습

로 두 손을 이마까지 올려 합장한다. 이 합장 경배의 행위를 타이어로 '와이wai' 라고 부르는데, '와이' 는 불교 신자가 절에 가서 불상에게 경배를 올릴 때도, 사람들이 서로 인사할 때도 한다.

사람들은 물의 정령에게 '와이' 를 올리고 소원을 비는 것이다. 그러나 대부분의 사람들은 물의 정령에 대한 경배는 생략하고 그냥 자신의 소원만 비는 것으로 만족할 것이다. 사람들 가운데는 끄라통이 넘어지지 않고 멀리 떠내려가며 초가 오래 타면 자신의 소원이 이루어진다고 믿는 자들이 있다. 그러나 기대가 크면 실망도 큰 법. 조금 가다가 전복되고 촛불도 꺼지는 끄라통의 주인은 적지 않게 실망할 것이며, 심지어 눈물을 흘리기까지 한다. 그래도 보름달이 떠오른 밤에 강물 위로 수많은 끄라통들이 촛불을 드리우고 향에서 연기를 피우며 물결을 따라 천천히 떠내려가는 모습은 그 자체가 하나의 아름다운 그림이다. 사람들은 소원 성취에 대한 간절함을 가슴에 품은 채 한참 동안 물가에서 불빛과 수면이 만나 이루는 장관을 구경한다.

끄라통이 크고 화려하건 작고 초라하건, 끄라통 안에 푸짐한 제물을 놓건 소박한 제물을 두건, 그것은 어디까지나 삶의 조건과 연결된 상대적인 것일 뿐이다. 절대적 의미를 갖는 보다 중요한 것은 끄라통을 마련하여 물 위에 띄워 보내는 자의 수신水神에 대한 정성과 경배이며, 끄라통 축제에 참가하면서 갖는 기쁨과 즐거움이다. 물 위로 떠내려 보낸 끄라통이 강 혹은 운하가 서너 굽이를 돌아 어느 정도 내려가면, 간혹 동네아이들이 헤엄쳐 와서 끄라통 안의 돈이나 되팔 만한 화환과 다른 제물들을 꺼내간다. 끄라통 주인은 끄라통을 떠내려 보낼 때, 이미 그 점을 예측하고 있었을 것이다. 그러나 자신은 끄라통을 만들고 떠내려 보내기까지의 기쁨을 이미 누렸고 물의 신에게 드릴 정성과 경배를 다했기 때문에 그것에 별로 괘의치 않을 것이다.

끄라통들이 물 위로 떠내려가는 시각, 곳곳에서 폭죽이 터지고 물가에는 이미 각종 먹거리와 마실 것과 기타 생필품을 파는 행상들이 장사진을 쳐 놓았다. 길거리와 동네의 광장에는 난전이 성시를 이루고 공터에는 가설 무대가 세워져 연극과 그림자 연극과 전통 무용 등이 공연된다. 방콕과 같은 큰 도시의 강과 운하에는 화려하게 장식된 모터보트를 타고 달아오른 축제의 분위기를 만끽하는 자들도 있다. 마음에 소원을 담고 경건하게 끄라통을 물의 신에게 띄워 보내는 이 서정적인 로이 끄라통 행위는 이렇게 하여 시끌벅적, 흥청망청한 하나의 축제가 되는 것이다.

로이 끄라통 축제의 기원과 변천

로이 끄라통은 끄라통을 물 위로 띄워 보내는 매우 간단한 행위이다. 그러나 끄라통에 둔 불붙인 초와 향과 동전은 분명히 제물이며, 그것은 로이 끄라통이 하나의 제의 행위라는 것을 암시한다. 태국의 학자들 가운데는 로이 끄라통이 물의 신에게 우리가 물로부터 얻는 많은 도움과 혜택에도 불구하고 그동안 물을 오염시키고 물에 대해 바른 경외의 자세를 취하지 않았음에 대해 용서를 비는 하나의 제의 행위라고 말하는 자들이 있다.[1] 이러한 설명은 타이인이 전통적으로 가장 중요한 경제 활동인 벼농사와 관련하여 물에 대해 얼마나 감사하며 물을 소중히 생각하는지를 보여준다.

그러나 로이 끄라통 축제에 대한 통속적인 수준의 이러한 설명은 로이 끄라통의 기원을 명확하게 밝혀주는 것이 되지 못한다. 로이 끄라통의 기원에 대해서는 14세기 수코타이 왕조 시대에 왕궁에 속해 있던 한 브라만 사제의 딸이자 왕의 비빈妃嬪 가운데 한 명이었던 노파맛Nophamat이 쓴 책에 흥미로운 설명이 있다. 이 기록은 라따나꼬신 왕조의 라마 5세가 쓴 『12개월의 왕실 의식』에 간략히 소개되어 있다.

이 기록에 따르면, 타이력 제12월 즉 양력 11월, 아직 우기의 비로 하천과 저수지에 물이 그득할 때, 한 밤중에 왕이 왕비와 궁녀들과 더불어 배를 타고 나들이를 나가 백성들이 절기에 따라 물놀이 축제를 즐기는 것을 구경했다. 당시 왕의 시중을 드는 지위에 있었던 노파맛은 왕이 물 위에 띄워 보내며 즐기시도록 연꽃을 비롯한 여러 형태의 끄라통을 만들어 왕에게 바쳤다.[2]

노파맛의 기록에는 당시 백성들이 물놀이 축제에서 끄라통을 만들어 물 위에 띄우며 놀았는지에 대한 이야기가 없다. 그러나 노파맛이 여러 모양의 끄라통을 만들었다는 것은 당시 백성들 사이에서도 물놀이 축제시 끄라통을 만드는 것이 하나의 풍습이었다는 것을 암시한다. 그 끄라통들이 어떤 형태의 것인지에 대해서는 기록이 없지만, 오늘날 사람들이 만드는 것과 별로 다르지 않았으리라 짐작된다.

노파맛이 브라만 사제의 딸인 점을 중시하여 웨일즈는 로이 끄라통이 브라만교의 기원을 갖고 있다고 본다. 그는 로이 끄라통이 인도에서 성스러운 하천들 특히 갠지스 강에 대한 오래된 경배 행위에서 비롯된 것이지만, 뒤에 브라만교 신들에 대한 종교적 축제와 관련된 놀이로 발전했고, 이 브라만교적 축제의 형태가 인도의 여러 문화적 요소들이 다양한 경로를 통해 태국에 유입되었을 때 태국의 수신에 대한 정령 신앙에 접목되었으며, 이윽고 불교적 타이 왕실 문화와 만나면서 불교적 색채가 가미되었

을 것이라고 본다.[3]

로이 끄라통에 불교적 성격이 어떤 경위를 통해 더해졌는지는 분명하지 않지만, 노파맛의 글에 이에 대한 단서가 엿보인다. 노파맛은 붓다가 생전에 인도에서 나가Nāga들의 왕인 수신水神의 요청에 따라 데칸 지방에 있는 나르마다Narmada 강변에 자신의 족적을 남겼는데, 이것을 기념하기 위해 끄라통을 물 위에 띄워 보내는 축제가 발전되었다고 쓴다. 그러나 이 전설은 어떠한 불교 경전에도 그 근거가 없다.

노파맛이 기록을 남긴 시대에 수코타이 왕국을 통치했던 왕은 리타이Lithai 왕이었다. 그는 마하탐마라차Mahathammaracha 즉 '대법왕大法王' 이라고도 불렸는데, 그 칭호에서 짐작할 수 있는 것처럼 강한 불교적 성향을 지녔던 인물로 보인다. 수코타이 궁중의 이러한 불교적 분위기에서 노파맛은 원래는 불교와 아무런 상관이 없는 로이 끄라통 축제에 불교적 연원의 색채를 덧입혔을 수 있다. 혹자는 로이 끄라통을 불교적 신앙이 지나치게 열심인 한 불교도에서 나온 것이라고 추측한다. 그러나 브라만 사제의 딸인 노파맛이 얼마나 열렬한 불교 신앙을 갖고 있었는지는 의심스럽다. 노파맛이 끄라통을 불교적 꽃인 연꽃 모양으로 만들어 왕에게 바쳤고 로이 끄라통의 기원도 불교적 맥락에서 설명했던 것은 불교 신앙이 뜨거웠던 국왕의 마음을 기쁘게 하려는 목적에서 나온 것으로 볼 수 있다.

로이 끄라통의 '불교적' 성격에 대해서 라마 5세는 노파맛의 글을 바탕으로 하되 나름대로의 설명을 내놓는다. 이에 따르면, 노파맛이 만든 끄라통을 본 왕은 그 아름다움에 이끌려 몸소 끄라통의 초에 불을 붙이고 물 위에 띄우고자 했다. 그러나 불교도였던 왕으로서는 노파맛이 강의 신을 포함한 힌두교 신들에게 경배를 드리기 위해 그 끄라통을 만들었다는 것을 알고 있었으므로 끄라통 놀이를 망설이지 않을 수 없었다. 이에 왕은 붓다가 그의 족적을 남긴 곳이 육지뿐만 아니라 강과 나아가서는 그 강물이 흘러 들어간 바다일 수 있기 때문에 끄라통이 붓다에 대한 제물로서도 적합하다고 선언함으로써 끄라통에 불교적 의미를 부여했다.

이렇게 하여 로이 끄라통의 종교적 장애를 극복한 왕은 안심하고 끄라통을 물 위로 띄워 보냈으며, 왕궁의 조신들과 관리들도 왕의 예를 따라 로이 끄라통을 즐겼다. 그리고 왕은 로이 끄라통을 매년 정기적으로 지켜 행할 왕궁의 의식으로 정했다고 한다.[4]

로이 끄라통의 불교적 성격은 이처럼 타이 왕실을 중심으로 만들어진 것으로 보인다. 왕실이 중심이 된 로이 끄라통은 민간에서 행해진 11월 보름의 로이 끄라통 축제와는 달리, 10월 보름을 전후로 한 사흘 동안 열렸다. 왕실 로이 끄라통이 행해진 10월 보름은 그 불교적 성격에도 걸맞은 시기였다. 그것은 이 시기가 절과 스님들에 대한 공양과 시주가 대대적으로 행해지는 까틴 축제와 시간적으로 일치하여 공덕 축적을 위한 적절한 기회로 간주될 수 있었기 때문이다.

왕실 로이 끄라통은 태국에서 과거에 실제로 행해져, 왕과 왕비 및 궁녀들도 왕실 선착장에 가서 끄라통을 물 위에 띄우며 즐겼고, 귀족 관리들도 국왕의 예를 좇아 로이 끄라통을 지냈다. 10월의 로이 끄라통은 그러나 19세기 중엽부터 어떤 이유에서인지는 몰라도 중단되어 더 이상 행해지지 않기 때문에 오늘날에는 역사적인 의미밖에 남아 있지 않다. 그럼에도 불구하고 정령 신앙적 배경과 브라만교적 배경을 가진 로이 끄라통이 불교 국가인 태국에서 뿌리를 내리기 위해 불교와 일정 부분 타협을 한 흔적을 확인할 수 있다는 점은 로이 끄라통뿐만 아니라 태국의 전반적인 축제들의 사회 문화적 성격을 이해하는 데 중요하다.

로이 끄라통 축제는 그 유래와 태국으로의 유입 및 발전 과정이 분명하지 않지만, 기원과 변천을 대략 다음과 같이 정리할 수 있을 것이다.

로이 끄라통 축제는 인도에서 비롯된 것으로 보인다. 그것이 벼농사가 주생계인 타이인의 물에 대한 정령 신앙과 결합되어 타이 사회에 수용되고 타이적 형태로 발전되었다. 로이 끄라통에는 또 불교적 성격이 가미되었으나, 그것은 어디까지나 왕실 중심의 로이 끄라통 축제에서만 나타났다. 왕실 로이 끄라통은 10월 보름에 행해졌으며, 그것은 19세기 중엽 이후 더 이상 지속되지 않았다. 물에 대한 정령 신앙적 기원을 가진 민간 차원의 로이 끄라통 축제는 11월 보름에 행해지는데, 그것은 적어도 14세기 노파맛 시대 이후 오늘날까지 변함이 없다.

로이 끄라통 축제는 태국을 방문한 몇몇 서양인에 의해서도 관찰되었는데, 그들이 남긴 여행기는 로이 끄라통의 면모와 성격에 대한 이해를 위해 중요한 단서를 제공한다. 17세기 말에 태국을 방문한 프랑스인 시몽 드 라 루베르는 1687년 11월 11일 당시 태국의 왕인 나라이가 거하고 있던 롭부리에 갔을 때 로이 끄라통 축제를 목격했으며 그것에 대해 다음과 같이 썼다.[5]

> 시암인은 또한 몇 가지 종교적인 행사를 갖고 있다. 물이 빠지기 시작하면, 사람들은 며칠 밤에 걸쳐 크게 불을 밝힘으로써 물이 빠지는 것에 대해서 뿐만 아니라, 물로 인한 농토의 비옥함에 대해 감사를 표한다. 이때가 되면 모든 강의 수면은 떠다니는 등으로 뒤덮인다. 등은 개개인의 열성에 따라 그 크기가 각각 다르다. 등은 종이로 만들어지는데, 울긋불긋하게 채색된 종이는 숱한 등불로 인한 유쾌한 효과를 더욱 크게 한다.

라 루베르가 축제의 동기로 첫째 사람들이 지루한 장마가 끝나고 범람한 물이 빠지는 것에 대해 기쁘게 생각하는 것, 둘째 장마 때 강물이 공급하는 토양분으로 농사가 잘 된 것에 대해 감사한다는 점을 들고 있다. 이 관찰은 오늘날도 로이 끄라통에 대한 타이인의 일반적인 설명과 일치한다. 라 루베르는 로이 끄라통을 하나의 종교적 축제로 보고 있는데, 그가 말하는 종교적 측면은 불교나 힌두교가 아니라 민간 신앙 차원의 정령 신앙으로 이해된다.

19세기 중엽에 태국에서 20여 년 동안 살았던 장 밥티스트 팔르구아 프랑스인 신부는 타이인의 풍습을 설명하면서, 로이 끄라통은 11월 보름에 열리며 이날 사람들은 강에서 몸을 씻고 오물을 버린 잘못에 대한 용서를 강의 정령에게 구하기 위해 제물을 바친다고 말한다.[6] 팔르구아는 비록 벼농사와 관련하여 물에 대한 감사에 대해서는 언급하지 않지만, 그의 기록 역시 로이 끄라통의 정령 신앙적 배경을 분명히 보여준다.

태국의 민속학자인 아누만 라차톤은 로이 끄라통 축제의 기원과 변천을 다음과 같이 정리한다. 로이 끄라통은 첫째 물의 정령에 대한 하나의 연례 제사로서, 일 년 동안 사람들이 물에 대해 저지른 각종 잘못을 빌고 잘못으로 인한 재앙을 떠내려보내기 위한 목적을 갖는다. 둘째로는 물의 정령에 대해 감사하는 하나의 제의로서, 이 측면은 특히 타이인의 벼농사 생활과 관련하여 점차 깊은 의미를 갖게 되었다. 셋째로 로이 끄라통은 뒤에 하나의 세시풍속이 되어 주민이 함께 참가하고 즐거워하는 기회가 되었다.[7]

로이 끄라통 축제의 사회 문화적 의미

태국에서 축제는 다른 나라와 민족들에서와 마찬가지로 주민의 생활 리듬과 긴밀히 연결되어 발전해 왔다. 타이인의 생활에서 전통적으로 가장 중요한 것은 그들의 생계 활동의 근간을 이루는 벼농사였다. 그래서 축제는 벼농사를 중심으로 한 주민의 일상생활 패턴을 가능한 한 방해하지 않는 범위 내에서, 적당한 시간적 간격과 그들의 삶에 의미 있는 적절한 시기에 행해지도록 발달해 왔다.

4월에 열리는 송끄란처럼 일년 가운데 상반기에 열리는 축제들도 있지만, 많은 축제들은 10월 이후의 가을철에 열린다. 이때는 불교에서 하안거가 끝나는 때이고, 또 벼농사가 추수를 바로 코앞에 두고 있거나 추수가 이미 끝난 시기이다. 즉 종교적으로 뿐만 아니라 경제적으로도 의미가 있는 절기인 것이다. 그에 비해 7월 중순에 시작하여 10월 중순에 마치는 하안거 기간에는 축제가 없다. 비가 많이 오고 후텁지근한 날씨가 계속되는 이 기간 동안 스님들은 절 경내에서 생활하며 수도한다. 불교적 맥락에서 볼 때 이 기간은 절제의 시기이며, 사람들은 그러한 절제의 분위기가 마을의 일상생활에까지 미치는 것을 종종 느낀다. 또한 이 기간은 특히 농촌 지역에서 사람들이 벼농사에 매달려 바쁘게 일을 할 때이다. 그런 종교적인, 경제적인 상황에서 주민은 축제를 행하는 것을 삼갈 뿐만 아니라 그를 위한 겨를도 없는 것이다.

그러한 기간을 지나 비교적 한가로운 11월에 열리는 로이 끄라통 축제는 타이인에게 다양한 사회 문화적 의미가 있다. 이 축제는 첫째 정령 신앙적 차원의 종교적 의미가 있다. 하천과 운하가 잘 발달한 태국의 도처에서 볼 수 있는 로이 끄라통 축제는 타이인이 '매 콩카Mae Khongkha' 라고 부르는 물의 신에 대한 하나의 제의 행위이다. '매' 는 '어머니' 를 뜻하며, '콩카' 는 산스크리트어의 '강아gaṅgā' 에서 파생한 것으로 산스크리트어에서는 인도의 갠지스 강을 가리키지만 태국에서는 이 뜻 외에도 일반적인 '물' 이나 '강' 을 의미하기도 한다.

로이 끄라통은 마실 물과 씻을 물 그리고 무엇보다도 생계에 중요한 벼농사와 고기잡이와 수로 교통에 필요한 물을 공급해주는 물의 신에 대한 감사의 행위이다. 그것은 또한 동시에 물을 사용할 때 물의 신에 대한 경외심을 잊었던 것과 물을 오염시킨 것에 대해 물의 신에게 용서를 비는 기회이기도 하다. 많은 사람들은 끄라통을 띄워 보내면서 지난 해 동안 저지른 과오도 물과 함께 씻겨 내려간다고 믿는다. 로이 끄라통 축제의 이 정령 신앙적 의미는 환경 적응과 경제적 삶에 대한 타이인의 민감한 관심 때문에 더욱 간절한 성격을 갖는다.

이 첫 번째의 종교적 의미와 관련하여, 로이 끄라통 축제의 두 번째 사회 문화적 의미로 심리적 안정을 들 수 있다. 윌리엄 클라우스너는 태국 동북부의 한 마을에서 마을 주민이 숲의 피phi들에 대한 공포와 마을에 닥칠 수 있는 각종 불행에 대한 걱정 때문에 여러 가지 의식을 행하며, 그러한 의식들은 그들로 하여금 심리적 안정감을 갖도록 한다고 말한다.[8] 자연 정령들의 존재를 항상 의식하는 타이인은 로이 끄라통이라는 일 년 가운데 약속된 한 절기에 물의 신에게 끄라통 제물을 바치고 합장 경배의 예를 올린다. 이를 통해 그들은 물의 신과의 원만한 관계를 회복하고 차후 1년 동안 물과 연결된 생활에서 걱정 없이 살 수 있을 것이라는 심리적 안정감을 갖게 될 것이다.

세 번째의 사회 문화적 의미로 로이 끄라통 축제는 그동안 불교적 윤리 질서에 의해 지배되었던 인간관계에서 억제되었던 감정들을 해방시키고 타이인이 중시하는 '사눅sanuk' 즉 재미를 추구할 수 있는 채널을 제공한다는 측면을 갖는다. 축제일은 젊은 처녀들에게 밤늦도록 길거리에서 축제를 즐길 뿐만 아니라 마음에 드는 동네 총각들과 사귈 수 있는 좋은 기회가 된다. 그리고 이런 날은 사람들이 술을 취할 정도로 마시는 파격적 행동도 종종 허락된다. 타이인은 삶에서 '사눅'을 각별히 중시하여 어떤 일이든지 그것이 재미가 있어야 할 가치가 있고 일을 한 보람이 있다고 생각한다. 사람들이 로이 끄라통 축제의 난장적亂場的 상황을 즐기고 축제에서 재미와 즐거움을 추구하는 것은 바로 그 이유 때문이다.

VII
타이 여성에 대한 이해

타이 여성에 대한 두 가지 시각 태국의 여성과 남성의 관계에 대해서는 두 가지 상반된 시각이 있다. 첫째는 남성이 우월하다고 보는 시각으로, 남녀의 상대적 역할을 강조하는 한국의 전통적인 인식과 비슷하다. 이에 따르면, 남편은 가정의 '식구들을 먹이는 자' 이고 아내는 '살림을 돌보는 자' 이다. 즉 여자는 집에서 살림만 살며 남자들에 대해 수동적인 위치에 있는 것이 자연스러운 것임에 비해, 남편은 가정을 대표하는 자로서 가족의 생계뿐만 아니라 외부 세계의 행정적 · 법적인 일들에 대해 책임을 지는 자로 보는 것이다.

이 시각은 또한 여성의 일이란 대개 부엌일과 농사와 자녀 출산 및 양육과 저잣거리의 장사 등에 국한되어 있는 것에 비해, 남성은 출가하여 불교 승려가 될 수 있거나 정부 관리로도 활동할 수 있다는 것을 강조하면서, 사회적 지위에서 여성이 남성에 비해 열등하다고 본다. 나아가서 타이 여성은 전통 사회에서 결혼 전 순결을 지켜야 했으므로 남자들과 자유롭게 접촉할 수 없었으며, 결혼 후에는 여성의 정조를 지키고 남편에게 복종하고 남편이 죽으면 재가할 수도 없었고, 심지어 남편에게 이처럼 철저하게 예속되는 것을 미덕으로까지 여겼다고 주장하기도 한다.

둘째는 여성이 우월하거나 적어도 그 지위가 남성과 비슷하다는 시각이다. 동남아시아 사회를 연구하는 학자들은 대부분 태국을 포함한 동남아시아 국가들에서는 여성이 전통적으로 활발한 역할을 해왔다는 점을 중시한다. 여성은 농업과 상업 등 경제적 분야에서 뿐만 아니라 혼인과 상속 등에서도 남성에 비해 열등한 지위에 있지 않았으며, 많은 경우 오히려 남성보다 더욱 활동적이었고 더욱 강한 지위에 있었다. 이 시각은 남성 중심으로 운영되며 남성에게 더욱 유리한 지위를 부여하는 불교가 지난 수세기 동안 타이 사회의 지배적인 문화가 되었지만, 여성의 전통적인 위상이 이로부터 그다지 영향을 받은 것은 아니라고 본다.

타이 사회를 연구하는 사람들은 대부분 타이 여성이 그 지위와 역할에서 남성에 비해 약한가 아니면 강한가의 이 두 가지 시각 사이에서 왕래한다. 전자의 시각은 남성과 여성의 상대적 관계에서 형식적인 측면을 중시한 것임에 비해, 후자의 시각은 일상생활의 실제적 측면을 중시한 것이다. 후자의 시각이 더욱 일반적인 것은 바로 이러한 점 때문이다. 전자의 시각 가운데 남편에 대한 아내의 철저한 복종과 성적인 예속은 과거 전통 왕국 시대에서 지배층의 일부에서만 유효했을 뿐이었고, 그것도 관념상에서만 의미가 있었지 실제로는 달랐으리라고 본다. 따라서 타이 여성에 대한 논의는 대개 후자의 시각에서 출발한다.

그러나 후자의 시각에만 머물러 있으면 오늘날 타이 여성의 위상에 대해 올바로 이해할 수 없다. 그것은 지난 수십 년 동안 타이 사회의 급격한 변화와 더불어 타이 여성의 지위와 역할도 크게 변해 왔기 때문이다. 여기서는 전통 시대 제도상으로는 남성에 대해 열등한 지위에 놓여 있었지만, 실생활 측면에서는 남성보다 종종 강한 역할을 갖고 있던 타이 여성의 위상이 현대에 들어와서 어떻게 변화해 왔는지를 다룬다. 그 변화는 부정적인 측면과 긍정적인 측면 모두를 포함한다. 여기에서 전통과 현대의 시기 구분은 명확한 것은 아니다. 전통에서 현대로의 변화는 19세기 말부터 20세기 후반까지 폭넓은 기간 동안 일어난 것으로 이해하는 것이 편하다.

타이 여성은 자급자족적인 농업 중심의 전통 사회에서 강한 역할을 갖고 있었다. 그러나 20세기 중엽 이후 산업화의 과정에서 타이 정부는 제조업 중심의 수출 산업을 육성시키려고 가능한 한 많은 외국인 투자를 유치하기 위해 노력했으며, 이를 위해 값싼 노동력을 확보하고 유지하는 것을 중시해 왔다. 또한 외화 소득을 위해 관광업을 발전시키는 과정에서 소위 섹스 산업을 포함하는 유흥업을 육성해 왔다.

이러한 산업화 정책과 관광 정책은 타이 여성의 상당수가 수출품 제조업체에서 저임금의 노동력으로 일하거나 유흥업소에서 매춘부로 전락하는 결과를 낳았다. 경제학자들은 수출의 증대와 내수 시장의 확대 그리고 국민총생산과 국민일인당 소득의 증가 등을 고려하여 1970년대부터 1990년대까지 태국의 산업화를 긍정적으로 평가한다. 그러나 성장의 이면에는 지역 격차, 빈부 격차, 그리고 여성의 착취 등 여러 부정적인 문제들이 있다. 전통 시대에 강했던 타이 여성의 사회적 지위와 역할은 산업화와 이와 더불어 진행된 관광업의 확산을 통해 추락되었던 것이다.

현대화는 한편으로는 이처럼 타이 여성의 사회적 지위와 역할을 약화시키기도 했지만, 다른 한편으로는 여성이 타이 사회에서 경제적 · 사회적 · 정치적으로 더욱 활발하게 활동할 수 있는 환경을 제공하기도 했다. 경제 성장에 따라 비즈니스계에서 타이 여성의 활동이 더욱 적극적이고 활발해졌다. 또 1980년대 이후 민주화는 남성에 대한 여성의 권리를 강화시켰고 여성의 정치적 참여를 확대해 나갔다. 여성의 지위와 역할이 강화된 이러한 모든 변화는 무엇보다도 여성에 대한 교육 기회가 확대되어 왔기 때문에 가능했다.

제도적 차원에서 본 타이 여성의 전통적인 지위와 역할

전 근대 타이 사회에서 여성은 남성에 대해 제도적으로 열등한 위치에 있었다. 그 바탕에는 무엇보다도 불교와 왕권과 관료 사회의 구조가 놓여 있었다. 수코타이 왕조 이후 국교로 채택되어 온 상좌 불교는 남성 중심의 엘리트 종교였다. 상좌 불교의 불경 가운데 하나인 『소송경小誦經』의 『보경寶經』은 여자란 남자를 위해 봉사하기 위해 있으며 따라서 남자에 비해 열등한 존재로 본다. 또 남자를 '집 있는 자'와 '집 없는 자'의 두 유형으로 구분하며, 아라한이 되어 열반에 이를 수 있는 것은 오직 '집 없는 자' 즉 비구의 신분에서만 가능하다고 말한다.[1]

이처럼 상좌 불교에서는 남성이 여성보다 영적으로 높은 존재로 간주된다. 14세기 말에 수코타이 왕실의 왕비였던 솜뎃 프라 라차테피 시 쭐라락Saṃtec Braḥ Rājadevī Śrī Culālakṣaṇa은 한 불교 사원을 지어 헌납하면서 남긴 비문에서 "나의 공덕 행위에 힘입어 내가 미래에는 남자로 태어나게 하소서"라고 기원했다.[2]

태국에서 불교가 여성을 남성에 비해 차별하는 가장 두드러진 측면은 여성의 비구니 수계를 인정하지 않는다는 점이다. 상좌 불교의 전통에서 여성의 수계가 인정되지 않는 종교적 근거가 무엇인지에 대해서는 많은 논란이 있다. 상좌 불교 경전 가운데 율장律藏의 소품小品에는 여자들이 가정을 버리고 출가하여 불문의 길을 택하게 되면 불교의 수명이 500년이나 단축될 것이라는 붓다의 예언이 들어 있다.[3]

방콕의 왓 차나송크람Wat Chanasongkhram 사원에 거하는 매치들

붓다가 이 말을 실제로 했는지는 알 길이 없다. 그러나 어쨌든 상좌 불교계에서는 여성의 수계를 인정하지 않는 종교적 근거로 종종 이 붓다의 '예언'을 인용한다. 불교에서 여성은 전통적으로 불결하고 육욕적이며 따라서 남자를 타락시키는 존재로 인식되어 왔다. 이것은 불교가 태생적으로 철저히 남성 위주인 카스트 제도를 토대로 한 힌두교의 영향을 받아 발전했기 때문이다.

불교의 율장에 따르면, 여자가 승려가 되기 위해서는 비구 승가와 비구니 승가 양쪽에서 계를 받아야 한다. 그러나 태국에는 비구니 승가가 존재하지 않기 때문에 태국에서 여자가 정식 승려가 되는 것은 애초부터 불가능한 일로 되어 있다. 태국에서 여자가 출가를 하려면, 타이어로 '치chi' 혹은 '매치mae chi' 라고 불리는 여승으로만 가능하다. 금욕적인 생활 외에도 팔계를 지켜야 하는 매치는 대부분 절에서 밥 짓고 빨래하고 바느질하는 등 비구들의 식모 혹은 하녀처럼 살고 있다. 또한 매치는 비구들에게는 주어지는 대중교통 무임승차권을 받지 못한다.

타이 불교도들이 그토록 중시하는 공덕 축적에서도 여성은 남성에 비해 불리한 위치에 있다. 남자는 일시적이건 장기적이건 출가하기만 하면,

그것이 최대의 공덕 행위로 인정받는다. 그렇게 하지 못하는 여성은 부족한 공덕을 만회하기 위해 아들을 비구로 출가시키거나 보시를 더욱 많이 하려고 애를 쓴다. 보시를 많이 하기 위해서 그들은 더욱 적극적으로 경제 활동에 임한다. 바로 여기에 타이 여자들이 왜 사무실에서, 시장에서, 공장에서, 건설 현장에서, 가정부로 혹은 마사지 살롱에서 돈을 벌기 위해 열심히 때로는 고생을 무릅쓰고 일하는지를 이해할 수 있는 단서의 하나가 있다.

그러나 여자들이 아무리 활발한 경제 활동을 통해 돈을 많이 벌고 탐분을 많이 하더라도, 그것이 공덕이 되기 위해서는 반드시 남성 비구들로 구성된 승가를 통해서 그리고 승가를 대상으로 행해져야 한다. 이것은 남성은 '공덕 후견인'이 되어 타인의 행위가 공덕 행위이게끔 할 수 있는 위치에 있는 데 비해, 출가할 수 없는 여자들은 '공덕 피후견인' 밖에 될 수 없어 자신의 행위가 공덕 행위로 인정되도록 은혜를 바랄 수밖에 없는 위치에 있다는 것을 의미한다.

남자들은 출가하면 모든 경제적 활동에서 해방된다. 출가한 남성은 경제적 활동을 하지 않아도 그 스스로가 공덕의 근원이기 때문에 여성은 말할 것도 없고 재가의 일반 사람들에 비해 높은 위치에 있다. 그에 비해 여자들은 불교의 주변부에서 불교를 위해 봉사하고 공덕 축적을 위해 경제적 활동을 하는 것으로 만족해야 한다. 그 때문에 타이 부모들은 전통적으로 아들들에게는 가족의 명예와 위신을 세우는 일을 기대했지만, 딸들에게는 가족의 물질적 생활을 돌보는 일을 맡겨 왔다. 타이 사회에서 아들로서 가족의 명예와 위신을 세우는 가장 멋진 활동은 비구가 되는 것과 정부의 관리로 출세하는 것이었다.

태국에서 여성이 남성에 비해 사회적으로 낮은 지위에 있도록 만든 불교의 또 다른 중요한 제도적 측면으로 과거에 여자들을 불교 사원이 제공하는 교육의 혜택에서 배제한 점을 들 수 있다. 절의 교육을 오직 남자 아이들에게만 제공한 것은 비구와 여성 사이의 신체적 접촉에 대한 경계심이 그 주원인이었다. 왕궁과 귀족 집안의 상류층 여자들은 궁정에서나 개인 교사를 통해 비교적 높은 수준의 교육을 받을 수 있었다. 그러나 일반 평민 여자들은 교육의 기회를 박탈당함으로써 사회적인 혹은 정치적인 활동의 중요한 지적 바탕을 획득하는 데 남자들에 비해 근본적으로 불리한 위치에 놓여 있었다.

그리하여 "여자는 물소, 남자는 사람"이라는 타이 속담이 있듯이, 여성은 남성에 비해 지적으로 열등하며 따라서 물소처럼 일만 해야 하는 존재라고 인식되어 왔다. 이처럼 태국에서 불교는 여성의 활동이 식구들의 부양을 위한 경제적 생산에만 국한되도록 하는 데 있어서 중요한 이념적 도구가 되어 왔다. 특히 출가의 문을 남성에게만 열어 두고 여성을 교육의 기회에서 배제함으로써 여성의 사회적 신분 상승의 모든 가능성을 차단해 왔다.

불교와 더불어 여성의 사회적 지위를 남성에 비해 열등한 것으로 만든 또 다른 배경으로 전통 왕국 시대 태국의 국가 체제가 있다. 과거 태국의 절대 군주 체제는 남자 중심이었다. 타이 정부가 아유타야 왕조 초기부터 도입한 인도의 브라만적 정치 문화는 남성 위주의 정치 체제였다. 이것은 남성 중심의 왕권과 역시 남성 중심의 관료 사회의 지배적인 위상을 정당화하고 강화해 왔다. 왕권은 순조로운 계승을 통해서건 찬탈을 통해서건 항상 남성 왕족이나 남성 귀족 관료에게 넘어갔다.

1548년에 당시 12세의 욧파Yotfa 왕을 살해하고 권력을 장악하려 했던 태후 시 수다짠Si Sudacan은 이 점에서 한 흥미로운 예외로 간주될 수 있을 것이다. 그러나 이 사례도 그녀가 사건 직후 왕권을 자신의 정부情夫인 쿤 친나랏Khun Chinnarat에게 바쳤던 사실을 감안하면, 남성 중심의 전통적인 왕조사 패턴에서 벗어나지 않는다.

남성 중심의 왕권과 더불어 중시해야 할 것은 전통 왕국 시대 왕권의 비호 아래 있던 귀족 관료들이 타이 사회를 남자들의 이해관계를 중심으로 지배하고 통제했다는 점이다. 전통 왕국 시대 궁중과 관료 사회에서 일부

다처제가 성행한 것도 그러한 배경에서 이해될 수 있다. 또한 당시에는 태국에서 여자는 법적으로 남자의 재산으로 간주되었다. 이에 따라 남자는 아내와 딸을 이들의 동의 없이 팔 수 있었다. 남편은 심지어 아내가 간통을 하다가 현장에서 들키면 아내와 정부를 모두 죽일 권한도 갖고 있었다. 그러나 그 반대의 경우, 아내에게는 그러한 권리가 주어지지 않았다.

실생활 차원에서 본 타이 여성의 지위와 역할

타이 여성의 지위가 제도적 차원에서는 남성보다 낮았다는 점은 명백한 것으로 보인다. 그러나 실생활 차원으로 넘어가면, 타이 여성의 전혀 다른 위상이 나타난다. 한 가정 안에서 권위는 형식상으로는 남성 연장자 즉 주로 아버지에게 놓여 있지만, 실제적인 권위는 아버지에서 아들로 이어지는 것이 아니라 여계女系를 따라 이어진다.

아버지의 권위는 딸과 결혼하여 집에 들어와 사는 사위 특히 막내 사위에게 넘어간다. 한 집안의 권위는 외부적으로 보면 이처럼 아버지-사위의 계승 구조를 갖고 있기 때문에, 그 권위 구조가 남성 위주로 되어 있는 것처럼 보이지만, 자세히 들여다보면 그 구조의 실질적인 연결고리는 여성, 즉 어머니-딸이란 것을 알 수 있다. 그것은 아버지와 사위는 항상 밖에서 들어온 사람이지만, 어머니와 딸은 계속 같은 집안의 사람들이기 때문이다.

여성 중심으로 짜여진 이러한 가정 구조는 가신家神 신앙에서도 엿볼 수 있다. 특히 태국 북부에 있는 치앙마이의 농촌 마을에서 한 가정의 조상신 숭배는 어머니 쪽의 조상신을 중심으로 행해진다. 예를 들면, 한 집안의 식구들이 섬기는 가신들은 모계의 죽은 식구들의 영으로, 여기에는 어머니의 부모, 할머니의 부모, 외할머니의 부모 등이 속한다. 그러나 남편 집안의 남성 신령은 들어올 자리가 없다.

결혼을 통해 새로운 가정이 생기면, 그 조상신들은 모두 신부 집안의 조상신들이다. 치앙마이에서 1970년대에 현지 조사를 한 결과, 이러한 가신 신앙의 관리는 항상 그 집안의 어머니로부터 딸에게로 계승되는 것으로 나타났다. 태국의 전통적인 풍습에서는 집은 딸에게 상속되는데, 그것은 바로 이 가신 신앙의 관리를 여성 계열에 따라 계승하고 유지하기 위한 것과 깊은 관계가 있다. 타이 사회에서 결혼 후 신랑이 처갓집에 들어가 사는 이른 바 처거제가 일반적인 것도 가신 신앙과 관련이 있다. 결혼 후 만약 신부가 남편 집에 들어가 살게 되면, 친정의 가신들을 함께 데리고 들어오는 것이 되기 때문에 영적인 충돌이 일어날 수 있으며, 그것은 집안에 불행을 일으킬 것이다.[4]

태국에서는 결혼 때 신랑 측이 신부 측에게 신부대로 '카 남놈kha namnom' 즉 '젖값'을 지불하는 풍습이 있는데, 이것은 타이 사회에서 여성의 높은 경제적 가치를 반영한다. 15세기 전반에 중국 명나라의 환관인 정허鄭和를 따라 동남아시아를 방문했던 공전鞏珍은 당시 타이 사회에서 남자들에 대한 여자들의 상대적 역할을 다음과 같이 묘사한다.[5]

> 국왕이 형벌을 내리려고 하든지, 평민들이 장사를 하든지 간에 크고 작은 일은 모두 반드시 그 부인에 의해 결정된다. 그것은 그 부인의 재능과 견식이 남자들의 것보다 뛰어나기 때문이다.

19세기 중엽에 24년 동안 태국에서 살았던 프랑스인 장 밥티스트 팔르구아 신부도 타이 가정에서 여성의 강한 위상에 대해 이와 비슷한 관찰을 남겼다.[6]

> 태국의 남편은 부인을 잘 대해준다. 부인은 살림을 꾸려나가는 데 큰 발언권을 갖고 있다. 그들의 의견은 존중된다. 그들은 큰 자유를 누리며 중국에서처럼 어두운 골방에 퇴거하여 살지 않는다. 그들은 공공장소에 나아가고 시장에 출입하면서 장사를 하고 다른 집을 방문하고 손님을 맞이하며 도시와 시골의 사원에 출입한다. 그들은 남편의 질투와 통제를 두려워하지 않는다.

팔르구아 신부는 또한 당시 부부 사이에 이혼은 빈번히 아내의 요구에 의해 이루어졌으며, 이혼 때 첫째, 셋째 등 홀수의 자식은 아내에게로, 둘째, 넷째 등 짝수의 자식은 남편에게로 귀속되었고 자식이 하나밖에 없으면 그것은 아내의 차지가 되었다고 말한다.[7] 이 부분에서도 부부 사이에서 아내가 남편에 비해 강한 위상을 갖고 있었다는 점을 엿볼 수 있다.

태국을 포함한 동남아시아에서 여성은 가정과 사회생활의 많은 부분에서 그 역할과 지위가 남성에 비해 열등하지 않았다. 전근대 동남아시아 경제의 중심을 이룬 농업에서 여자들도 남자들과 같이 파종과 이종과 수확의 힘든 일을 감당했다. 그들은 또한 베를 짜고 바구니를 엮고, 시장에 나가 장사를 했을 뿐만 아니라, 자녀를 낳아 키웠다. 이처럼 태국에서 한 가정의 생계를 위한 소득 활동이 남자와 여자 모두에 의해 이루어지지만, 정작 돈을 관리하는 등 실질적인 살림살이는 여자의 몫이다.

전통 사회이건 현대 사회이건, 타이 가정의 공식적인 우두머리는 남편이란 점이 인정되어 왔다. 그러나 여성은 어머니와 아내로서의 주요 역할 외에도 특히 가정의 경제를 관리하는 중요한 역할을 해왔다. 또한 출산과 자녀의 결혼 문제 등 가정의 중요한 일들에 대한 결정에서, 얼핏 보면 그것이 부부 공동의 작업으로 보이지만, 실질적으로는 대개 아내의 역할이 결정적이다.

전통 사회에서 타이 여성은 제도적 차원에서는 남성 중심으로 운영되는 정부와 불교 교단에서 차별 대우를 받았으며, 그에 따라 남성에 비해 사회적으로 불리한 위치와 열등한 지위에 처해 있었다. 그러나 실생활 차원에서는 여자들은 남자들에 비해 그 역할이 약하지 않았다. 그들은 오히려 남자들보다 더욱 활발한 활동을 전개했으며, 특히 가정과 마을에서는 종종 실질적인 통제권을 지니고 있었던 것으로 보인다.

산업화로 인한 타이 여성의 위상 약화 태국의 산업화는 정부의 경제 정책에 따라 1960년대에는 수입 대체 산업, 1970년대 이

랏차부리의 수상 시장에서 보트 행상을 하는 타이 여성. 수상 시장의 상인은 대부분 여성이다.

후에는 수출 지향 산업의 방향으로 추진되었다. 그러나 1980년만 해도 태국은 여전히 농업이 공업보다 국내총생산에 대한 기여도에서 더욱 높은, 그리고 인구의 70% 이상이 농업에 종사하는 명실상부한 농업국이었다. 그것은 1986년에야 비로소 바뀌어, 이 해에 공업이 국내총생산에 대한 기여도에서 농업을 추월했다.

태국은 1980년대 후반부터 빠른 경제 성장을 경험하여, 국내총생산 성장률은 1988년에 13.2%에 달했고 그 후 3년 동안 두 자리 숫자의 성장률을 기록했다. 주로 수출 산업의 호황에 따른 이러한 경제 성장은 공업 구조가 다양해지고, 대규모 외국인 투자가 이루어지는 등 타이 경제의 구조를 근본적으로 변화시켰으며, 국민일인당 소득의 증가를 가져왔다.

태국의 산업화와 경제 성장은 방콕에 집중해 일어났다. 예컨대 1985년경 태국 전체 공업 생산의 약 80%가 방콕 광역시에서 이루어졌다. 이것은

건설 현장에서 일하는 타이 여성들

농촌 인구의 방콕 유입을 초래하여, 1953년에 약 100만이었던 방콕 인구는 1990년대 중엽에는 800만으로 증가했다. 방콕에 산업화와 경제 성장이 집중된 결과, 이미 1986년쯤 되면, 방콕 광역시의 생산력은 북부 지방에 비하면 4.5배, 동북부 지방에 비하면 무려 7배나 되었다.

태국의 산업화는 섬유업과 식품 가공업, 자동차 · 오토바이 및 전자 부품 조립 등 노동 집약적인 제조업을 중심으로 일어났다. 제조업 생산품의 수출은 갈수록 증가하여, 1960년만 하더라도 수출 총액에서 국내 제조업 생산품이 차지하던 비율이 1.2%였던 것이 1970년에는 15.1%, 1980년에는 28.4%, 1988년에는 63.2%, 1992년에는 77.8%로 급격하게 증가했다.

태국의 제조업 생산품이 세계 시장에서 가격 경쟁력을 확보하기 위해서는 저렴한 비숙련 노동력이 지속적으로 공급되어야 했다. 이 필요는 무엇보다도 농촌에서 도시로의 대규모 인구 이주를 통해 채워졌으며, 그러한 인구의 상당 부분은 여성이었다.

태국의 산업이 단순 노동력으로 여성을 선호한 것은 이들이 보다 용이하게 남성의 통제를 받을 수 있고, 여성은 노동조합 등의 조직적 활동을 할 가능성이 보다 적으며, 또한 남성에 비해 낮은 임금으로도 그 노동력을 활용할 수 있기 때문이다. 이러한 생산 구조에서 타이 여성은 산업 현장과 서비스업 분야에서 단순 생산직이나 고객접대 행위에 종사하게 되며, 이로써 여성은 남성에 대해 종속적인 지위로 전락할 수밖에 없었다.

지난 수십 년 동안 태국에서 여성의 경제 활동은 크게 증가해 왔다. 타이 가정의 평균 소득을 보면, 그 중 여성의 소득은 1976년에서 1988년 사이에 130%, 1988년에서 1998년 사이에는 233% 증가했다. 그에 비해 남성의 소득은 같은 기간에 각각 63%와 199% 증가했다. 소득 가운데 월급 및 임금 부분만 보면, 여성의 경우 1976~1988년 동안 277%, 1988~1998년 동안은 265% 증가했다. 남성은 그에 비해 각각 151%와 200%이다.

1976년부터 1988년 사이에 월급 및 임금 부분에서의 소득이 이처럼 남녀간에 큰 증가폭의 차이를 나타낸 것은 불황 기간 여자들이 제조업과 서비스업 등 임금이 지급되는 소득 활동에 적극적으로 참여했기 때문인 것으로 보인다. 여자들은 불황 시기 특히 외국인 투자와 제조업이 집중되어 있고 무엇보다도 유흥업을 포함한 관광업이 발달되어 있던 방콕에서 더욱 많이 돈벌이에 나섰던 것이다.

태국의 한 파인애플 통조림 공장에서 일하는 여성 근로자들

한 조사에 따르면, 1980년대 말 태국의 제조업 부문에 공식적으로 고용된 근로자 가운데 여성은 11.6%에 불과했지만, 식품가공, 섬유, 보석가공, 신발, 전자 부품 조립 등을 포함한 태국의 10대 수출품 제조업 분야에서는 고용된 근로자의 80%가 여성 인력이었다. 그러한 비율은 1990년대 초에도 비슷했다. 그럼에도 불구하고 여성은 남성 근로자에 비해 낮은 임금을 받았다. 예컨대 제조업 부문 남성 평균 월급은 방콕 지역의 경우 250달러이고 여타 지역은 170달러인 것에 비해, 여성의 평균 월급은 각각 168달러와 112달러에 불과했다.[8]

가정과 마을에서 남성에 대해 상대적으로 강한 타이 여성의 지위와 역할은 전통적인 사회 구조가 유효한 농촌에서, 특히 여성이 친정집의 친족 관계 환경에서 생활할 때 유지된다. 그러나 부부가 고향을 떠나 도시로 이주하여 핵가정을 이루어 제조업이나 서비스업에서 맞벌이하며 생활할 때, 가정에서 남성과 여성 관계는 이미 전통적 구조와 다를 수밖에 없다. 그것은 여성의 지위와 역할의 약화를 가져온다.

방콕으로 이주하여 제조업이나 서비스업에 종사하여 생계를 이어가는 농촌 출신 타이 여자들의 변화된 상황에 대해 인류학적인 조사가 행해진 적이 있었다. 조사에 따르면, 방콕의 공장들은 대부분 20대 초반의 젊은 여성을 선호한다. 20대 중반이 넘는 여성은 실직의 위협을 느끼며, 일자리를 얻더라도 형편없이 적은 임금에 굴욕적이기도 한 가정부 혹은 노동 착취 공장 중에서 선택해야 할 입장에 처해진다.

이처럼 도시 생활에서 불안을 느끼는 농촌 출신 여성 이주자들 대부분은 자신이 도시화되었다고 여기지 않고, 오히려 고향 농촌의 정체성을 강하게 유지하고 있다. 도시의 노동 시장에서 주변부에 처해 있다는 것을 인식하는 그들은 고향 농촌으로 돌아갈 것을 항상 염두에 두고 있다. 그들은 특히 결혼 후에는 농촌의 고향집으로 돌아가는 것이 경제생활의 가장 듬직한 보장이 된다고 확신하는 것으로 나타났다.[9] 이 조사를 통해 도시로 이주하여 산업화의 영향 아래 사는 것이 타이 여성에게 여성의 전통적 지위의 약화를 의미한다는 것이 입증되었다.

도시의 제조업 부문 노동력에 대한 수요의 증가로 농촌 여성의 도시 이주가 광범위하게 일어났다. 이것은 타이 여성에게 친정집의 농토와 고향집에 대한 전통적인 관계가 상실되는 결과를 낳았으며, 이 관계에 바탕을 둔 타이 여성의 전통적인 사회적 지위의 약화를 초래했다. 특히 가신 신앙 관리자라는 여성의 역할이 중단되거나 종식된다는 점은 중대한 의미를 갖는다.

최근 도시에서 시댁에서 시집살이 하는 여성의 숫자가 점차 느는가 하면, 부모를 아예 모시지 않는 가정도 많아졌다. 그러한 변화는 특히 북부 혹은 동북부 지방 출신 여성 가운데 방콕 등 대도시로 이주한 가정에서 가장 심하다. 이것도 산업화로 인한 타이 여성의 지위 변화의 현상에 속한다.

관광업 발달로 인한 타이 여성의 위상 추락

수출 지향 산업에 바탕을 둔 태국의 경제 성장은 값싼 노동력에 대한 수요와 농촌에서 도시로의 이주 외에도, 서구적 소비 성향과 이와 연결된 미美에 대한 서구적 인식의 확산을 가져왔다. 이로써 여성이 상품화되고 섹스의 대상물이 되었다. 또한 경제 성장 과정에서 정부가 외화 소득의 한 중요한 원천으로 관광업을 육성하기 시작했다. 관광업과 그와 연결되어 진행된 매춘의 발달은 타이 여성의 지위와 역할에 심각한 영향을 미친 또 다른 중요한 요인이었다.

태국에서 매춘은 전통적으로 왕족과 귀족 관료로 구성된 지배층의 남자들에 의해 이용되어 왔다. 그들은 한편으로는 매춘부들을 억압하고 범죄시했지만, 다른 한편으로는 매춘 제도를 사회적 안정을 위한 하나의 기제로 이용했을 뿐만 아니라, 매춘 제도로부터 실제적인 이익을 추구하기도 했다.

예컨대 19세기 말부터 20세기 전반까지 많은 중국인 남자들이 돈벌이를 위해 태국에 왔을 때, 그들 대부분은 총각의 몸으로 혹은 가족을 고향에 놔두고 홑몸으로 왔다. 타이 정부는 이러한 화인을 위해 매춘업을 허용하여 매춘업에 대해 세금을 부과함으로써 국고 수입을 올릴 수 있었다. 현대에 들어서서는 매춘업이 외국인 관광객들과 이들의 외화를 불러들이는 중요한 미끼로 이용되고 있다.

유엔에서 파견되어 태국의 매춘 문제를 조사한 모리스 폭스Morris G. Fox에 따르면, 1960년경 태국의 매춘부들은 대부분 타이인이었다. 또 이들의 출신도 바뀌어, 주로 노예 출신이었던 19세기 후반~20세기 전반과는 달리 매춘부들은 이제는 주로 농촌 출신 여자들로 구성되어 있었다. 방콕을 비롯한 대도시들로 이주하여 매춘부로 일하는 이 농촌 출신 여자들에 대해 폭스는 다음과 같이 보고한다.[10]

> (농촌) 마을과 지방의 작은 도회지들에 사는 소녀들은 고용, 교육 혹은 결혼에 대한 약속을 믿고 도시들 특히 방콕으로 유혹되어 온다. 그들은 거기서 종종 자신들의 행위를 가족과 동네 사람들에게 알리겠다는 위협을 받기 때문에, 혹은 빚을 갚을 수 없기 때문에, 혹은 신체적인 해를 두려워하기 때문에, 붙잡혀 도망가지도 못한다. 어떤 소녀들은 특히 방콕의 경우 카바레나 나이트클럽을 거쳐 창녀가 되며, 어떤 소녀들은 처음에는 하녀로 일을 시작했다가 집주인에게 사적으로 이용당하고는 버림을 받은 뒤 매춘부로 전락하고 만다.

이러한 상황은 무엇보다도 1950년 이후 타이 정부가 방콕을 중심으로 추진한 경제 발전 정책의 결과, 상대적으로 더욱 빈곤해진 농촌에서 가족의 생계를 위해 숱한 여자들이 방콕을 비롯한 도시들로 이주했기 때문에 일어난 것이었다. 특히 태국에서 가장 가난한 동북부 지방과 북부 지방 출신의 여자들이 그 대부분을 이루었다.

태국의 매춘은 베트남 전쟁의 전개에 따라 미군이 동남아시아에 주둔한 1960년대 후반부터 1970년대 전반 사이에 획기적으로 발달했다. 타이 정부는 당시 한편으로는 매춘을 불법으로 공포하면서, 다른 한편으로는 베트남 전쟁에 따른 섹스 산업이 가져올 경제적 이익을 더욱 중시했기 때문에, 실질적으로는 섹스 산업의 번창을 묵인했을 뿐만 아니라 심지어 더욱 조장하기도 했다. 그리하여 베트남 특수와 함께 태국에서 매춘부의 숫자는 크게 증가했으며, 매춘의 형태도 다양하게 발전했다.

1950년대 말 태국의 매춘부는 약 2만 명으로 추산되었다. 이 숫자는 1964년에는 40만 명으로 증가되어 있었다. 특히 방콕은 베트남의 미군 군사 고문단이 일주일간의 짧은 휴가를 보내기 위해 방콕으로 오기 시작한 1966년부터 유흥업의 중심지로 발달되었다. 미군의 공군 기지 대부분이 자리 잡은 태국 동북부 지역에도 유흥업 인프라가 구축되었다. 동북부의 미군 기지들 일대에서는 동북부 지방 여자들뿐만 아니라 다른 지방들에서 온 여자들도 매춘부로 일했다.

베트남 전쟁의 종식 후 미군의 철수로 기지촌들이 사라졌지만, 이것으로 태국의 매춘업이 붕괴된 것은 아니다. 기지촌의 매춘부들은 이제 방콕과 빠따야 등지로 가서 섹스 산업에서 일자리를 구했다. 또한 기지촌에서 매춘부로 일하지 않던 여자들도 수 년 동안 미군들과 직·간접적으로 접촉하고 기지촌의 유흥업을 통해 돈을 쉽게 번 경험을 함으로써 그들의 생활 스타일이 크게 변했으며, 이들 가운데 상당수는 결국에는 방콕 등지로 가서 매춘부로 전락했다. 미군을 위해 형성된 섹스 산업의 인프라는 베트남 전쟁이 끝난 다음, 타이 정부가 추진한 관광업에 자연스럽게 수용되었고, 이로부터 소위 "매춘 관광"이 발달했다.

1970년대 초까지 태국에서 외화 소득은 대부분 농산물 수출을 통해 이루어졌다. 그러나 농산물 수출을 통한 소득은 세계 시장의 곡물 가격 변동에 크게 좌우되어 굴곡이 심했다. 이에 타이 정부는 보다 안정적이고 지속적인 외화 수입원으로 관광을 중시하여, 1980년을 "관광의 해"로 선포했다. 정부는 공항을 증축하고 호텔 건설을 북돋우고 입국 조건과 절차를 간소화하는 등, 관광업의 발전을 위해 다각적인 노력을 기울였다.

1986년에 태국을 찾은 관광객 숫자가 그 전 해에 비해 15.5%나 늘어 약 280만 명에 달한 것은 그러한 노력이 가져온 결과의 한 부분이었다. 정부는 이에 1987년도 "관광의 해"로 지정했다. 관광객 숫자는 그 후 지속적으로 증가하여 1998년에 776만 명, 2000년에는 958만 명의 외국인이 태국을 방문했다. 이미 1980년대 말에 농산물 수출을 제치고 최대의 외화 수입원이 된 관광 수입은 1998년에 2,420억 바트에 이르러 그 해 국내총생산의 5.2%를 차지했고, 2000년에는 2,920억 바트로 국내총생산의 6.0%를 점했다.

타이 정부의 관광 진흥 정책에서 보다 중시되어야 할 측면은 관광객들 특히 남자 관광객들을 끌어들이기 위해 정부가 섹스 산업의 증대와 활성화를 암묵적으로 장려하고 지원했다는 것이다. 1980년에 태국의 영향력 있는 은행가인 본추 로짜나사티안Bonchu Rojanasathien은 각 주의 주지사들에게 관광객들을 위한 유흥 시설들을 더욱 많이 지을 것을 주문하면서 다음과 같이 말했다.[11]

> 차후 2년 내, 우리는 더욱 많은 돈을 필요로 한다. 그러므로 나는 주지사 여러분들께서 자신의 주의 자연 경관과 더불어 몇 가지 유흥업의 형태에 대해 심사숙고하시길 바란다. 여러분들 가운데 어떤 분들은 유흥업의 몇몇 형태들이 관광객들을 끌어들이는 섹스 유흥업이기 때문에 이들을 혐오스럽고 창피한 것으로 간주할 것이다. 그러나 그러한 유흥업의 형태들은 여러분이 도덕적으로 까다롭다는 이유 하나만으로 금지되어서는 안 된다. 물론 도덕을 해칠 정도로 노골적인 외설은 납득될 만한 범위 내에서 금지되어야 한다. 그러나 어쨌든 우리는 사람들을 위해 창출되어야 할 일자리에 대해 생각하지 않을 수 없기 때문에 (유흥업의 발전을) 추진해야 할 것이다.

유흥업을 발달시켜 남자 관광객들을 유치하려는 태국의 관광 진흥 정책은 결국에는 여자들의 희생 위에서 추진될 수 있었던 것이다. 타이 정부가 추진한 관광업에서 여자들의 일자리란 대개 매춘과 직·간접적으로 연결되어 있었다. 그것은 유흥가에서 가수로 혹은 무용수로 일하거나 술집에서 홀 서빙을 하더라도 많은 경우에서는 부업으로 종종 매춘을 해야 자신과 고향 가족의 생계에 충분한 소득을 올릴 수 있었기 때문이다.

매춘업과 연결된 그러한 관광업의 육성은 농촌에 기반을 둔 타이 여성의 전통적인 위상의 약화를 가져온 또 다른 중요한 원인이 되었다. 관광업의 발전으로 여성의 전통적 역할이 약화된 것은 두 가지 차원에서 일어났다.

첫째는 관광업이 농촌 지역에서 발전한 경우로, 관광 시설이 건설되는 지역 주민의 대부분은 고향의 집과 농토와 이와 연결된 생계 활동에 대한 포기를 강요받아 도시로 이주하여 제조업이나 서비스업에서 돈벌이를 모색한다. 그 중에서도 여성은 거의 대부분 도시의 공장에 취직하거나 서비스업계 특히 관광과 연계된 매춘업에 종사하게 된다.

둘째는 관광업이 방콕 등 대도시 중심으로 발전하는 경우로, 이것은 대도시 중심의 산업화가 농촌의 여성 인력을 도시로 끌어들인 것과 마찬가지로 농촌 출신 여자들로 하여금 도시의 관광업과 연계된 유흥업소에서 매춘부로 일하도록 만든다.

농촌 여성이 매춘업에 종사하는 가장 근본적인 이유는 경제적인 것이다. 1980년경 태국의 도시에서 여성의 평균 월수입을 조사한 결과, 가정부는 150~400바트, 건설 인부는 200~500바트, 미용원 종업원은 400~600바트, 사무원은 600~1,000바트, 일반 서비스업은 800~1,500바트인데 비해, 매춘부는 약 10,000바트인 것으로 드러났다. 매춘부의 수입이 그만큼 높기 때문에 일반적인 직업에 종사하는 타이 여성 가운데 자신의 몸을 팔아 부차적인 수입을 올리려는 자들이 적지 않았다.

매춘부로서 비교적 많은 돈을 번다는 점에서는 제조업이나 건설업이나 일반적인 서비스업에서 여성이 남성에 비해 적은 임금을 받는 문제는 해결된 듯이 보인다. 그러나 미국의 페미니스트 사회학자인 캐슬린 배리 Kathleen L. Barry가 지적하는 것처럼, "섹스화된 몸에 대한 성적 착취가 이루어질 때, 여성들은 열등한 사람으로, 타자로, 결국 종속된 자로 취급된다."[12] 여성의 매춘이 여성의 남성에 대한 성적인 종속 관계에서 출발되고 유지되는 것이라는 점, 그리고 여성의 성이 그 관계의 구조 속에서 남성에 의해 착취된다는 사실은 이미 보편적인 상식에 속한다. 우리는 여성들이 매춘부로 전락하고 있다는 것에서 타이 여성의 전통적 역할이 약화된 극단적인 형태를 만나게 되는 것이다.

현대 타이 여성의 활발한 경제적 및 정치적 진출 지난 수십 년 동안 경제 성장과 정치적 민주화와 더불어 중산층 여성과 지식인층 여성의 사회적 진출과 활동이 갈수록 증대하고 있다. 이들의 숫자는 도시의 저임금 여성 근로자나 가정부 혹은 매춘부로 전락한 농촌 출신 여성의 숫자에 비해 훨씬 적다. 그럼에도 불구하고 특히 고등교육을 받은 여성들 가운데 경제적 · 정치적 혹은 사회적으로 활발한 활동을 전개하는 자가 점차 많아지고 있는 것은 오늘날 태국의 여성과 남성 관계에서 나타나는 하나의 중요한 변화로서, 현대 타이 여성에 대한 이해에서 간과될 수 없을 것이다.

1965년 12월 17일자 「타임Time」지는 태국에서 여성들이 호텔업 및 관광업과 무역에서 두각을 나타내고, 운수업과 건설업과 요식업계에도 여성의 자본이 깊숙이 들어와 있으며, 특히 방콕 부동산의 약 90%가 여성의 수중에 놓여 있다고 쓰고 있다.[13] 여성이 타이 비즈니스계에서 활발하게 활동하는 것은 과거부터 경제적인 면에서 여성이 강한 역할을 해 온 전통의 연장선상에서 이해될 수 있지만, 「타임」지에 따르면 그것은 무엇보다도 현대 교육의 확산에 힘입은 바가 크다. 교육 기회의 증대가 타이 여성의 사회적 진출의 가장 중요한 바탕이었음은 여러 사회학자들도 동의하고 있다.

유네스코의 조사에 따르면, 태국의 여성은 유치원부터 대학까지의 모든 교육 과정에서 지난 십수 년 동안 입학률이 증가해 왔다. 초등학교의 순입학률net enrolment ratios을 보면, 1990년에 남자 77% 여자 75%였던 것이 1998년에는 남자 82% 여자 78%, 2002년에는 남자 87% 여자 85%로 나타나, 여자의 입학률이 계속 증가했을 뿐만 아니라, 남녀 입학률 차이의 간격이 갈수록 작아졌다는 것이 확인된다.

이러한 측면은 중등학교 입학률에서도 마찬가지이다. 중등학교 총입학률gross enrolment ratios은 1990년에 남자 32% 여자 30%였으나 2002년에는 각각 82%와 81%로 증가했다. 특히 대학교 총입학률은 1998년에 남자 29% 여자 33%, 2000년에 남자 34% 여자 37%, 2002년에 남자 35% 여자 40%로 나타나, 고등교육을 받은 여성이 갈수록 많아졌을 뿐만 아니라 남성보다 그 비율이 더욱 높았다는 것을 알 수 있다.

고등교육을 받은 타이 여성들 가운데는 비즈니스계와 전문직에 진출한 자들이 갈수록 늘고 있다. 경제적으로 자립할 수 있게 된 이러한 여성들 사이에는 결혼도 뒤로 미루며 결혼을 하더라도 자녀는 1명 내지 2명만 낳는 경향이 강하게 나타난다. 1992년만 하더라도 1.8%에 달했던 태국의 출산율이 2000년에 1.1%로 낮아진 것에는 타이 여성들의 고등교육 기회 증대로 인한 사회적 진출의 증가가 중요한 요인으로 작용한 것으로 보인다.

고등교육을 받은 타이 여성들의 활발한 사회적 활동은 정계에 진출한 여성 수의 증가에서도 반영되어 있다. 태국의 하원의원 가운데 여성의 비율은 1969년에 2.3%였던 것이 1988년에 2.8%, 1991년에 4.2%, 1995년에 5.6%, 2001년에 9% 그리고 2005년 선거에서는 10.2%로 늘었다. 상원의원에서도 여성의 비율은 1988년에 1.87%였던 것이 1992년에 2.59%, 1996년에 8.08%, 2000년에는 10%로 늘어 지속적인 증가를 보여주었다.

2000년에는 태국의 선거 역사상 방콕시장 선거에 처음으로 여성 입후보자가 등장하기도 했다. 태국의 지방 행정과 지방 의회에서도 여성의 약진이 뚜렷한 추세로 나타난다. 태국의 선거와 지방 행정에서 여성이 점차 득세할 수 있는 것은 남성 중심으로 짜여 있고 운영되어 온 타이 정치계의

태국 최초의 여성 주지사 차랏시 테피락

무능과 부패에 태국의 시민들이 그동안 적잖이 실망해 왔기 때문일 것이다. 1993년에 방콕 근교의 나콘나욕 주의 주지사에 임명됨으로써 태국의 지방 행정 역사상 최초의 여성 주지사가 된 차랏시 테피락Charatsri Teepirach은 그동안 남성 행정가들이 해결하지 못한 이 지방의 오래된 사회 문제인 미성년 매춘을 성공적으로 근절시킴으로써 여성 행정가로서의 능력을 대내외에 입증한 바 있었다.

오늘날 타이 여성의 활발한 정치적 진출은 여성의 지위와 역할이 과거에 비해 향상된 것으로 간주될 수 있다. 2003년에는 결혼한 여성이 남편의 성을 따르지 않고 처녀 시절 자신의 원래 성을 계속 사용할 수 있도록 한 호주제 개혁이 이루어졌는데, 이것도 여성의 정치적 및 사회적 진출의 결과 제도적 측면에서 여성의 지위가 강화된 하나의 현상으로 간주될 수 있을 것이다.

타이 여성의 위상에 대한 전망

전통 시기 타이 여성은 제도적 차원에서 남성에 대해 열등한 지위에 있었다. 그것은 무엇보다도 불교가 제공한 남성 우위의 세계관과 절대 군주 체제의 남성 중심적인 정치 및 사회 구조에서 연유한 것이다. 그러나 실제적 생활 차원에서 볼 때, 타이 여성의 위상은 남성에 비해 낮거나 뒤떨어진 것이 아니었다. 여성은 집과 토지의 실질적인 소유자였고, 집안의 실질적인 살림 운영과 특히 가신 신앙의 유지에서는 여성이 오히려 가정에서 주도적인 역할을 해왔다.

전통 시기 타이 여성의 위상에서 이러한 부정적 측면과 긍정적 측면은 현대 시기에 들어와 모두 변화를 보여 주었다. 첫 번째 변화는 전통 시기 특히 농촌 사회의 가족적 · 경제적 · 문화적인 구조에서 강했던 타이 여성의 위상이 현대의 산업화와 관광업 및 매춘업 발달로 약화된 것이다. 두 번째 변화는 전통 시기 불교 및 관료 사회의 제도적 구조에서 약했던 타이 여성의 위상이 현대의 경제 성장, 교육 기회의 증대, 민주화 등으로 인해 강화된 것이다.

이상의 두 가지 차원의 변화 가운데 어떤 것이 더욱 그 폭이 크며 현대 타이 여성을 이해하는 데 더욱 중요한가? 숱한 농촌 여성의 도시 이주와 이로 인한 전통적인 농촌 사회를 기반으로 한 여성의 역할의 약화 내지는 붕괴, 그리고 공장이나 건설 현장과 서비스업계의 저임금 여성 인력과 특히 부지기수인 매춘부의 존재 등을 고려한다면, 그 변화의 규모나 사회적 파장은 현재로서는 첫 번째의 것이 두 번째의 것보다 더욱 크고 심각한 것으로 보인다.

그러나 두 번째의 변화도 중시되어야 할 것이다. 중산층 여성과 지식인층 여성 숫자가 증대하고 타이 사회가 더욱 민주화되면서 타이 여성의 위상의 강화 폭이 더욱 커지고 그 정치적 · 사회적 파장이 더욱 확대될 것으로 예상되기 때문이다. 시기적으로 보면, 전자의 변화가 먼저 시작되었고 후자의 변화는 나중에 일어났다. 타이 여성의 미래의 위상을 전망한다면, 그것은 두 번째 변화 즉 그 위상이 점차 강화될 것이라는 것에 초점을 맞추는 것이 시대의 흐름을 고려해서도 보다 적절할 것이다. 또한 그것은 여성의 위상이 점차 강화되고 있는 세계적인 추세에 비추어볼 때도 보다 자연스러운 것으로 보인다.

타이 화인의 역사와 정체성

타이 역사 및 타이 사회에서 화인의 중요성 1980년대 이후 중국의 대외 개방으로 인해 중국과의 사업 기회가 크게 증가하자, 그동안 타이 사회에 동화되어 가면서 조상의 나라인 중국을 잊고 살아 왔던 많은 화인華人들이 중국을 다시 찾고 있다. 이들의 관심은 경제적인 면에만 미치는 것이 아니라, 중국어의 습득과 중국 문화의 재발견으로 확대되고 있다. 이러한 상황은 비록 타이 화인 사회의 부분적 현상이지만, 그것은 타이 화인의 재중국화再中國化 즉 중국적 정체성 회복에 대한 우려를 자아낼 수 있다. 그러한 우려는 화인이 타이 사회에서 그만큼 중요하기 때문인데, 그 중요성은 무엇보다도 그들의 경제적 힘과 인구학적 규모에서 나타난다.

화인은 태국에서 경제적으로 가장 강력한 민족 집단이다. 그들은 태국의 주요 도시들의 상업 지역을 장악하고 있으며, 이를 통해 태국의 경제적 일상생활을 지배하고 있다. 그들은 또한 여러 산업 분야의 노동력을 제공해 왔으며, 식품 가공업과 섬유 공업 등을 비롯한 각종 산업과 금융업에서도 주도적인 역할을 하고 있다. 현대 태국의 경제적 발전은 그들의 역할이 없었으면 불가능했을 것이라고 말해도 과언이 아니다. 그러나 바로 이러한 경제적인 활동과 역할 때문에 화인은 최근까지 타이인에 의해 종종 태국의 경제를 착취하는 "동양의 유태인Jews of the Orient"으로 경원시되었고 나아가서는 심지어 사회의 통일성을 저해하는 요소로 혐오되었다.

타이인이 볼 때 화인이 이처럼 경제적인 힘을 가진 것도 문제인데, 더욱 문제가 되는 것은 그들이 인구의 상당 부분을 차지한다는 사실이다. 태국의 인구 가운데 화인의 수와 비율에 대해서는 의견이 분분하다. 그것의 원인은 무엇보다도 '화인'이 누구인가라는 것이 명확히 규정되지 않았기 때문인데, 이 물음은 화인의 정체성 문제로 연결된다. 이 문제를 둘러싼 고민은 『태국화교개황』을 쓴 선잉밍의 다음의 글에서 잘 표현되어 있다.[1]

필자의 숙부의 조부는 태국에 가서 살면서 아내를 취하고 자식을 낳았는데, 숙부는 그의 3대손이다. 숙부는 태국의 법무부의 장관까지 지냈던 분이다. 50여년 전에 그는 자나깨나 가문의 뿌리를 잊지 않고 있던 중, 종중宗中의 사람들을 불러 모아 조상의 사당을 세우기에 이르렀다. 그를 타이인으로 볼 것인가, 아니면 여전히 화교로 칠 것인가?

타이 화인에 관한 전문가 중의 한 사람인 사라신 위라폰Sarasin Viraphol은 "타이 인구의 90% 정도가 중국인 피를 지니고 있다고 말할 수 있을 것이다"라고 했다.[2] 이것은 아무런 근거가 없는 과장된 수치로 보아야 하겠지만, 장구한 이주와 정착의 역사를 갖고 있는 화인이 타이 사회의 오랜 혼혈과 깊은 동화 과정을 거치면서, 중국인 요소가 타이 사회에 광범위하고 깊게 퍼져 있다는 점은 부인할 수 없을 것이다.

화인의 기준은 국적도 아니요 혈통주의 원칙도 아니며, 몇 대째인가를 따지는 세대의 문제도 아니다. 또 언어나 종교의 문제나 관습 등 문화적인 요인도 기준이 되지 못한다. 화인의 범주는 애매모호하다. 중국, 홍콩 혹은 타이완 국적을 갖고 태국에서 사는 자들은 물론이고, 태국으로 귀화했지만 주로 화인끼리 어울리고 중국어 만다린이나 중국어 방언을 구사하며 중국식 생활을 영위하는 자들은 쉽게 '화인'으로 분류될 수 있다. 이들은 화인 범주에서 중심 부분을 형성한다. 범주의 가장자리로 가면 갈수록 타이 사회에 동화된 정도가 더욱 강한 자들을 만나게 될 것이다.

화인 개념을 둘러싼 이러한 근본적인 문제가 있음에도 불구하고 그동안 타이 화인의 규모에 대해서 다양한 수치가 제시되어 왔다. 1940년 1월 20일 당시 태국의 수상이었던 피분은 한 기자 회견 자리에서 태국에 200만 명 이상의 중국인이 있다고 말했다.[3] 이 수치는 당시 1,600만 명의 타이 인구에서 12~13%에 해당한다.

오늘날 타이 화인의 인구 비율은 대략 10%로 보고 있다. 포스턴과 위메이위는 1980년경 태국의 총 인구 4,646만 명 가운데 화인 수를 480만 명으로 제시하는데, 이것을 비율로 환산하면 10.33%가 된다.[4] 미국 오하이 오대학교의 한 연구소는 2002년경 타이 화인 수를 610만으로 보는데, 이것은 당시 타이 인구의 약 10%이다.[5] 이 10%의 비율은 0.05%에 불과한 한국의 화인 인구 비율을 고려한다면 실로 엄청난 것이다.

동남아시아의 화인은, 역사학 혹은 민족학 연구들이 그동안 보여 준 것처럼, 오래 전부터 이 지역에 이주하고 정착하여 동남아시아 사회의 중요한 민족들 가운데 하나가 되었다. 그들은 특히 상인으로서 동남아시아 정부들의 해외 무역에서 결정적인 역할을 해왔으며, 또한 유능한 상거래 자질을 바탕으로 종종 관리로 발탁되어 관료 사회에서도 중요한 부분을 형성해 왔다. 이러한 화인 사회는 일찍이 동남아시아에 온 외국인 방문객들의 관심 대상이 되어, 16세기부터 동남아시아에 진출하기 시작한 유럽인과 중국인의 여행기는 거의 빠짐없이 화인의 생활과 활동에 대해 보고한다. 유럽인과 중국인이 남긴 사료는 동남아시아의 화인의 역사에 관한 연구에서 중요한 정보원이 된다.

태국의 역사 전개에서도 화인은 중요하다. 지난 수세기 동안 타이 역사의 흐름은 화인의 역할을 알지 못하면 제대로 이해될 수 없을 것이다. 타이 왕조사의 시작은 대부분 화인의 활동과 긴밀하게 연결되어 있다. 또한 그들은 타이 사회에서 오늘날에 이르기까지 경제적으로 뿐만 아니라 정치적으로도 종종 중요한 역할을 해왔다. 이 글의 목적은 태국에서 화인 사회가 어떤 배경에서 그리고 어떤 과정을 거쳐 형성되고 변천되어 왔는지를 살펴보고 타이 사회에서 화인이 어떠한 정체성을 갖는지를 엿보려는 것이다.

끝으로 '화인' 이란 용어에 대한 설명이 필요할 것 같다. 해외에 거주하는 '중국인' 을 표현하는 용어 가운데 한국인에게 비교적 친숙한 것으로 '화교' 와 '화인' 이 있다. 이 가운데 19세기 말에 사용되기 시작한 '화교' 는 "한 번 중국인이면 영원히 중국인" 혹은 "중국인은 어느 곳에 살든지 간에 모두 중화 세계의 일부"라는 민족주의적 인식을 그 근저에 두고 있는 용어로, 강한 중국 지향적인 정체성을 보유하고 있는 해외 '중국인' 을 가리킨다.

그러나 이미 귀화했고 또 문화적으로도 동화된 '중국인' 까지 모두 싸잡아 '화교' 라고 부르는 것은 그 나라에 사는 해외 '중국인' 의 현지 지향적인 정체성을 무시하는 것이 되기 때문에 적절치 못하다. 그것은 때로는 외교적인 분쟁을 불러일으킬 수도 있다. 이런 배경에서 중국 정부는 '화교' 개념을 해외에 거주하는 중국 국적의 중국인으로 제한하여 규정하고 있다.

'화인' 은 중국의 명 왕조사(14~17세기)를 기록한 역사책인 『명사明史』에서 해외에서 활동하는 중국인을 지칭할 때 사용된 용어로 중국에서는 낯선 개념이 아니다. 중국에서 최근 발간된 문서들을 보면 해외 거주 '중국인' 을 가리키는 일반적인 용어로 '화인' 이 광범위하게 사용되고 있다. 이러한 경향에 따라 이 글에서 '화인' 은 태국에 이주하여 정착한 중국인이나 그 후예로서 중국의 언어 혹은 관습 등을 유지하고 있지만 타이 생활 방식을 취하고 타이 국적을 취득하여 타이 국민이 되어 있는 소위 '동화된 화인' 뿐만 아니라, 태국에 살고 있지만 태국에 귀화하지 않은 소위 '화교' 도 포함하는 개념으로 사용된다.

수코타이-아유타야 시대(13세기~1767년) 화인의 이주와 관료

화상으로서의 활동

화상華商 즉 중국 상인은 13세기 중엽에 수코타이 왕국이 건립되기 전에 이미 태국만 연안의 여러 시장과 항구들에서 활동하고 있었던 것으로 보인다. 19세기 초에 청나라의 쉬송徐松이 편찬한 『송회요고宋會要稿』의 기록에 의하면, 12세기 말에서 13세기 초 사이에 중국 상선들이 오늘날 남부 태국의 펫차부리 일대에 있었던 진리부眞里富란 왕국에 와서 중국산 비단과 도자기를 팔았으며, 진리부의 국왕은 1200년에서 1205년 사이에 중국으로 여러 차례 사신을 파견했다.[6]

이것은 당시에 중국과 태국만 일대 사이에 상당한 교역이 이루어지고 있었으며 중국 상인이 늦어도 13세기 초에는 태국만 일대에 진출했다는 것을 암시하기에 충분하다. 중국 상인의 13세기 초 태국만 진출은 한편으로는 태국만이 남중국해 무역에서 지정학적으로 유리했으며, 다른 한편으로는 남송南宋(1127~1279년) 시기부터 중국이 동남아시아 무역에 많은 관심을 갖게 되었기 때문이다.

중국인의 태국으로의 이주 및 정착은 13세기 말이 되면 더욱 분명해진다. 중국 사료인 『송사宋史』 「열전列傳」에 의하면, 남송의 좌승상左丞相이었던 천이중陳宜中이란 사람은 1277년경 원나라의 공격이 임박하자 자신의 무리를 거느리고 오늘날 중부 베트남에 있었던 점성占城 즉 참파Champa 왕국으로 피했다. 그 후 그는 원나라 군대가 참파를 압박하자, 1282~1283년경 태국의 수코타이 왕국으로 망명하여 거기서 일생을 마쳤다고 한다.[7]

구전 설화를 바탕으로 1807년에 편찬된 타이 사료인 『퐁사와단 느아』에는 수코타이 왕국의 프라야 루앙Phraya Ruang 즉 람캄행 왕이 중국에 가서 500명의 중국인을 데리고 와 정착시켜 도자기를 만들게 했으며, 이로써 태국의 왕실 도자기 수공업이 시작되었다는 대목이 있다.[8] 이와 비슷한 이야기는 18세기 말 방콕 왕조 초기에 팔리어로 편찬된 『쭐라윳다까라방사Culayuddhakaravamsa』에서도 발견된다.[9]

구전 역사口傳歷史의 범주에 속하는 이 두 사료가 전하는 수코타이 왕의 중국 방문은 『원사元史』 등 중국 사료에서 확인되지 않아 사실 여부가 불확실하다. 그러나 수코타이와 사완칼록 등에서 14세기에 제작된 도자기들에서 중국 도자기의 디자인과 기술의 영향이 확인된다. 이를 근거로 수코타이 시대에 중국의 도자기 기술이 태국에 전래되었다고 가정한다면, 위의 두 사료의 서술처럼 당시에 중국의 도공陶工들이 태국에 왔을 수도 있을 것이다.

수코타이에서 남중국해로 나가는 통로인 짜오프라야 강의 하류에 위치한 아유타야는 일찍부터 중국과의 무역에서 중요한 역할을 한 곳이었다고 보인다. 태국의 역사학자인 찬윗 까셋시리는 아유타야 일대에 이미 13세기 말에 상당한 규모의 화인 사회가 형성되어 있었으며, 화인은 주로 무역에 종사하고 있었을 것이라고 추측한다.[10] 화인의 존재와 이들의 무역 활동은 14세기 중엽에 아유타야 왕조가 건립되는 데 중요한 배경이 되었을 것이다.

14~15세기에 수코타이에서 제작된 것으로 추정되는 도자기 항아리

17세기 중엽에 10년 동안 태국에 체류한 네덜란드인 예레미야스 판 플릿이 1640년경에 쓴 태국 역사책에는 아유타야 왕국의 건설에 관한 흥미로운 이야기 하나가 기록되어 있다. 이에 의하면 대신들의 아내들을 겁탈할 정도로 난봉꾼이었던 중국의 어떤 왕자가 결국 왕국에서 쫓겨나 자신의 무리와 함께 배를 타고 말레이 반도에 도착하여 랑카수카Langkasuka라는 도시를 세우고 그 후 동쪽 해안을 따라 점차 북상하면서 나콘시탐마랏, 꾸이, 펫차부리, 방콕 그리고 마지막으로 아유타야를 건설했다고 한다.[11]

설화 수준의 이 서술을 그대로 믿을 수는 없다. 그러나 위의 이야기에는 적어도 태국만의 여러 항구들이 중국인을 통해 발전되었으며 수도 아유타야의 건설에서 그 일대의 화인이 중요한 역할을 했다는 것이 암시되어 있다. 아유타야 왕조의 창건자가 화인이라는 이 이야기는 대부분의 타이 역사학자들 사이에서도 사실로 받아들여진다. 찬윗 까셋시리 교수는 1351년에 아유타야 왕조를 세운 우통U Thong이 짜오프라야 강 하류 지방을 거점으로 활동하던 부유한 중국 상인의 아들이며, 그의 근거지인 펫차부리에 많은 화인이 살고 있었을 것이라고 추측한다.[12]

아유타야 시대에 태국의 화인 사회는 지속적으로 성장했으며, 타이 사회에서 화인의 역할은 경제적으로뿐만 아니라 정치적으로도 갈수록 커졌다. 이러한 발전은 아유타야 왕국의 중국 무역과 깊은 관계를 갖고 있다.

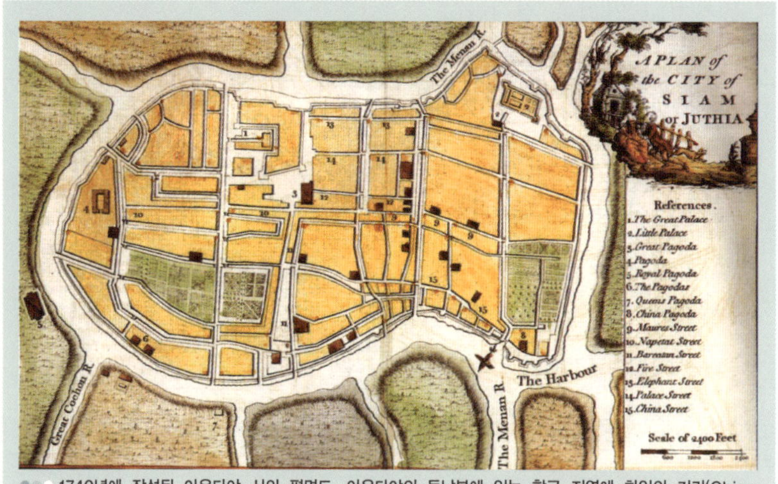

1740년에 작성된 아유타야 시의 평면도. 아유타야의 동남부에 있는 항구 지역에 화인의 거리(China Street)가 발달해 있었다는 사실은 화인이 아유타야 왕국의 무역에서 어떠한 위치를 차지하고 있었는지를 짐작케 한다.

아유타야 왕국은 1371년부터 1447년까지 중국으로 총 63번 즉 거의 매년 조공 사신을 보냈다. 이처럼 태국과 중국 사이에 활발한 조공 무역이 이루어졌던 것은, 한편으로는 중국 정부가 조공 무역을 장려했기 때문이며, 다른 한편으로는 아유타야 정부가 중국과의 무역에 큰 관심을 갖고 있었기 때문이다. 조공 관계를 통해 타이 정부는 특히 비단과 도자기 등 태국에서 탐내던 중국 물건들을 답례품으로 획득할 수 있었을 뿐만 아니라, 조공 파견시 부차적으로 행해진 무역에서 많은 이익을 얻을 수 있었다. 태국은 일찍부터 베트남과 캄보디아 등 동남아시아의 여러 나라들뿐만 아니라 중국, 류큐琉球, 일본 그리고 한국과도 무역 관계를 맺기 위해 노력했다.

이들 나라와 무역하는 과정에서 태국에 정착해 사는 화인이 타이 정부의 사신이나 왕실 무역선의 선장 혹은 항해사로 기용되었다. 『고려사高麗史』와 『조선왕조실록朝鮮王朝實錄』에 의하면 14세기 말에 아유타야의 왕실 무역선이 한국을 여러 차례 방문했다. 그 가운데 1394년과 1398년에 조선을 찾아온 타이 정부의 사신은 각각 장쓰다오張思道와 린더장林得章으로 소개되어 있다. 무역선의 선장들이기도 한 이들은 그 이름으로 미루어 볼 때

태국에 정착하여 활동하던 화인임에 틀림없다.[13]

해외 무역의 능력과 경험을 바탕으로 타이 정부의 사신이 되어 타이 관료 사회의 일원이 된 자들을 "관료 화상官僚華商"이라고 부르고자 한다. 관료 화상이란 타이 정부의 필요에 따라 태국의 관료가 되었지만 그 본업인 무역을 계속 하는 화인을 일컫는다. 관료 화상의 화인 유형은 아유타야 시대뿐만 아니라 톤부리 및 라따나꼬신 왕조 시대에 걸쳐 지속적으로 나타났다. 대개 화인 사회의 상층부를 형성하는 이들은 타이 정부와 중국 정부 사이에서뿐만 아니라 타이 정부와 태국의 화인 사회 사이에서도 중요한 중개자의 역할을 했다.

아유타야 시대 관료 화상의 역할은 17세기 이후에 크게 확대되었다. 친유럽적인 나라이 왕의 정부가 무너지고 보수적인 펫타라차 왕의 정부가 들어선 1688년의 "궁정 혁명Palace Revolution" 과정에서 아유타야의 화인은 대부분 펫타라차 측에 가담했다. 쿠데타의 성공 후 네덜란드 상인을 제외한 유럽 상인은 거의 모두 태국에서 철수했으며, 펫타라차 정부는 왕국의 해외 무역에서 중국 무역을 우선시했다. 이로써 화인은 그 이후부터 18세기에 걸쳐 태국의 대외 무역을 장악했을 뿐만 아니라 관료 사회에서도 강력한 위치를 확보하게 되었다.

1690년에 태국을 방문한 독일인 캠퍼는 당시 타이 정부의 "페야 윰메랏Peja Jummeraad"이 "학식 있는 중국인"이라고 말한다.[14] "페야 윰메랏"은 파야 요마랏Phaya Yomarat이 정확한 표기로서, 이것은 한국의 조선 왕조의 형조판서刑曹判書에 해당하는 관직이었다. 1703년에 펫타라차의 아들인 스아Suea가 즉위하자 해외 무역을 포함한 왕국의 대외 업무를 총괄하는 끄롬 프라클랑Krom Phra Khlang의 장관직에 화인이 임명되었다. 그는 1733년까지 이 직위에 있으면서 타이 정부에서 큰 영향력을 행사했다.

아유타야 연대기에 "프라야 꼬사티보디 찐Phraya Kosathibodi Cin"으로 소개되어 있는 이 자는 자신의 위치를 이용하여 많은 화인이 정부 내의 중요한 직책에 앉도록 주선했다.[15] 그는 특히 끄롬 프라클랑에 화인을 대거 기용하여, 이 행정 부처가 화인에 의해 거의 지배되다시피 했으며, 심지어 화인 여자들을 내전內殿에 천거하여 왕비와 다른 왕실 여인들을 모시게 했다.

톤부리-라따나꼬신 시대(1767~1910년) 화인 사회의 확대

타이 왕조사에서 화인에 의한 왕조의 창건은 아유타야 왕조에 이어 톤부리 왕조에서도 일어났다. 1767년에 미얀마 군대의 공격으로 아유타야 왕조가 멸망했지만, 태국의 왕조사 전통은 딱신이라는 중국계 타이인이 세운 톤부리 왕조에 의해 이어졌다. 차오저우潮州 지방의 청하이澄海 출신인 중국계 아버지와 타이족 어머니 사이에서 태어난 딱신은 미얀마 군대의 침공시 딱Tak 지방의 태수였다. 그는 자신의 휘하에 모은 병력으로 미얀마 군대를 몰아낸 후 톤부리에 새로운 왕조를 세웠다.

톤부리 왕조는 비록 1782년에 그의 처형과 함께 끝난 단명의 왕조였으나, 19세기 이전의 타이 역사에서 화인의 활동이 가장 활발했던 시기라고 할 수 있다. 왕조의 건설 과정에서 화인에게서 많은 도움을 받았던 딱신은 왕위에 오른 후 화인의 중국 무역을 적극적으로 후원했다. 특히 부친의 동향 사람들인 차오저우 화인과의 관계가 각별히 두터워, 그의 통치 시대에 많은 차오저우 화인이 태국으로 이주했다. 특히 청하이 출신 화상들은 태국과 중국의 무역에서 가장 중요한 쌀 무역을 지배했다. 딱신 왕의 특별한 후견의 덕을 보았던 그들은 '찐 루앙cin luang' 즉 '왕의 화인' 이라고 불렸다. 딱신 시대 화인 가운데는 새로운 왕조의 관료로 기용된 자도 많아, 타이 사회에서 화인의 위상이 크게 높아졌다.

프라야 꼬사티보디 찐

프라야 꼬사티보디는 끄롬 프라클랑의 장관의 공식적인 관직 칭호이다. '찐'은 '중국' 혹은 '중국인'을 뜻한다.

딱신이 이룩한 왕국의 주권 회복과 재통일을 바탕으로 1782년에 방콕을 수도로 한 라따나꼬신 왕조를 세운 짜끄리 즉 라마 1세에게도 화인의 피가 들어 있었다. 라마 1세의 손자인 라마 4세의 진술에 의하면, 라마 1세의 아버지는 아유타야의 한 재력 있는 화인 집안의 딸과 결혼했다.[16] 사라신 위라폰은 한 걸음 더 나아가 라마 1세의 아버지가 아유타야의 부유한 화인 가문의 후예이며 어머니는 광둥 지방 출신 화상의 딸이었다고 말한다.[17] 어쨌든 분명한 것은 라마 1세를 시조로 한 라따나꼬신 왕조의 타이 국왕들의 피에는 화인의 피가 다분히 섞여 있다는 사실이다.

라마 1세는 재위 초부터 중국 무역을 적극적으로 추진했는데, 그것은 정부의 최대 수입원이 중국 무역이었기 때문이다. 라마 1세 정부는 조공 무역 제도를 최대한 이용하여 1782년부터 1800년까지 무려 11차례나 중국으로 조공 사절을 파견했다. 타이 정부는 또한 사무역의 채널을 통해 19세기에 들어서서도 중국으로의 쌀 수출을 계속해 나갔으며, 이러한 무역에서 태국에 기반을 둔 화상들에게 거의 전적으로 의존했다. 타이 정부에게 많은 이익을 갖다 준 중국으로의 쌀 수출은 19세기 중엽까지 계속 활발히 행해졌다.

1855년 영국의 사신으로 태국을 방문한 존 보링John Bowring의 기록에 의하면, 19세기 중엽 이전 화상들은 태국에서 무역을 하는 데 있어서, 선박의 용적을 계산한 관세의 면제, 부동산의 자유로운 구입, 상선의 건조 및 운행의 자유, 특정 상품들의 제조 및 독점 판매권, 농산물 특히 사탕수수의 재배와 설탕 제조의 자유, 내륙 지방으로의 여행 자유 등 여러 특권들을 갖고 있었다.[18] 그들은 이러한 특권들을 이용하여 태국의 무역 시장에서 서양 상인에 비해 훨씬 유리한 장사를 할 수 있었다. 화인은 이처럼 상업 활동의 자유와 해외 무역의 독점적인 위치를 바탕으로 태국의 국내 상업에서도 지배적인 역할을 했는데, 이 점은 보우링의 다음 기록에서 엿볼 수 있다.

영업 중인 모든 비즈니스는 사실 (화인이) 쥐고 있는 것처럼 보인다. 메남 강의 양 둑을 수 마일 뒤덮고 있는 보트 행상 가운데 열에서 아홉은 화인이 차지하고 있다. …… 화인은 가장 번화하고 가장 큰 가게들을 소유하고 있을 뿐만 아니라 가장 값싼 품목에까지 그들의 거래를 뻗친다. 수백 척의 화인 보트들은 강을 오르락내리락 하면서 집집마다 들르고 수로 구석구석마다 들어가 각종 식품과 의류 등 일상생활에 필수적인 것은 무엇이든지 공급한다. 그들은 이익이 생길 만한 곳이면 내륙 지방의 어디든지 침투하여 장사를 한다.[19]

라따나꼬신 왕조 시대에 들어서서 화인은 관료 사회에서도 두드러진 역할을 보여주었다. 그 대표적인 예로 찐꾼Chin Gun이라는 화인이 있다. 딱신 시대 큰 영향력을 가진 화상이었던 그는 라마 1세의 정부에서 끄롬 프라클랑의 장관을 역임했고 1809년에는 라마 2세(재위 1809~1824년)에 의해 태국의 북부 지방 행정을 관할하는 끄롬 마핫타이Krom Mahatthai의 장관에 임명되었다.

방콕의 한 절의 벽화에 그려져 있는 정크. 배의 선원들은 그들의 복장에서 알 수 있는 것처럼 모두 화인이다.

라마 1세 시대부터 라마 3세 시대까지 태국의 화인 사회는 수적으로 지속적으로 증가했다. 특히 19세기로의 전환기에 중국 이민이 급증했는데, 그것은 무엇보다도 차오저우 화인의 활동에 힘입은 바가 컸다. 이들은 딱신 시대 이래 타이 정부를 위해 정크 건조 사업을 해왔고 상업 활동 외에 사탕수수 플랜테이션과 후추 플랜테이션을 경영했으며, 이를 위해 많은 동향 사람들을 태국으로 불러들였다. 차오저우 화인은 라마 1세 재위 초기에 현 방콕의 차이나타운 지역에 정착하여 오늘날 방콕의 상업 중심지를 형성했다. 그밖에 왕조 초기에 태국에서 벌어진 건축 및 토목 공사들을 위해 중국인 노동력이 수입되어, 이 시기 타이 화인 사회의 증대에 기여했다.

문호 개방에 대한 서양의 압박에 따라 라마 4세의 타이 정부가 1855년에 영국과 체결한 보링 조약은 태국의 화인 사회에 대해 다각도로 영향을 미쳤다. 우선 태국에서 서양 상인의 자유로운 상업 활동을 보장하며 수입 관세를 수입품의 종가 3%로 확정시킴으로써 타이 정부의 독점적 무역 체제가 종식되었다. 이것은 무엇보다도 그동안 타이 정부의 해외 무역, 특히 중국 무역을 대행해 왔으며 태국의 남중국해 무역을 지배해 왔던 화상들의 무역 활동에 결정적인 타격을 주었다.

이 점은 조약 체결 이후 태국의 항구들에 입항하는 외국 무역선들의 숫자가 급증한 사실에서 엿볼 수 있다. 예컨대 방콕에서 거래하는 상선들 가운데 정크 즉 중국 상선을 제외한 배들의 숫자는 1856년에 141척이었으나, 이미 1857년에 204척이었고, 그 후 수년 내에 300내지 400척에 달했다. 이것은 태국의 무역에서 화상들의 활동이 차지하는 몫이 그만큼 적어졌다는 것을 암시한다.

화인은 문호 개방 이후 해외 무역에서 많은 기득권을 상실했으나, 그 대신 광범위한 징세 도급권을 획득하여 타이 사회에서 경제적 중요성을 계속 유지할 수 있었다. 해외 무역을 통한 수입을 기대하기 어렵게 된 라마 4세 정부는 그 대책으로 라마 3세 시대에 확대된 징세 도급 제도를 더욱 확대하여 여러 새로운 세목稅目들을 징세 도급 대상에 포함시켰다. 타이 정부는 거의 모든 세목들에 대한 징세권을 입찰을 통해 화인에게 주었으며, 화인은 징세 도급업을 해당 품목에 대한 상업 활동과 연결시켜 이익을 추구했다.

징세 도급 제도는 라마 5세 시대에도 중요한 국고 수입원으로서 계속 실시되었다. 징세 도급 제도에서 특히 아편, 도박, 복권, 술 등 네 가지 종목이 화인의 활동과 관련하여 중요했다. 무관세로 수입되는 아편은 도급업자가 독점적으로 사들여 재처리하고 국내에서 소매로 판매하는 권리를 갖고 있었다. 라마 4세가 화인에게만 허용한 아편 흡연은 특히 힘든 육체적 노동을 하는 화인 쿨리들 사이에서 소비되었다. 도박장세는 도급업자가 도박장의 독점적인 운영권에 대한 대가로 타이 정부에 지불하는 것이었다. 도박장에서 홍행된 도박들은 주로 화인이 도입한 것이었으며, 그 고객들도 거의 화인이었다. 복권 사업 역시 화인에 의해 라마 3세 시대에 처음으로 도입된 이래 급격히 확산되었다. 시작 당시에는 복권 영업을 위한 도급액이 총 2만 바트에 불과했으나, 매년 마다의 입찰에서 점차 올라가 1903년경에는 210만 바트에 달했다. 술의 제조와 판매 독점권을 위한 징세 도급액도 술 소비가 특히 화인 사이에서 증가함에 따라 급격히 상승하여, 1903년에는 총 세입의 9%에 달하는 420만 바트까지 되었다.

이상 네 가지 도급된 세목의 세수입은 19세기 후반부터 20세기 초까지의 대부분 기간 국고의 총수입 가운데 40~50%를 차지했다. 이 사실은 근대화 시기 태국의 경제적 발전이 상당 부분 위의 네 가지 "해악적인" 세목에서 화인의 소비와 화인 징세 도급업자들의 활동에 덕을 보았다는 것을 의미한다.

19세기 후반부터 20세기 초까지 화인은 타이 관료 사회에서도 왕성한 활동을 보여주었다. 타이 정부는 부유하고 영향력 있는 화인을 주요 해안 지방의 태수로 임명했다. 예컨대 톤부리 왕조 시대에 푸젠福建 화인 우양吳陽이 송클라의 태수로 임명되었는데, 그가 1784년에 사망한 뒤에도 송클

나 송클라

'나 송클라'의 '나'는 특정 지역을 배경으로 가문의 이름을 취하는 서양 귀족 사회의 관습을 좇은 것으로, 프랑스어의 '드de'나 독일어의 '폰von'에 해당된다.

리띳관 회사의 도정 공장

라의 태수직은 그의 자손들이 계속 물려받았다. 1901년까지 송클라의 태수직을 계승한 우양의 자손들은 타이 관료 사회의 일부분으로서 점차 타이 사회에 동화되었고, 1916년에 이르러 그의 가문은 "나 송클라Na Songkhla"라는 타이 성姓을 하사받았다.

경제적으로 중요한 화인을 관료 사회에 수용하는 것은 해안 지방의 태수직 임명에만 국한된 것이 아니라, 수도를 비롯하여 태국 도처의 징세 도급업자들과 많은 사업가들에게 관직과 관등을 하사하는 것으로도 나타났다. 그리하여 많은 징세 도급업자들은 삭디나 400 이상의 귀족 관료인 쿤낭에 해당되는 칭호를 하사받았다. 일단 쿤낭이 되면 그는 모든 부역의 의무로부터 면제될 뿐만 아니라, 사법적인 문제가 있을 경우 직접 법정에 출두할 필요 없이 대리인을 세울 수 있었다.

화인 사업가로서 귀족 관료 칭호를 받은 대표적인 예로 20세기 초 태국의 가장 큰 쌀 무역 회사인 리띳관Li Tit Guan이 있다. 이 회사의 사장들은 19세기 중엽부터 20세기 초까지 3대에 걸쳐 프라야phraya 혹은 루앙luang 등의 관등을 하사받았다.[20] 화인이 받은 관등과 귀족 관료 칭호들은 대부분의 경우 실제 관직과 연결된 것이 아닌, 명목상의 것에 불과한 것으로서, 특히 라마 5세 정부는 많은 부유한 화인에게 수도 및 지방 행정에 기여한 공로에 대한 보답으로 혹은 왕실에 큰 기부금을 헌납한 대가로 명예 귀

20세기 초 리띳관 회사의 사장인 리꽛츄Li Guat Chew. 그의 귀족 관료 칭호는 프라야 바리분 꼬사꼰Phraya Bariboon Kosakorn이었다.

족 관료 칭호를 하사했고, 그 관행은 라마 6세 시기에도 지속되었다.

타이 정부는 경제적으로 중요하고 지역에서 탁월한 정치적 리더십을 갖고 있는 화인을 관료 사회에 포용함으로써 이들의 충성심을 확보할 뿐만 아니라 정부의 수입원을 증대하는 일거양득의 효과를 기대한 것으로 보인다.

태국의 화인 사회는 19세기 후반부터 20세기 초 사이에 크게 증대되었다. 이 기간 중국인들의 태국 이민은 무엇보다도 중국 내부적인 여러 요인에 의해 일어났다. 1858년의 톈진天津조약에 따라 산터우汕頭가 개항되었는데, 이로써 광둥성의 차오저우인의 이민이 크게 늘었다. 또한 청 정부가 1860년 베이징北京조약 이후 1893년까지 중국인의 해외 여행 금지를 단계적으로 폐지하여 해외 이민을 합법화한 것도 중국인의 태국 이민을 증대시켰다. 광둥과 푸젠 지방을 황폐화시키고 혼란에 빠트린 1848~1865년 동안의 태평천국운동太平天國運動 역시 이 두 지방의 중국인의 동남아시아 이주를 촉발한 요인이었다.

중국인의 태국 이민을 증대시킨 또 다른 중요한 요인으로 증기선의 도입이 있다. 증기선은 1865~1886년 사이 남부 중국과 태국을 오가는 종래의 여객 수송 수단인 정크를 점차 대치하여, 1873년에 방콕과 홍콩 정기 노선이 개설되었다. 이어 1882년에는 방콕과 산터우, 그리고 1886년에는 방콕과 하이난海南 섬의 하이커우海口 항구에도 증기 여객선의 정기 노선이 개설되었다.

이로써 항해의 안전성이 크게 제고되었고 대량 수송이 가능하게 되었을 뿐만 아니라, 특히 이주 중국인에게 큰 경제적 부담이었던 여객 운임이 대폭 할인되었다. 정기 노선의 증기 여객선 운행으로 1882~1910년 동안 태국에 입국한 중국인의 숫자는 현저하게 증가했다. 1882~1892년 동안 연평균 16,100명인 입국자 수는 1893~1902년 동안에 31,080명으로 늘었고 1903~1910년 동안에는 60,425명으로 대폭 증가했다.

19세기 중엽 이후 서양 자본이 더욱 많이 들어오고, 그에 따라 태국의 시장이 팽창하며 타이 사회가 전반적으로 근대화된 것에 편승하여, 화인의 직업 활동은 이전보다 더욱 다양해졌다. 1902년경 영국인 캠벨의 관찰에 의하면, 화인은 그들의 전통적인 활동 영역인 상업이나 징세 도급업을 장악하고 있었을 뿐만 아니라, 수공업과 막노동 분야에서도 불가결한 노동력을 제공하고 있었다. 특히 운하, 도로, 철도, 교량의 건설에서 쿨리들의 역할은 결정적이었다. 태국의 수출입 물량의 팽창과 더불어 크게 증가한 부두의 하역 작업도 거의 대부분 쿨리들이 담당했다.

또한 쌀 무역의 호황과 함께 번성한 도정업도 화인이 장악하고 있었으며, 도정업의 인부들도 거의 모두 화인으로 이루어져 있었다. 화인은 그밖에 말레이 반도 연안의 주요 주석 산지와 고무 산지에서 광산과 플랜테이션을 소유하고 있었고, 그 인부들도 주로 화인이었다. 그리고 태국의 연안에서 어업에 종사하며 돼지를 사육하고 후추, 사탕수수, 채소 등 상업 작물을 재배하는 화인도 많았다.[21]

더욱 성공적인 화인 가운데는 국제적인 화물 운송을 하는 선박회사를 운영하거나 은행을 세운 자도 있었다. 화인 2세들 가운데는 타이 정부의 공무원으로 진출한 자들이 많이 나타났다. 이들은 1880년대부터 실시된 타이 정부의 교육 개방에 편승하여 정부가 운영하는 고등교육 기관에서 수학을 하거나 선교사들이 운영하는 방콕 소재의 학교 혹은 홍콩이나 싱가포르의 영국인 학교에서 교육받았다.

라마 6세-태평양전쟁 시기(1910~1945년) 중화 민족주의와 화인의 조직적 활동 타이 화인 사회는 1910년 이후에도 수적으로 계속 증가했다. 1903~1910년 동안 연평균 60,425명이었던 중국인 입국자 수는 1911~1917년 동안 69,500명으로, 그리고 1918~1931년 동안에는 94,800명으로 늘었다. 연평균 59,000명의 출국자 수를 빼면 14년 동안 모두 약 50만 명의 중국인이 태국에 잔류하여 적어도 그만큼 화인 사회가 증대된 셈이었다. 1930년대 초까지 화인 사회가 이처럼 수적으로 크게 증가한 것은 무엇보다도 이 기간 태국이 경제적으로 호황을 누리고 있었던 것에 반해, 중국 동남부 지방은 기근과 사회적 혼란을 겪었기 때문이다.

그러나 그 후 중국인 입국자 수는 급격히 줄어 연평균 33,800명에 불과했으며, 연평균 출국자 수는 27,200명에 달해 태국에 남은 자는 연평균 6,600명밖에 되지 않았다. 이같은 감소의 원인은 무엇보다도 타이 경제를 불황에 빠트린 1930년대의 세계 대공황의 영향이었다. 또한 1930년대부터 1940년대 전반까지 타이 정부가 실시한 중국인 이민 통제도 중국인 입국자 수의 감소에 기여했다.

20세기 전반기 화인 사회의 인구학적 발전의 중요한 다른 측면은 이 기간 중국인 여자의 이주가 계속 증가했다는 점이다. 1882~1892년 동안 태국으로 이주한 중국인 가운데 여자의 비율은 2~3%를 넘지 않았다. 그 비율은 그 이후 약간 증가했으나 1905년까지도 5% 미만이었고 1906~1917년 동안에야 연평균 약 10%에 달했다. 그러던 것이 1921~1931년 동안 연평균 약 21%로, 1932~1941년 동안 26.6% 그리고 1945~1949년 동안에는 31.45%로 크게 늘었다. 중국인 여자의 비율이 증가했다는 것은 화인 2세들 가운데 순수 화인의 비율이 증대되었다는 것을 의미하며, 이것은 특히 20세기 전반 민족주의 시대에 타이 화인의 정체성 형성에 영향을 미쳤다.

20세기 전반기 타이 화인의 활동 성격을 보다 잘 파악하기 위해서는, 이 기간 태국에서 전개된 중화 민족주의에 대한 이해가 필요하다. 타이 화인 사회의 민족주의적 흐름은 1910년 이전부터 나타나기 시작했다. 예컨대 중국의 반청反淸 민족주의적 혁명 운동에 영향을 받은 방콕의 몇몇 화인은 중화 민족주의 사상을 태국에 퍼뜨리기 위해 1907년에 『화섬일보華暹日報』를 창간했다.

이 해에 쑨원孫文이 이끄는 동맹회同盟會의 지부가 태국에 설립되었다. 그 이듬해에 쑨원이 몸소 방콕에 왔을 때는 수백 명의 화인이 중화회관中華會館에 모여 그를 환영했다. 청 왕조를 지지하는 움직임도 나타나, 왕정제를 옹호하는 보황회保皇會가 태국에서도 결성되어 방콕에서 적지 않은 추종자를 획득했다. 이들에 의해 1912년에는 『중화민보中華民報』가 발행되어 『화섬일보』와 경쟁하기도 했다. 1918년까지 6개 내지 7개의 중국어 신문이 간행되었다.

타이 화인의 중화 민족주의적 정서는 중국의 급변하는 정치적 상황에 영향을 받아 크게 고조되었다. 당시 청 정부는 체제를 유지하기 위해 나름대로의 개혁을 추진하며 해외 화인의 환심을 사기 위해 노력했다. 예컨대 청 정부는 1909년에 중국인 국적법을 공포하여 부계 혈통의 모든 중국인은 그들의 출생지와는 상관없이 중국 국민으로 간주한다고 규정했다. 혈통주의jus sanguinis 원칙에 입각한 이 법에 의하면 중국인 아버지를 둔 화인은 자신이 이미 귀화했을지라도 일단 중국에 돌아오면 언제나 중국 국민으로 간주될 수 있었다.

이러한 조치는 쑨원 등 민족주의 운동가들이 화인 사회에 보여준 적극적인 관심과 더불어 태국의 화인으로 하여금 처음으로 중국에 대해 어떤 정치적인 보호를 기대하고 모국에 대한 소속감과 중국인으로서의 정체성에 대한 새로운 자각을 갖게끔 만들었다.

1911년에 만주족의 청이 붕괴하고 1912년에 공화국 정부가 수립된 이후 중국의 정치 변동은 태국의 화인으로 하여금 중국의 상황에 대해 이전보다 훨씬 큰 관심을 갖도록 했다. 예컨대 일본이 1915년에 중국을 일종의 보호국으로 만들려는 의도에서 21개조의 요구를 제시하자 화인은 이에 대한 항의로 일본 상품 불매 운동을 벌였다. 일본 상품 불매 운동은 1928

방콕에 있는 태국뢰씨종친총회泰國賴氏宗親總會

년과 특히 중일 전쟁이 발발한 1937년에 재차 전개되었다. 화인은 또한 중일 전쟁 기간 중국의 승전을 위한 모금 활동을 펼쳐 본국으로 송금했다.

20세기 전반기 화인의 민족주의적 의식이 결집되고 발산된 것은 화인 학교의 설립과 중국 문화 및 중국어 교육의 확산에 힘입은 바가 컸다. 19세기에 이미 서양 선교사들의 미션스쿨 등을 통해 근대적 교육의 중요성을 인식하고 있었던 화인은 20세기 초 민족주의적 분위기의 확산과 함께 화인 2세에 대한 중국 문화 및 중국어 교육을 중시하게 되었다. 게다가 화인의 사업이 근대화와 함께 다양해지고 특히 중국과의 거래가 증가하게 되자 중국 글을 아는 사무 인력이 많이 필요하게 되었다.

이러한 배경에서 1910년을 전후하여 차오저우 화인이 중심이 된 '신민新民' 학교가 방콕에 설립되었는데, 이 학교는 동맹회의 후원을 받았다. 다른 방언 집단의 학교들도 1913년부터 1921년 사이에 세워져, 1925년이 되면 태국에 총 48개의 화인 학교가 설립되었다. 1930년대 초가 되면, 당시 학교 교육을 통해 중화 민족주의 정신을 고취하려는 중국의 국민당 정부의 정책에 따라 태국의 화인 학교에 중국의 교과서가 도입되었고 만다린을 수업 언어로 사용하는 것이 점차 보편화되었다. 만다린의 보편화는 다양한 방언을 쓰는 화인 집단 사이에 공통된 중화 민족주의 정서가 함양되는 것을 촉진시켰다.

타이 화인의 민족주의적 활동과 화인 학교 운영 및 중국어 교육 등은 화인의 조직 활동이 있었기 때문에 가능했고 더욱 효율적이었다. 화인의 조직 활동은 대개 같은 성씨의 혈연血緣이나 같은 지방 출신의 지연地緣 혹은 같은 업종의 업연業緣 관계로 이루어졌다. 그 가운데 가장 결속력이 강한 조직은 태국뢰씨종친총회泰國賴氏宗親總會 등과 같은 혈연적인 성씨 협회였다. 이러한 성씨 협회는 광둥성 후이라이惠來 출신의 차오저우 화인이 만든 여태혜래임씨종친연의회旅泰惠來林氏宗親聯誼會에서도 엿볼 수 있듯이, 대부분 중국의 같은 현縣 출신 사람들이 만든 것이었다.

방콕에 위치한 푸젠 화인의 태국복건회관泰國福建會館

지연적인 화인 조직은 방언 집단 협회로 대표된다. 태국 최초의 방언 집단 협회는 광둥 화인이 1877년에 설립한 광조별서廣肇別墅인데, 이 협회는 1936년에야 태국 당국에 광조회관廣肇會館이란 이름으로 정식 등록했다. 1900년에는 하이난 섬 출신 화인의 해남회관海南會館, 그 후 수년 뒤에는 푸젠 화인의 복건회관福建會館, 그리고 1909년에는 커자客家 화인의 객속회관客屬會館이 생겨났다. 차오저우 화인의 조주회관潮州會館은 1936년에야 결성되었다.

태국에서 수적으로 가장 많은 차오저우인의 협회가 이 시점에 만들어진 것은 무엇보다도 당시 타이 정부의 반화인反華人 정책에 대해 자신들의 이익을 보호하기 위해서였다. 이러한 화인 단체들은 소속 화인의 경제적 이해관계를 보호하고 새로운 이주자에게 직업을 알선하는 등 정착하는 데 필요한 도움을 제공했다. 또한 회원들을 위한 병원, 사원, 공동 묘지를 설립하고 회원 자녀들이 중국 문화와 중국어를 배울 수 있는 학교를 세우기도 했다.

중화 민족주의 의식이 증가하면서 방언 집단들의 개별적 이해관계를 초월한 화인 조직도 등장했다. 1904년과 1906년 사이에 5개 방언 집단이

태국의 화인이 세운 병원 가운데 하나인 방콕의 화교의원華僑醫院

공동으로 설립한 톈화Tien Hua 병원이라든지 1908년에 창설된 태국중화총상회泰國中華總商會가 그 대표적인 예이다. 태국의 중화총상회는 1905년과 1906년에 일본과 싱가포르에서 설립된 화교총상회가 그 직접적인 모델이 되었다. 중화총상회는 설립 후 곧 태국 정부에 대해 화인 사회 전체의 이해관계를 대변하는 조직으로 발전했다. 화인의 이러한 조직 활동은 20세기 전반기 타이 화인의 중국적 정체성을 강화하는 데 크게 기여했다.

20세기 전반기 화인의 경제적 활동

화인은 징세 도급권을 1910년 이후 점차 상실했다. 그러나 그들은 제1차 세계 대전을 전후로 크게 팽창된 태국의 경제에서 이전보다 더욱 왕성한 활동을 전개할 수 있었다. 이 점은 1910~1938년 동안 태국 전체 수출의 80% 내지 90%를 차지한 쌀, 목재, 주석, 고무 산업에서 드러난다.

우선 도정업을 보면, 19세기 중엽에 증기 동력 도정 기계가 도입되자 태국의 도정업은 서양인 자본에 의해 지배되었다. 그러나 오래 전부터 쌀 장사의 유통망을 갖고 있던 화인은 그들도 증기 동력 도정 시설을 갖춤으로써 점차 서양인을 능가하여, 서양인이 도정업에서 완전히 철수한 1919년경이 되면 방콕의 66개 큰 정미소 가운데 56개가 화인 자본일 정도였다. 농촌 정미소의 숫자는 철도와 도로망의 확장에 따라 화인 미곡상인이 농촌으로 진출한 결과 1920년대에 크게 증대되었는데, 농촌의 정미소도 80% 이상이 화인의 소유였다.

태국의 많은 화인 사업가들은 도정업을 바탕으로 자신의 사업을 다른 분야로 확대함으로써 큰 부를 쌓았다. 예컨대 1932년경 방콕 도정업 생산량의 약 반을 차지하고 있었던 왕리Wang Lee, 림헹찬Lim Heng Chan, 친셍Chin Seng 등 세 화인 가문의 정미소들은 모두 1930년대에 은행업 및 보험업과 선박업 등의 분야로 사업을 성공적으로 확대했다.

도정업에 종사한 화상들 가운데는 쌀 수출 분야로 사업을 확장하기도 했다. 특히 쌀 무역은 방콕, 싱가포르, 홍콩, 중국 사이의 유통망으로 구성되어 있었으며, 대부분 국제적인 신용 관계로 거래되었다. 쌀 무역에서 신용이 이처럼 중요했기 때문에, 많은 화인 사업가들은 거래의 효율성을 위해 은행을 설립했다. 특히 1930년에 타이 정부가 태국 최초의 은행법을 제정한 이후, 여러 화인 쌀 무역업자들은 상업 은행과 보험 회사들을 세웠다. 쌀장사와 도정업은 차오저우인에 의해 거의 독점되었다.

제재업은 화인의 역할과 서양 자본의 역할로 구분되었다. 밀림의 벌목과 수출 분야를 지배한 서양인 자본은 1910~1938년 동안 방콕의 큰 제재소와 목재상을 대부분 소유하고 있었다. 화인 자본의 진출은 소극적이어서 예컨대 1924년의 경우 방콕의 9개 근대식 대규모 제재소 가운데 3개만 화인의 소유였다. 그러나 소규모 제재소들은 거의 모두 화인이 장악하고 있었으며, 제재소의 노동력은 화인 소유이건 서양인 소유이건 거의 쿨리들이 담당했다.

화인이 전통적으로 지배하던 태국의 주석 광업은 20세기 초에 준설기가 도입된 이후 상당 부분 서양 자본에 넘어갔다. 그럼에도 불구하고 화인 자본의 주석 광산들은 1930년대 후반에도 태국 전체 주석 생산량의 40%

가까이 생산했다. 또한 제재업에서와 마찬가지로 주석 광산 노동력의 대부분은 화인 소유이건 서양인 소유이건 쿨리들이 공급했다. 한편 화인 주석 광산업자들은 대부분 푸젠 출신이었는데, 그것은 주석 산지가 밀집해 있는 말레이 반도가 전통적으로 푸젠 화인의 이민 지역인 점과 관련이 있다. 그에 비해 주석 상인은 대부분 커자 화인이었다.

말레이시아에서 이주해 온 화인에 의해 제1차 세계 대전 때 태국에서 처음으로 생산된 고무는 1930년대 말이 되면 쌀과 주석에 이어 태국의 세 번째 수출 품목이 되었다. 고무 산업은 자본, 재배, 가공, 수출 등 그 모든 단계에서 화인이 지배했다. 고무 생산은 주로 화인의 소규모 플랜테이션에서 이루어졌는데, 그 인부들은 대부분 커자인이었다. 그에 비해 고무 플랜테이션을 소유하고 고무를 매입, 가공, 수출하는 자들은 거의 모두 푸젠인이었다.

화인은 쌀 이외의 다른 식품들, 특히 돼지고기, 생선, 채소, 설탕의 생산과 유통에서도 지배적인 역할을 했다. 돼지고기는 1938년경까지 거의 전적으로 화인에 의해 사육, 도살, 판매되었다. 화인은 수산업에서도 1930년대 말까지 지배적이어서, 태국의 연안 어업과 생선의 국내 유통 및 수출은 화인 수산업자들의 손에 놓여 있었다. 화인은 또한 도시 근교의 상업적 채소 재배도 장악했다. 화인의 채소 농원은 방콕을 위시한 도시 인구가 지속적으로 늘면서 더욱 확대되었다. 설탕 산업의 경우 화인은 고무 산업에서와 같이 자본, 재배, 가공, 유통 등 모든 분야를 지배했다. 설탕 산업은 특히 제2차 세계 대전 시기 세계 시장의 수요 증가로 더욱 팽창했다.

화인은 위에서 잠깐 언급한 것처럼 노동 부문에서도 중요한 역할을 했다. 그들은 정미소, 제재소, 고무 플랜테이션 및 고무 공장, 사탕수수 플랜테이션 및 설탕 공장 등의 인부, 광부, 건설 인부, 부두꾼, 짐꾼 및 인력거꾼 등 비숙련 노동뿐만 아니라 엔지니어와 각종 수공업의 장인 그리고 사무원과 회사원 등 숙련 노동에서도 대부분의 노동력을 공급했다. 화인의 이러한 제반 경제적 활동은 1930년대 말에 피분 정부의 등장 이후 강력히 실시된 반화인적인 타이 민족주의적 경제 정책으로 크게 위축되었다.

20세기 전반기 타이 민족주의와 타이 정부의 반화인 정책

타이 사회는 20세기 초에 이르러 태국 내의 가장 큰 소수 종족 집단인 화인의 존재 그 자체뿐만 아니라, 이들이 타이 사회에서 갖는 경제적인 힘을 인식하게 되었다. 서구인의 반중국적 인종주의가 타이인의 반화인적 자세에 영향을 끼쳤을 가능성이 있다. 태국의 왕실 광업청의 초빙청장을 지냈던 영국인 스미스는 1890년대 말에 출판된 자신의 책에서 "화인은 태국의 유태인이다. …… 그들은 사업상의 재능과 단결력을 현명하게 사용함으로써 타이인을 자신들의 손바닥 안에 쥐고 있다. …… 그들은 당국 앞에서는 머리를 조아리고 움츠리지만 등 뒤에서는 당국을 비웃는다. 그리고 그들은 하루 만에 방콕의 반을 털어버릴 수도 있다"라고 말한다.[22]

20세기로의 전환기에 서구에서는 중국인을 위험시하고 혐오하는 소위 '황화黃禍Yellow Peril' 인식이 심각한 담론으로 발전해 있었는데, 당시 유럽에서 교육을 받은 타이 엘리트층 가운데는 그러한 반중국인 담론에 적지 않은 영향을 받은 자들이 있었을 것이다.

1909~1910년 동안 태국에서 일어난 화인의 인두세 파동은 타이 사회가 화인에 대해 경계심을 갖는 계기가 되었다. 타이 정부는 1909년에 그동안 3년마다 한 번씩 받던 화인 인두세를 타이인에게 적용되는 방식과 같이 매년 단위로 변경했다. 이에 따라 1909년에는 화인의 인두세 징수가 무리 없이 진행되었다. 그러나 그 이듬해에도 타이 정부가 인두세를 걷으려고 하자, 화인 사회에서 이에 대해 반대하는 대규모 운동이 일어났다.

타이 정부로 하여금 이 조치를 철회하도록 압력을 가하기 위해 특히 화인 비밀 결사들이 조직적인 활동을 전개했다. 총파업의 결행 계획에 따라 1910년 6월 1일부로 화인 상점들은 모두 사흘 동안 문을 닫았다. 이로써 수도의 모든 상업이 마비되어 쌀과 기타 주요 식품들의 값이 비싸졌다. 타이 정부는 경찰과 군대를 투입하여 파업을 선동하고 특히 상인에게 철시를 강요한 비밀 결사 회원들과 과격한 행동 대원들을 체포함으로써 사태를 수습했다. 이 사건으로 타이 사회는 화인의 조직적 힘과 경제적 영향력을 처음으로 피부로 느꼈다.

타이인의 화인에 대한 경계심과 반화인적인 타이 민족주의는 라마 6세 시대부터 명백한 형태로 나타났다. 라마 6세 시대 반화인적 타이 민족주의는 당시 서구의 영향에 가장 많이 노출된 타이 엘리트 가운데 한 명인 국왕 자신이 잘 보여주었다. 그는 1914년에 출판된 그의 "동양의 유태인 The Jews of the Orient" 이라는 에세이에서 화인이 타이 경제의 기생충과 같은 존재라고 말했다. 또 1915년 1월에 발표된 '중국인 친구들에 대한 감사' 라는 뜻의 "콥짜이 프안 찐Khop cai phuan cin" 이란 에세이에서 태국의 주인은 어디까지나 타이인이며 화인은 자신들이 손님이라는 점을 명심해야 한다고 썼다.[23]

즉 그는 태국 내에서 화인의 경제적 활동을 기정 사실로 받아들였지만, 그것이 어디까지나 태국과 타이인의 번영을 위해 소용되어야 한다는 것을 역설한 것이었다. 이러한 시각은 화인의 활동을 억제하고 타이인의 이해관계를 증진시키려는 목적을 가진 여러 조치로 나타났다. 예컨대 라마 6세 정부는 1913년에 타이 국적법을 제정하여 타이인 부모에서 태어난 모든 아이는 그 출생지가 태국이건 외국이건 상관없이 타이 국민이며 태국에서 태어난 자는 그 부모가 누구이건 상관없이 타이 국민이라고 선언했다.

이 법은 1909년 청조의 중국 국적법에 대한 대응 조치로서 화인의 타이 사회로의 동화를 촉진시키려는 취지에서 나온 것으로 추측된다. 1914년에는 화인 협회들을 법률적 제재 아래 두며 특히 중화 민족주의적 활동을 벌이는 화인 협회들이 결성되는 것을 막기 위해 협회 등록법을 발표했다.

라마 6세의 반화인적 자세는 라마 7세에게서도 이어져, 그는 1926년에 작성한 비망록인 "시암의 문제Problems of Siam" 에서 신해혁명 이후 태국으로 이주하는 중국인 가운데 아내를 데려오고 중국어 교육을 중시하며 타이 사회로의 동화를 거부하는 자가 갈수록 많아지는 현상을 심각하게 우려했다. 이러한 우려는 1927년에 중국인의 이민을 제한하는 외국인 이민 규제법의 제정으로 현실화되었다.[24]

1920년대 이후 타이 정부의 반화인 정책은 화인의 타이 사회로의 동화, 화인의 경제력 약화, 화인 사회의 증대 억제 등 세 가지로 요약될 수 있다. 동화 정책은 화인 학교 및 중국어 신문과 화인 단체들의 활동에 대한 통제로, 경제력 약화는 화인의 직업 활동을 제한하고 타이인의 경제적 활동을 진흥하는 것으로, 그리고 화인 사회의 증대 억제는 입국세를 징수하거나 이민 숫자를 제한하는 것으로 나타났다.

타이 정부는 1933년 3월에 태국 안에 거주하는 모든 자들을 타이 국민으로 교육시킨다는 취지에서 모든 학교에서 주당 28시간의 교육 시간 가운데 21시간은 타이어로 수업할 것을 의무화했다. 화인을 타이 사회로 동화시키는 효과를 가진 이 법은 곧 방콕에 적용되었고, 규정 준수의 여부에 대한 엄격한 심사가 행해졌다. 그 결과 1933년 3월부터 1935년 8월까지 79개의 화인 학교가 폐쇄되었다.

1936년에는 모든 정미소가 공장 인부 가운데 최소한 50%를 태국 국적을 가진 자로 고용해야 한다는 법을 발표했으며, 철도 건설의 인부도 점차 태국 국적을 가진 자들로 대치시켜 나갔다. 또 태국 내의 제반 상업적 활동을 정부의 통제 아래 두겠다는 목적으로 사업자 등록법을 제정하여 모든 회사들의 등록을 강요했으며, 상업적 간판에 반드시 타이 글자를 포함시키는 것을 의무화했다. 이러한 조치들은 화인의 경제적 활동을 제한하는 동시에 그들을 타이 사회로 동화시키는 효과를 노린 것이었다.

타이 정부의 반화인 경제 정책은 피분이 집권한 1938년 말부터 본격적으로 시작되었다. 피분 정부는 화인 미곡 상인의 유통 체계를 파괴하기 위해, 1938년 12월에 정부가 직접 운영하는 미곡 회사를 설립했다. 수산업에서 지배적인 위치를 차지하던 화인은 타이 영해에서 외국인의 어로 활동을 금지한 1939년의 법에 의해 주도권을 잃게 되었다.

피분 정부는 이에 더하여 고무와 주석 산업도 국가의 통제 아래 두기 위해 노력했다. 또한 전통적으로 화인의 사업 분야였던 제비집 독점권과 소금 및 담배 산업, 도축과 고기 판매, 그리고 버스 및 택시 운전과 다양한 수공업 분야의 직종을 오직 타이 국민에게만 허용했다.

피분 시대 타이 정부의 반화인 정책이 수립되고 실시되는 데는 위찟 왓타깐Wichit Wathakarn이라는 인물이 중요한 역할을 했다. 화인 출신으로서 1938년에 예술부 장관이던 그는 쭐라롱꼰대학에서 행한 강연에서 타이 화인이 독일의 유태인보다 더욱 해로운 존재라고 말하면서 특히 그들의 본국 송금을 비판했다. 그는 또한 타이 정부가 장차 화인에 대해 더욱 강경한 자세를 취해야 할 것이라고 주장했다. 그의 강연은 많은 타이인의 호응을 불러일으켜 화인의 경제적 착취를 중단시켜야 한다는 여론이 고조되었다. 위찟 왓타깐은 1939년부터 시작된 극단적인 타이 민족주의 정책인 랏타니욤ratthaniyom 즉 국가주의 이념의 수립과 실행에서 결정적인 역할을 했다.

타이 정부는 주요 산업 분야에서 화인 자본을 억제하기 위해 노력했지만, 그것은 실제적인 효과를 얻지 못했다. 타이 정부는 효율적인 사업 운영을 하기 위해서는 필연적으로 화인 사업가들과 협력하지 않을 수 없었으며, 화인 사업가들로서도 경제적으로 살아남기 위해 타이 정부와 결탁했는데, 이로써 중요한 화인 기업들은 그들의 사업을 유지할 수 있었다. 예컨대 화인 사업가와 타이 정치 엘리트의 결탁은 이미 1930년대와 1940년대 초에 람삼-왕리Lamsam-Wanglee 그룹과 타이 정치 파벌 사이의 제휴로 나타났는데, 1944년에 이 그룹은 타이 정부의 후원 아래 타이농민은행Thai Farmers Bank을 설립했다.

1945년 이후 화인 사회의 인구학적 발전 태평양 전쟁이 끝난 후 태국에 들어온 중국인 입국자는 1946년에 86,000명, 1947년에 83,800명이었다. 이 두 해 동안 출국자는 각각 5,800명, 23,400명에 불과했다. 특히 1946년의 경우 입·출국자 수의 차감만으로도 타이 화인 사회는 8만 명이나 증가한 셈이었다. 이러한 현상의 원인은 무엇보다도 중국이 전쟁의 피해를 심각하게 입었던 것에 비해, 태국은 전화戰禍를 별로 입지 않고 경제적으로 빨리 회복되고 있었기 때문이다.

타이 정부는 1946년에 중국인 이민의 숫자가 급증하자 그 이듬해 5월에 이민 할당제를 도입하여 중국인 이민 숫자를 매년 1만 명으로 제한했으며, 1949년 초에는 다른 나라와 같은 수준인 매년 200명으로 격감시켰다. 한편으로는 이러한 조치들의 여파로, 다른 한편으로는 1949년 말 중국 대륙이 공산화되어 중국인의 해외 이주가 매우 어렵게 된 결과, 태국으로 오는 중국인 이민의 숫자는 현격하게 줄어, 1950년에 7,600명, 1951년에 17,900명, 1952년에 9,800명, 1953년에 6,400명, 1954년에 4,000명에 불과했다.

그리하여 태국의 총인구 가운데 화인의 비율은 점차 감소하여 1947년에 12%에 달했던 것이 1952년에는 11.5%로 그리고 1955년에는 11.3%로 줄었다. 그 후 화인 수는 주로 태국의 화인 사회 내부의 자연 증가에 의해 늘어갔다. 그러나 태국의 총인구 대비 화인 인구의 비율은 2세와 3세 등 화인 후예 즉 화예華裔들, 특히 화인과 타이인 사이에서 태어난 혼혈 화인이 타이 사회로 완전히 동화 내지는 흡수되어감으로써 점차 감소하여 오늘날 약 10% 정도의 수준에 도달했다.

화인 사회의 양적인 변화와 더불어 화인의 지역별 분포는 그들의 활동의 성격을 이해하는 데 중요하다. 타이 화인 사회는 초기부터 상업상 유리하고 중요한 짜오프라야 강 하류 지역과 해안 지방 그리고 주석 광산 및 고무 산업이 발달해 있는 말레이 반도를 중심으로 형성되어 왔다. 특히 짜오프라야 강 하류 지역과 태국만 연안에 위치한 방콕, 아유타야, 펫차부리, 촌부리, 사라부리 등이 선호되어, 1947년경 태국의 중국 국적 화인의 65% 이상이 이 도시들에 살았다.

그 중에서도 화인이 가장 밀집해 있던 곳은 중국인의 태국 이주의 관문이자 태국의 교통 및 상업의 중심인 방콕이었다. 그리하여 1954년의 경우 방콕의 상업 중심 지역은 주민의 38.5%가 중국 국적 화인, 39.6%가 태국 국적 화인이어서, 지역 인구의 4분의 3이 화인이었다. 방콕의 다른 지역에서는 화인이 주민의 약 45%를 차지했다. 이것은 태국의 수도가 화인에 의해 장악되어 있었다는 것을 의미한다.

끝으로 화인 사회의 방언 집단별 구성을 보면, 차오저우 56%, 커자 16%, 하이난 12%, 푸젠 7%, 광둥 7%, 기타 2% 등으로 되어 있다. 차오저우 화인이 이처럼 지배적인 점유율을 기록하고 있는 것은 18세기 후반 이후 동향 관계를 바탕으로 차오저우인이 태국으로 지속적으로 이주한 결과였다. 이들의 태국 이민은 특히 제1차 세계 대전 이후 대규모로 이루어졌다. 1918~1931년 동안 산터우 항구를 거쳐 동남아시아로 이주한 총 1,577,000명의 약 55%인 868,000명이 태국으로 왔다. 그리고 같은 기간 중국에서 태국으로 이주한 중국인의 약 70%가 산터우에서 배를 탔다. 산터우는 차오저우인의 해외 출입항이었지만, 커자인도 이 항구를 해외로 나가는 출구로 많이 사용했다.

차오저우인은 커자인과 더불어 태국의 동북부 지방 화인 인구의 약 80%를 차지하는데, 이것은 1920~1930년대 이 지역으로의 철도 및 도로망 확대와 함께 많은 차오저우인과 커자인이 철도 및 도로 건설 인부로 이주했기 때문이다. 한편 라농에서부터 뜨랑에 이르는 말레이 반도의 연안 지역, 특히 푸껫과 빠따니 등 상업과 주석 산지로 인해 경제적으로 중요한 지역들에서는 대부분 푸젠인이 지배적이다.

20세기 후반 화인의 경제적·정치적 활동

타이 정부는 제2차 세계 대전 후에도 민족주의적 경제 정책을 펼쳤다. 1948년에 재집권한 피분 정부는 전쟁 전의 반화인 경제 정책을 지속해 특정 직업들을 타이 국민에게만 제한하는 조치를 내렸으며, 고용에서 타이 국민을 우대하는 정책을 계속 추진했다. 피분 정부의 반화인 정책은 사릿의 집권 시기에도 계승되어, 예컨대 1958년 말 13가지 직종을 택하여 이 직종의 활동을 타이 국민에게만 허용한다고 발표했다. 명목상의 이유는 "근면한 중국인으로부터 (타이) 국민을 보호하겠다"는 것이었다. 또 10명 이상의 고용자를 둔 회사와 상점들은 일정한 비율의 타이 국민을 고용하는 것을 의무화한 1958년의 법을 바탕으로, 사릿 정부는 1959년 1월에 최소한 50%의 타이 국민을 고용해야 할 사업 분야로서 용접, 금속도금, 제화, 가구 제작, 직조, 자동차 조립 및 수리, 오토바이 조립 및 수리, 라디오 조립 및 수리, 건축, 성냥 공장 등 10가지를 선정했다.

태국에서 2개월에 한 번씩 발간되는 화인 비즈니스 매거진인 『華商』. 표지 모델은 1999년경 타이 플라스틱 업계의 "대왕大王"으로 통하던 나롱 픙찬차이끈Narong Phuengchanchaikun. 중국 성명은 왕무량王睦良. 그의 부친은 광둥성 차오저우 지방의 청하이 현 출신이었다.

이러한 조치들은 많은 화인을 태국으로 귀화하도록 유도한 점에서는 효과적이었으나, 그들의 경제적 힘을 제한하는 데는 그다지 성공적이지 못했다. 그것은 실제적으로 시행된 직업 제한 조치들이 소매상, 행상, 정미소, 쌀가게, 제재소 등 화인의 주요 경제 기반이 되는 직업에는 거의 영향을 미치지 않았기 때문이다. 또한 직업 제한 조치에 저촉된 직업들의 경우, 그 사업이 상당 부분 태국 국적을 갖고 있는 화예들에 의해 운영되었고, 중국 국적의 화인이 하는 경우에도 그 소유권을 태국으로 귀화한 자녀나 아내 혹은 다른 친척의 명의로 두고 계속 영업을 할 수 있었기 때문이다. 타이 국민 우대 고용의 조치도 기존의 고용 인원에 대해서는 별 영향을 미치지 못했으며, 태국 국적을 이미 취득한 화인이 일자리를 얻는 데는 문제가 없었다.

●●● 테차파이분 가문이 설립한 방콕 메트로폴리탄Bangkok Metropolitan 은행. 한자로는 경화京華은행이라고 쓴다.

타이 정부의 규제들은 전체적으로 볼 때 화인의 실질적인 경제적 활동을 거의 위축시키지 않았다. 그들은 오히려 화인 사업가들이 자신들의 사업을 각종 규제 조치와 타이화 정책에서 보호하기 위해, 정치 엘리트들과 긴밀한 유대 관계를 발전시키는 파생적인 효과를 낳았다. 특히 큰 사업체의 화인은 지도급 정치인이나 군부 지도자들과 재정적 공조 관계를 맺어, 그들을 자신의 회사에 고액 보수의 이사로 초빙했으며, 그 대가로 회사를 정부의 규제로부터 보호해 줄 것을 기대했다.

정치 엘리트들의 입장에서 보면, 당시 태국의 제조업과 금융업 등을 육성하려던 그들은 특히 금융업의 효과적인 경영을 위해서는 자본, 기술, 경험을 제공할 수 있는 화인 사업가들과의 협력이 필요했다. 이를 통해 그동안 여러 타이 정부들이 추구해온 반화인 정책의 목적과는 달리 화인 사업체들이 크게 성장했다.

화인 사업체 가운데 특히 람삼-왕리, 소폰파닛Sophonphanich, 테차파이분Techaphaibun, 라따나락Rattanarak 등 소위 '4대 가문The Big Four Families'과 그들이 소유하는 상업 은행들은 1960년대와 1970년대에 군부 실세들과의 긴밀한 관계를 통해 지속적인 발전을 거듭했다. 그리하여 예컨대 소

시퐁풍Srifuengfung 가문의 분송Boonsong 회장과 그의 가족. 이 가문은 1995년경 태국 최대의 유리 제조업체인 Thai-Asahi Glass PCL의 최대 지분을 갖고 있었다.

폰파닛 가문의 방콕은행Bangkok Bank은 1962년에 약 16억 바트였던 예금 총액이 1972년에는 170억 바트, 1981년에는 1,000억 바트로 성장했다. 람삼-왕리 가문의 타이농민은행은 1962년에 4억3천만 바트였던 예금 총액이 10년 후에는 41억 5천만 바트로, 1981년에는 410억 바트로 불었다.

태국에서 상업 은행들이 이처럼 빠른 속도로 성장한 것에는 서양인 자본에 의한 아시아 금융 네트워크가 제2차 세계 대전 중 상당 부분 파괴되어 화인 자본이 팽창할 수 있는 공간이 마련되었다는 요인도 작용했다. 그러나 보다 중요한 요인은 타이 정부가 국내의 금융업을 육성하려고 했다는 점과 정부의 그러한 정책에 편승하여 화인 사업가들이 정부의 권력층과 성공적으로 결탁했다는 것이다.

제조업 부문에서 화인 사업가들이 발전할 수 있었던 것은 한편으로는 타이 정부의 산업 육성 정책의 혜택을 보았기 때문이며, 다른 한편으로는 그들이 해외 자본을 잘 유치하고 세계 시장에 성공적으로 진출했기 때문이다.

1992년 9월부터 1995년 5월까지 그리고 1997년 11월부터 2001년 2월까지 총 약 6년 동안 태국의 총리직에 있었던 추안 릭파이. 그의 부모는 양쪽이 모두 화인이라고 알려져 있다. 그의 일대기를 소개하는 한 책의 표지에는 생선 내장을 팔아 자식들을 키웠다는 그의 어머니 그림이 실려 있다.

1958년 수립된 민영 부문의 국내 산업 진흥 정책에 따라 1970년대 초까지 섬유, 신발, 식품 가공, 화학, 유리, 이차 금속, 자동차 조립, 가전제품 등의 분야에서 제조업이 급속도로 발전했다. 화인 기업들은 금융업과는 달리 군부 지도자들의 강력한 정치적 후원을 받지 못했지만 외국 자본과 결탁하여 성장할 수 있었다.

예컨대 '타이 섬유왕Thai Textile King'으로도 알려져 있는 수크리Sukree 그룹은 1960년대에 일본의 시키보Shikibo 방직 회사와 노무라Nomura 무역 회사와 합작한 이후 큰 성장을 이룩했다. 태국의 전반적인 산업화와 경제 성장과 더불어 화인 자본가들의 산업이 점차 확장되고 다변화되었으며, 그들 가운데는 은행, 보험, 무역, 운송, 관광 및 여행, 호텔, 건설, 제조업 등을 포괄하는 재벌 기업들이 나타나게 되었다.

자본주의 노선과 반공 정책을 표방한 태국의 역대 정부들은 사회적 안정과 경제적 발전을 위해 중산층과 자본주의자들을 협력자로 간주하여 그들의 이해관계를 보호 · 육성했다. 이를 통해 화인의 경제적 활동이 고무되었을 뿐만 아니라, 그들의 정치적 활동을 위한 공간도 점차 확대되었다.

라마 7세는 1927년에 쓴 "시암의 민주주의Democracy in Siam"란 제목의 비망록에서 화인이 그 재력으로 언젠가는 태국의 의회마저 장악하게 될 것이라고 예언했다. 이 예언은 오늘날 타이 정부와 관료 사회 그리고 정당에서 화인의 활동을 보면, 전혀 빗나간 것이 아니라는 것을 알 수 있다. 태국의 총리들과 장관들 가운데는 적지 않은 화예들이 있어 왔다.

2001년 2월부터 2006년 10월까지 태국의 총리를 지낸 탁신 친나왓. 화인 가문 출신인 그는 태국 최대의 정보통신회사인 시나와트라 그룹Shinawatra Group의 소유주이기도 했다.

특히 중하위 공무원들 가운데 화인 출신 비율은 매우 높아, 1980년대 후반 공무원의 70% 가까이 그리고 고위 장교들의 80% 이상이 화예였으며, 많은 국회의원과 지방의 도지사와 시장과 군수, 도의원과 시의원들도 반 이상이 화인 출신이었다. 최근 태국의 정치 무대에서 주도적인 역할을 한 인물들 가운데 1992년 태국의 민주화 시위를 이끌었던 짬롱 시므앙Chamrong Srimuang 전 방콕 시장, 그리고 지난 십수 년 동안 태국의 역대 총리들인 반한 실라빠아차Banharn Silapa-archa, 추안 릭파이Chuan Leekpai, 탁신 친나왓Thaksin Chinawatra 등은 모두 중국계 타이인이다.

그들은 스스로를 타이인으로 간주하고 있지만 때로는 자신이 화예라는 사실을 숨기려고 하지 않는다. 경제력을 그 바탕에 둔 화인의 정치 참여는 특히 1980년대 타이 사회가 정치적으로 점차 안정되어가고 1988년 이후 보다 민주화되면서 더욱 뚜렷이 나타났다. 이러한 점은 무엇보다도 중산층 화인의 정당 활동에서 드러난다. 이들은 이제 정당을 통해 자신들의 경제적 이해관계를 보호, 확대할 수 있는 보다 확실한 근거를 확보하게 되었다.

타이 화인의 정체성

화인 사회의 형성과 발전은 타이 사회에 대한 관계를 떠나서는 생각할 수 없는데, 그 관계는 화인의 정체성 유지 혹은 그들의 타이 사회에 대한 동화로 요약된다. 우선 화인 1세의 경우 그들이 어느 시대에서나 어떤 지역에서나 또 어떤 계층에서나 대부분 중국적 정체성을 유지했다는 것에 대해서는 의심할 필요가 없을 것이다.

문제는 화예들의 정체성이다. 19세기 중엽에 타이 사회를 관찰한 보우링에 의하면, "(화인은) 그들 자신의 언어, 민족성, 복식, 종교적 관습, 전통, 습관, 사회적 조직을 보존한다. 그들은 비록 살고 있는 곳의 민족들과 결혼하지만, 중국적 유형이 지배적인 것으로 남게 되어, 그 자식들은 거의 예외 없이 아버지의 모델에 따라 교육되며, 어머니의 영향은 거의 없는 것처럼 보인다."[25]

즉 화예들은 그 아버지의 영향으로 중국적 정체성을 유지한다는 것이다. 그러나 다른 기록에 의하면, 타이 사회로 동화된 화예들도 상당히 있었음을 알 수 있다. 예컨대 1830년대 초에 태국에 살았던 독일인 선교사 칼 귀츠라프는 "(화인 자식들은) 종종 그들의 변발을 잘라버리고 일시적으로 시암의 승려가 된다. 그리하여 2세대 혹은 3세대 내에 중국적 성격을 구별하는 모든 외형적 표지는 점차 소멸되어 완전히 사라지고 만다. 그 민족적 관습을 집요하게 고집하는 한 민족이 완전히 시암인으로 변화되고

방콕에 위치한 태국중화회관泰國中華會館. 친대만 계통의 이 회관은 화인에게 다양한 서비스를 제공하는데, 그 가운데 가장 중요한 것은 중국어 교육이다.

마는 것이다”라고 쓴다.[26]

화예들이 타이 사회로 동화되는 정도는 그들이 성장하고 활동하는 사회적 환경에 따라 상이했던 것으로 보인다. 예컨대 방콕의 차이나타운과 같이 화인이 밀집해 사는 지역의 화예는 중국적 정체성을 보다 쉽게 유지할 수 있었을 것이다. 그에 비해 거의 타이인만 사는 지역에 거주하면서 주로 타이인과 어울려 지내는 화예는 타이 관습과 문화에 길들고 이윽고 타이 관료 사회에 진출함으로써 타이 사회에 동화되었을 것이다.

타이 화인의 정체성은 중화 민족주의가 대두한 1910년을 전후로 큰 변화를 겪었다. 타이 화인은 1910년경부터 20세기 중엽까지의 기간 동안 전반적으로 볼 때 중국적 정체성을 강하게 유지했다. 이 기간 화인의 타이 사회 동화를 저해한 것은 무엇보다도 다음의 네 가지 요인 때문이었다.

첫째, 매년 수많은 중국인이 태국으로 유입되어 중국 태생 화인의 숫자가 증대되었을 뿐만 아니라, 화인 사회에서 이들의 영향력이 커졌다. 둘째, 중국인 여자의 이주가 크게 늘었고 전 가족이 함께 이주하는 경우도 많아졌다. 셋째, 화인 학교가 많아져 화인 2세들이 중국 문화와 중국어 교육을 받을 수 있는 기회가 증대되었다. 넷째, 중국의 정치적 변동 특히 일본의 침략으로 중화 민족주의적 정서가 화인 2세들에게도 미쳤다. 20세기 전반 화인 사회는 ‘화교 사회’라고 부를 수 있을 것이다.

깐짜나부리에서 찬시리Chan Siri라는 한 화인 가문이 세운 “화랑 및 전쟁박물관Art Gallery & War Museum”의 내부 벽화. 이 그림에서 볼 수 있는 것처럼, 화인은 가문의 중국인 조상을 중시한다.

화인은 1950년 이후 점차 타이 사회로 동화되어 갔다. 그것은 한편으로는 1940년대 말부터 시행된 타이 정부의 중국인 이주 제한 정책과 1949년 중국의 공산화로 중국에서의 중국인 유입이 크게 줄어 타이 화인 사회가 점차 화예 사회로 전화되었기 때문이며, 다른 한편으로는 타이 정부가 위에서 본 것처럼 다양한 방법으로 화인으로 하여금 태국으로 귀화하게 하는 등 그들을 타이 사회로 동화시키는 정책을 펼쳤기 때문이다. 태국은 동남아시아 국가들 중에서 화인이 현지 사회에 가장 잘 동화된 나라로 간주된다.

화인의 동화에 대한 배경으로 무엇보다도 두 민족 사이의 불교 문화의 유사성을 중시하기도 한다. 이 관점은 이슬람이 지배적인 인도네시아와 말레이시아에서 화인이 현지 사회에 거의 동화되어 있지 않은 것을 볼 때 상당한 설득력이 있다. 오늘날 타이 화인은 대부분 태국에 귀화해 있다. 그들은 대부분 타이어를 말하고 타이 학교에 다니고 타이인의 조직에 가담하고 태국의 불교적 명절들을 지킨다. 그들은 타이 정체성의 바탕인 불교와 국왕을 존중하며 유권자로서 타이 정치에 참여하는 등 타이 국민으로서의 주권 의식을 지니고 있다.

그러나 화인의 동화는 그렇게 간단한 문제가 아니다. 방콕을 비롯한 태국의 큰 도시들에 살고 있는 숱한 화인에게서는 아직도 강한 중국적 정체성을 확인할 수 있다. 화인끼리의 결혼은 여전히 빈번하게 일어나며, 화인의 이해관계를 돌보아 주는 경제적 · 종교적 화인 단체들이 오늘날에도 활발한 활동을 전개하고 있다.

태국의 한 화상 가정의 삶을 그린 보탄의 소설 『태국에서 온 편지Letters From Thailand』에서 응우안 통Nguan Tong은 임종 직전 그의 사위인 사웅 우Saung U에게 손자들에게 중국의 전통을 사랑하고 모국을 항상 잊지 말도록 가르칠 것을 당부한다. 그리고 주인공 사웅 우는 많은 화인이 비록 국적은 태국인 것을 인정하지만 중국적 뿌리를 항상 인식하고 있다고 말한다.[27]

화인의 이러한 잠재적 정체성은 특히 그들의 언어 생활에서 잘 드러난다. 화인은 타이 사회에서 생존하기 위해 타이어를 습득했지만, 중국어 즉 만다린을 구사하며 부모의 고향의 방언도 말하는 등 대부분 이중 언어생활을 한다. 적지 않은 화인이 아내가 타이인인 경우에도 자녀들에게 만다린 혹은 방언을 가르치고자 한다는 조사 결과가 있기도 하다. 만다린 혹은 방언이 이처럼 중시되는 것은 그것이 가족 사이의 대화 수단 혹은 사업상 의사 소통 수단으로 화인 사이에서 여전히 필수적이기 때문이다.

화인이 동화의 과정에서 타이 사회에 적응하기 위해 타이 학교에서 타이 문화와 타이어 교육을 받는 것을 중시해 온 것은 사실이다. 그러나 그렇다고 해서 화인 사회에서 중국 문화와 중국어 교육에 대한 관심이 사라진 것은 아니었다. 그 관심은 화인 학교를 다니는 학생들의 숫자가 1938년에 17,000명이었던 것이 1960년에는 63,000명으로 늘었다는 것에서 볼 수 있듯이 오히려 증대되었다. 화인 가정의 부모들 가운데는 자녀들을 화인 학교에 보내는 것을 선호하는 자들이 많다. 어느 정도 재력이 있는 화인은 자녀들을 완전히 중국어로만 수업하는 사설 학원에 보내며, 때로는 화인 가정교사를 고용하여 자녀들에게 중국어를 가르치게 한다. 어떤 화인 부모들은 자녀들을 심지어 말레이시아나 싱가포르 혹은 타이완으로 유학시키기도 한다.

화인은 타이 사회와 오랜 접촉을 통해 한편으로는 타이 국민으로서 점차 타이 사회에 동화되어 갔지만, 다른 한편으로는 경제적 · 정치적 · 문화적 활동에서 '중국적인 것Chineseness' 을 고수하고 있다. 즉 그들은 태국 국민으로서의 타이 정체성을 보여주지만 그와 동시에 중국적 정체성을 품고 있는 것이다. 이러한 이중적 정체성은 화인의 실용주의적 세계관에서 비롯된 것으로 보인다.

IX

태국의 지역 · 종족 갈등

태국의 국가 통합에 대한 그릇된 이미지

태국은 크게 네 지역으로 구성되어 있다. 방콕을 중심으로 한 중부 태국, 말레이 반도 쪽의 남부 태국, 치앙마이를 중심으로 한 북부 태국, 그리고 라오스 및 캄보디아와 국경을 접하고 있는 동북부 태국 등이 그것이다. 이 지역들은 행정 단위가 아니다. 이들은 한국의 '영남,' '호남' 등과 같은 개념으로 이해하면 될 것이다.

네 개의 지역은 기본적으로는 지리적 구분에 의한 것이지만, 거기에는 민족적 및 문화적 함의도 내포되어 있다. 이 함의를 간략히 설명하자면, 남부는 말레이 및 이슬람의 경향이 강하며, 북부는 고산족들의 세계이고 또 미얀마 문화의 영향을 보다 많이 받은 지역이며, 동북부는 라오스적인 민족 요소와 문화가 강한 곳이라고 말할 수 있다. 가장 타이적인 곳이 중부 지방이다.

태국의 4 지역

태국에 대해 사람들이 갖고 있는 통상적인 이미지 가운데 하나는 이런 것이다. 타이족이 중심이 되어 있는 타이 사회에 화인이 원만하게 동화되어 있고, 여타 소수 민족 분쟁이 별로 없어, 동남아시아 국가들 가운데 국가 통합이 가장 성공적으로 이루어진 나라라는 것이다. 태국의 국가 통합에 대해 사람들이 이렇게 생각하는 데에는 타이 국민이 국왕 · 불교 · 민족의 세 요소로 구성된 타이 국가를 중심으로 단결되어 있으며, 그러한 단결을 바탕으로 타이 사회가 안정되어 있다고 보는 판단도 중요하게 작용하는 것 같다. 그러나 태국은 겉으로 보기와는 달리 사회적으로 그다지 안정되어 있지도 않고 국가 통합이 잘 이루어진 나라도 아니다.

타이 정부는 지난 1세기 동안 때로는 종교 정책으로, 때로는 경제 정책 및 행정 제도를 통해, 때로는 사회 복지 정책이나 교육 제도의 확대를 통해 국가 통합을 이룩하기 위해 노력해 왔다. 이러한 노력은 그러나 남부와 북부와 동북부 지역 주민의 정치 경제적 이해관계와 문화적 성향이나 요구 등을 고려하지 않고 추진될 때가 많았다.

그 결과 타이 사회는 남부에서 일어나는 말레이계 무슬림들의 격렬한 저항과 심각한 종족 갈등, 북부 고산족들에 대한 차별과 이에 대한 고산족 주민의 반항, 그리고 이산Isan인이라고 불리는 동북부 주민에 대한 차별과 그로 인한 이산 정체성의 형성 등을 경험해 왔다. 태국에 대한 보다 객관적인 이해를 위해서는 이러한 지역 및 종족 갈등의 현상을 파악하고 그 원인을 분석하는 것이 바람직하다.

남부 태국의 분리주의 운동과 폭력 사태 태국의 무슬림들은 말레이계 무슬림, 인도계 무슬림, 파키스탄계 무슬림, 이란계 무슬림, 인도네시아계 무슬림, 참족Cham 무슬림, 운남성 출신 중국계 무슬림 등을 포함하고 있다. 이들은 방콕 및 중부 태국과 북부 태국, 남부 태국 등의 여러 지방에 분포해 있다. 태국의 무슬림들 가운데 가장 크고 중요한 그룹은 빠따니 주, 사뚠 주, 얄라 주, 나라티왓 주 등 태국의 최남단 지방에 살고 있는 말레이계 무슬림으로, 아래의 표에서도 볼 수 있듯이, 이 지역 주민의 4분의 3 이상을 차지한다.

이 지역은 원래 민족적으로, 언어적으로, 문화적으로 말레이 세계의 일부였다. 이 지역이 불교 국가인 태국에 속하게 된 것은 지난 수백 년 동안 타이족이 남쪽으로 추구한 팽창 정책의 결과이다. 태국은 이미 18세기 말이 되면 위의 네 지방뿐만 아니라, 그 남쪽에 있는 클란탄, 크다, 트렝가누도 자신의 속국으로 두고 있었다. 태국과 말레이시아 사이의 오늘날과 같

〈표〉 태국 남부 주요 주(짱왓)의 2001년도 종교별 인구 분포

	이슬람	불교	기독교	힌두 시크	기타	이슬람	합계
사뚠	193,660	62,521	451	4	162	75%	256,798
빠따니	481,710	113,788	3,583	138	0	80%	599,219
얄라	254,075	172,929	1,408	409	680	59%	429,501
나라티왓	565,633	92,455	2,761	0	1,385	85%	662,234
합계	1,495,078	441,693	8,203	551	2,227	77%	1,947,752

출처: 『동남아선교뉴스레터』 24호, 2002: 19.

은 국경선은 1909년 말레이시아의 당시 식민국인 영국과 태국의 국경 조약이 체결됨으로써 확정되었다.

이 조약으로 클란탄, 트렝가누, 크다, 그리고 크다에서 떨어져 나온 프를리스는 영국령 말라야로 넘어 갔고, 빠따니, 사뚠, 얄라, 나라티왓은 태국의 영토로 남게 되었다. 이 네 지방 인구의 대부분이 말레이인이고 무슬림이던 상황은 전혀 고려되지 않았고, 영국과 태국 사이의 국제 정치적인 이해관계만 중시되어 자의적으로 국경이 그어졌던 것이다. 이로 인한 갈등은 말레이계 타이 무슬림들이 빠따니, 사뚠, 얄라, 나라티왓 등의 지역을 자신들의 땅으로 간주하여 "다르 알 이슬람dar al-Islam" 즉 "이슬람의 집"으로 부르지만, 자신들의 땅을 강압적으로 태국의 영토로 삼고 자신들을 그동안 정치적·문화적으로 압박하고 지배해 온 태국의 여타 지역을 "다르 알 하르브dar al-harb" 즉 "전쟁의 집"으로 불러온 것에 집약적으로 표현되어 있다.[1]

말레이계 무슬림들에 대한 강압적인 동화 정책은 1938년부터 1944년까지 집권한 피분송크람 정부에 의해 실시되었다. 태국 내 소수 민족들의 타이화를 겨냥한 이 정책에 따라 말레이계 무슬림들은 타이식 의복을 입고 타이어를 말해야 했다. 또 그들은 무슬림들의 안식일인 금요일이 아니라 일요일에 쉬는 "근대적" 관습과 이슬람법 대신 불교적 가치관을 근거로 한 타이 법을 따라야 했다. 심지어 빠따니 주지사는 1944년 1월에 행한 한

공식 석상의 연설에서 말레이계 타이인도 불교를 믿어야 한다고 말했다.[2]

이러한 경험을 한 말레이계 타이 무슬림들은 제2차 세계 대전 후 태국 남부에서 분리주의 운동을 일으키기 시작했다. 당시 말레이 반도와 태국 남부 지역은 제2차 세계 대전 기간 공산주의자들의 게릴라 전쟁과 말레이인의 민족주의 의식의 증대로 불안과 동요의 분위기에 휩싸여 있었다. 특히 말레이계 타이 무슬림들은 민족 자결권을 선포한 1941년의 대서양 헌장Atlantic Charter에 고무되어 있었다.

분리주의 운동가들은 1947년에 방콕 정부에게 빠따니 주, 사뚠 주, 얄라 주, 나라티왓 주에 대한 자치권을 요구했다. 자치권이란 이 네 개 주의 행정이 주민이 뽑은 지도자에 의해 자율적으로 이루어지는 것을 의미했다. 요구 사항은 그밖에도 공용어로 타이어 외에 말레이어도 인정해 줄 것과 초등학교에서 말레이어를 수업 언어로 채택한다는 것이 포함되어 있었다. 그러나 이 요구들은 받아들여지지 않았다.

이슬람 분리주의 운동은 그 후 구체적인 조직체들이 결성되는 것으로 발전했다. 대표적인 것들로 빠따니공화국 민족해방전선(BNPP), 민족혁명전선(BRN), 빠따니 연합해방기구(PULO) 등이 있다. 특히 학생 운동을 통해 정치화된 젊은 말레이계 타이 무슬림들의 이해관계를 대변하는 조직으로 1968년에 창설된 PULO는 태국 남부에 독립국을 건설하는 것을 목표로 내세웠다.

1980년대 초 빠따니를 중심으로 한 남부에서 수천 명의 무장 반란군이 타이 정부에 대항하여 싸웠다. PULO의 이름은 그 후 태국 남부에서 암살 및 테러 사건이 일어날 때마다, 경찰의 발표 혹은 언론에 빈번하게 오르내렸다. PULO는 1990년대 이후 새로운 분리주의 운동 단체들을 파생시키기도 했다.

PULO의 명칭과 그 활동에서도 짐작할 수 있듯이, 빠따니는 태국 남부 분리주의 운동의 상징적 지역으로, 말레이계 무슬림들의 반타이anti-Thai 운동의 구심점이었다. 태국의 시아파Shiite 무슬림들의 지도자로 알려진 소

빠따니의 이슬람 중앙 사원. 빠따니 주에만도 이슬람 사원이 약 600개 있다.

라윳 사꾼나산띠삿Sorayuth Sakunasantisart이 이슬람 빠따니 독립국을 부르짖은 것도 빠따니의 상징성을 보여준다. 소라윳은 1994년 10월에 왕권 모독죄와 국가 반란의 혐의로 유죄 선고를 받고 31년 징역형에 처해졌다. 1995년 6월에는 빠따니 민족군대(TNP)라는 새로운 분리주의 운동 조직이 두각을 드러냈다.

말레이계 타이 무슬림들 사이에서는 PULO가 인기가 좋다. 그 이유는 분리주의 운동 조직으로서의 명성 때문뿐만이 아니라, PULO 회원증이 있으면 돈벌이가 좋은 말레이시아에서 비교적 쉽게 일자리를 구할 수 있으며 때로는 말레이시아 경찰의 보호도 받을 수 있었기 때문이다. 많은 말레이계 타이 무슬림들은 태국 국적과 말레이시아 국적을 동시에 갖고 국경을 넘나들며 활동한다. PULO와 위에 언급한 여러 분리주의 운동 단체들은 말레이시아뿐만 아니라 인도네시아, 필리핀, 파키스탄과 중동에까지 연결망을 갖고 있다. 특히 클란탄을 비롯한 북부 말레이시아는 말레이계 타이 무슬림들에게 종종 도피처로 작용해 왔다.

이슬람 분리주의 운동 단체들은 초기에는 주로 학교나 군부대 및 경찰서와 불교 사원 등과 같이 타이인의 정치와 문화를 대표하는 기관과 건물을 대상으로 테러를 벌이다가 점차 사람들도 테러의 대상으로 삼았다. 테러는 1990년대 초부터 방화, 수류탄 투척, 폭파, 총기 난사 등 과격한 형태로 나타났다. 1990년대 후반에는 테러가 잠잠해져 반타이 및 분리주의 운동이 사라질 것이라는 추측도 나왔다.

그러나 21세기에 들어서서 남부에서 또 다시 테러 사건들이 발생했다. 2002년 한 해 동안만도 약 20명의 경찰관과 2명의 민간인이 목숨을 잃었다. 이슬람 분리주의자들의 저항은 2004년 이후 더욱 격렬해졌다. 2004년 4월에 빠따니에서는 타이 정부군과 저항 세력 사이에 일어난 유혈 충돌로 저항 세력 가운데 108명이 죽었다. 이들 가운데 1명의 몸에서는 무슬림들이 무장 궐기하여 남부를 해방하라고 촉구하는 글이 담긴 소책자가 발견되었다.

그 해 10월에는 타이 군인에 의해 연행되어 군용 트럭에 짐짝처럼 실려가던 1,300여명의 말레이계 무슬림 시위대 가운데 78명이 질식사한 사건이 일어났다. 2005년 7월에 얄라에서는 저항 세력이 6군데에서 동시 다발적으로 폭탄을 터뜨렸고, 정부군과 시가전을 벌이기도 했다. 8월 말에는 남부 지방의 여러 곳에서 방화, 총격, 폭탄 등으로 테러를 일으켰다. 당시 PULO의 한 대변인은 "우리들의 투쟁은 우리 민족에게 속한 것을 정당하게 도로 가져오려는 것이다. 빠따니는 말레이시아가 그러한 것처럼 말레이인에게 속한다"라고 말했다. 2004년 이후 태국 남부 지방들에서 저항 세력의 테러와 타이 군경의 잔인한 진압으로 사망한 자들의 수는 1,000명을 넘었다.[3]

빠따니와 태국의 지역·종족 갈등의 역사적 뿌리 남부의 말레이계 무슬림들은 민족 및 언어적으로는 말레이시아의 말레이인, 인도네시아인, 필리핀인 등과 더불어 소위 오스트로네시아 어족에 속하며, 종교적으로는 이슬람이다. 말레이계 타이 무슬림들은 자신들의 지역이 태국의 영토에 편입되기까지 수백 년 동안 태국에 대해 저항과 투쟁의 관계에 있어 왔다. 태국과의 투쟁의 역사는 오늘날까지도 그들의 기억 속에 내려오고 있을 것이다.

지난 수십년 전부터 태국 남부 지역에서 발생하고 있는 분리주의 운동과 테러는 지역적인 차원에서는 대부분 빠따니에서 일어났으며, 조직적인 차원에서는 PULO, 즉 빠따니 연합해방기구가 그 중심에 있어 왔다. 한 마디로 남부의 지역 갈등에서 빠따니는 그 핵을 이루고 있다. 빠따니와 태국과의 관계가 역사적으로 어떠했는지 그리고 빠따니의 말레이 무슬림들이 타이인을 어떻게 인식했는지를 이해하는 것은 오늘날 이 지역 갈등의 중요한 배경을 파악하는 데 도움을 줄 것이다.

타이인의 말레이 반도 지역에 대한 관심이 구체적으로 나타나기 시작하는 것은 14세기 말부터이다. 당시 아유타야 왕국의 이해관계는 빠따니 지역뿐만 아니라 싱가포르까지 뻗어 있었으며, 빠따니를 포함한 오늘날 말레이 반도 북부의 여러 지역은 적어도 16세기 초까지는 태국의 지배 아래 놓여 있었다. 타이인이 말레이 반도 북부 지역에 대해 관심을 갖고 있었던 것은, 이 지역이 당시 인도양과 남중국해 무역에서 중요했기 때문이다. 특히 빠따니는 남중국해에서 활동하는 중국 상인과 무슬림 상인이 만나는 곳으로, 인도네시아 및 다른 말레이 반도 지역을 아유타야와 연결시키는 중요한 중계 무역항이었다.

빠따니와 아유타야의 관계는 16세기 중엽에 이르러 급격히 악화되었다. 아유타야 연대기의 기록에 따르면, 1560년대에 미얀마 군대의 공격이 임박한 상황에서 아유타야 왕이 그 속국인 빠따니에게 군사적 지원을 요청했는데, 아유타야에 온 빠따니 군대가 당시 이 도시의 허술한 상황을 이용하여 왕궁을 공격하고 약탈하는 등 폭동을 일으켰다.[4]

네덜란드인 판 플릿이 17세기에 쓴 타이 역사책은 빠따니인이 반란을 일으킨 것은 타이 왕과 그 왕위 계승 후보자를 모두 죽임으로써 아유타야를 장악하기 위해서였다고 말한다. 그러나 그 후 아유타야 군대가 반격하여 그들을 한 명도 남김없이 모두 죽였다.[5] 빠따니와 아유타야 사이의 이러한 끔찍한 유혈 충돌의 더 깊은 원인이 무엇이었는지는 현재로서는 알 길이 없다. 하지만 사태 전후의 역사적 맥락을 보면, 거기에는 빠따니인의 강한 문화적 자존심과 정치적 독립심이 작용하고 있었던 것으로 짐작된다.

빠따니 태생의 재야 역사학자인 이브라힘 슈끄리는 당시 태국과 빠따니 사이의 갈등에 대해 흥미로운 이야기를 쓰고 있다. 그의 『빠따니 왕국사』에 의하면, 빠따니의 술탄인 무자파르 샤Muzafar Syah는 아유타야의 왕

빠따니의 무슬림 여성 노점 상인

과 친근한 우호 관계를 맺기 위해 아유타야에 갔지만, 빠따니가 속국이라는 이유로 자신을 경멸하는 타이 왕의 냉대를 받아 원한을 품고 고향으로 돌아왔다.

그 후 1563년에 미얀마가 태국을 친다는 소식을 들은 그는 이전의 냉대를 앙갚음하기 위해 아유타야를 공격하기로 결심했다. 200척의 전선과 함께 아유타야에 도착한 빠따니 군사들은 성을 공격하여 많은 타이인을 죽였다. 피의 복수를 흡족히 한 빠따니인이 배를 타고 돌아가던 중, 짜오프라야 강의 하구에서 무자파르 샤가 갑자기 죽어 그를 그곳에 묻었다.[6]

쓔끄리의 책은 제2차 세계 대전 후 타이 정부가 태국에 살고 있는 말레이인에 대해서 문화적 동화 정책을 강압적으로 적용하기 시작했을 때 집필된 것이다. 당시 빠따니를 비롯한 태국 남부 지역의 말레이계 무슬림들 사이에서는 반타이적인 말레이 민족주의가 강하게 일어났다. 따라서 이 책은 일차 사료가 아님은 물론 객관적인 역사서도 아니다. 그럼에도 불구하고 이 책은 말레이인이 오늘날에도 16세기의 빠따니-태국 충돌을 어떻게 이해하고 있는지를 엿볼 수 있게 한다는 점에서 나름대로 가치가 있다.

빠따니는 그 후 16세기 말에서 17세기 초 사이 아유타야가 다시 군사적으로 강력한 동안 태국의 조공국으로 머물러 있었다. 그러나 1620년대 말부터 빠따니는 태국에 대해 다시 저항하기 시작했다. 빠따니는 쁘라삿통이 1629년에 유혈적인 쿠데타를 통해 아유타야의 왕위에 오르자, 타이 정부에 대해 노골적인 반란을 일으켰다. 판 플릿에 의하면, 빠따니의 왕과 그 대신들은 정식 왕위 계승자들을 살해한 쁘라삿통을 합법적인 태국의 왕으로 인정하지 않았다. 그리하여 빠따니 정부는 금화金花와 은화銀花로 된 전통적인 공물供物인 '붕가 마스 단 뻬락bunga mas dan perak'을 아유타야에 보내는 것을 거부했으며, 1630년에는 당시 남부 태국의 행정 요지인 나콘시탐마랏을 공격하기까지 했다.[7]

태국과 말레이 이슬람 왕국들 사이의 관계는 1656년에 나라이가 아유타야의 왕위에 오름으로써 호전되었다. 그러나 1670년대에 이르러 아유타야는 이전보다 더욱 심각한 말레이 반도의 위기에 봉착하게 되었다. 소요의 진원지는 빠따니였다. 당시의 사태와 관련하여 1680년대 중엽에 4년 동안 태국에서 활동했던 파리외방선교회Société des Missions Etrangères de Paris 소속의 니콜라 제르베즈 신부는 말레이 반도 동안東岸에 위치한 태국 남부 지역들을 소개하면서 다음과 같이 말한다.[8]

> 타이인에게 속한 이 연안의 다른 유일한 주요 도시는 송클라이다. 이 도시는 이 나라에서 그 크기나 아름다움보다는 수년 전에 이 나라의 왕에게 대항할 때 보여준 대담무쌍함으로 더욱 잘 알려져 있다. 그 반란의 정신은 이웃인 빠따니 주민에 의해 고취된 것인데, 빠따니 주민은 천성적으로 난폭하고 방자하며 (타이) 왕국의 공인된 적이다.

빠따니의 반란은 1680년경에 진압되었다. 그 후 빠따니는 군사적으로, 경제적으로 약화되어 말레이 반도에서 영향력을 더 이상 행사하지 못했으며 점차 태국의 정치적 영향권으로 흡수되었다. 빠따니는 1785년에는 타이 군대에 의해 점령됨으로써 이제는 조공국으로서의 반독립적인 지위마저 잃고 태국 영토에 완전히 편입되었다. 방콕 정부가 빠따니의 사정을 무시하고 새로운 통치자를 임명하자 빠따니에서 반란이 일어났으나, 이 역시 1791년에 진압되었다. 그 후에도 빠따니에서는 반란이 끊이지 않았다. 이에 1817년에 방콕 정부는 빠따니를 7개 지방으로 나누어버렸다.

태국은 역사적으로 말레이 반도의 이슬람 왕국들을 자신의 통제 아래 두기 위해 부단히 노력했다. 이러한 노력은 말레이 반도의 여러 지역에 대한 태국의 경제적 · 정치적 동기에서 비롯된 것으로 보인다. 경제적인 동기로는 예를 들면 크다가 당시 중요한 주석 산지였을 뿐만 아니라 후추 생산으로도 유명했던 점을 들 수 있다. 또 크다는 빠따니와 마찬가지로 말레이 반도에서 중요한 국제 무역항이었다.

정치적인 동기는 위에서 본 빠따니에 대한 관계에서 확인된다. 이 술탄국의 반란은 말레이 반도의 태국 영토에서 당시에 가장 중요한 지방인 나콘시탐마랏에게 직접적인 위협이 되었고, 이것은 남부 전체를 불안과 혼란에 빠트릴 수 있었기 때문에, 방콕 정부로서는 빠따니를 확실한 통제 아래 두는 것에 큰 비중을 두었다.

빠따니는 태국 최남단의 여러 지방들 가운데 태국과 가장 치열한 투쟁의 역사를 갖고 있다. 빠따니는 주위의 여러 술탄국 가운데 아유타야와 방콕에 대해 가장 노골적이고 과감하게 저항을 했다. 그때마다 태국의 잔인한 진압이 뒤따랐고, 빠따니의 숱한 말레이계 무슬림들이 목숨을 잃었다. 독립을 지향하는 빠따니의 말레이계 무슬림들과 타이인 사이의 유혈 역사는 오늘날에도 계속되고 있다. 빠따니의 말레이계 무슬림 인구 가운데 상당 부분은 타이인에 대해 깊은 유감과 나아가서는 원한을 품고 있을 것이다. 그들에게 방콕 정부는 마치 팔레스타인 사람들에게 이스라엘의 예루살렘 정부가 갖는 것과 같은 의미를 가질 것이다.

태국 동북부의 불만과 이산 정체성의 형성 태국 전체 영토의 3분의 1을 차지하는 동북부 지역은 이산Isan 지역이라고도 부른다. 이산 지역은 태국에서 가장 인구가 많은 지역이지만 또한 가장 빈곤한 지역이기도 하다. 자신들의 처지에 대해 깊은 좌절감을 갖고 있는 이산 지역의 주민은, 태국의 정치와 경제와 문화가 오래 전부터 방콕과 중부 태국의 시암인 중심으로 운영되고 있는 것에 불만을 갖고 있다. 그들은 또한 이산 지역의 문화가 시암인의 것과 다르다는 것을 인식하고 있다. 이러한 불만과 인식이 이산 정체성으로 발전해 왔다.

타이 역사에서 이산 정체성의 형성에 처음으로 직접적인 영향을 미친 것은 19세기 말에서 20세기 초 사이에 추진된 교육 체계의 중앙화였던 것으로 보인다. 근대적인 교육 제도를 전국으로 확대한다는 정책이 1885년에 수립된 이후, 초등 교육의 의무화는 1921년에 실시되었다. 그 후 1934년까지 방콕 정부의 교육부에 의해 교과목과 교과 내용이 통일되었고, 이것은 전국의 학교에 적용되었다. 그에 따라 이산 지역의 학생도 시암인이 중심이 된 태국의 지리와 역사와 타이어를 배워야 하는 것은 물론, 타이족과 국왕과 불교를 존중하고 존경하도록 강요당했다.

이에 대한 반발로 1933년에 동북부의 마하사라캄에서 '노이Noi'란 이름의 한 향토 창극 가수가 반정부 운동을 일으켰다. 향토 창극 가수는 타이어로 '몰람molam'이라고 부른다. 그는 지역 주민에게 정부에 세금을 내지 말고 아이들을 학교로 보내지 말도록 촉구했다. 그는 또한 과거 라오스의 위앙짠 왕국을 부활시켜 자신이 왕이 되고, 이산 지역에도 또 다른 왕국을 세워 라오 세계의 영광을 재현한다는 꿈을 세우기도 했다. 그의 시도는 그가 체포됨으로써 수포로 돌아갔지만, 방콕 정부의 정책에 대한 이산 지역 주민의 적대감의 한 단면을 보여준다.

이산 지역 주민 가운데는 '몰람 노이Molam Noi' 사건을 기억하고 있거나 들어서 알고 있는 자들이 상당히 많다. 이들은 이 사건을 이산 정체성과 관련하여 중시하고 있다. 마하사라캄 대학교의 인문사회과학 대학의 학장인 짜루완 탐마왓Caruwan Thammawat 교수에 따르면, 이산 지역의 불교 승려 가운데는 과거 동북부 지방의 불교 사원에서 어린이들이 타이어 외에도 라오어를 읽고 쓰는 것을 배웠던 사실을 언급하면서, 이산 지역 자녀들을 현대식 학교에 보내지 말고 불교 사원에 보내어 이산 지역의 전통적 방식대로 교육을 받도록 해야 한다고 주장하는 자들이 있다.

이산 지역에 대한 방콕 정부의 차별 정책이 구체적으로 행해지기 시작한 것은 타이족 중심의 국가주의 정책을 추진한 피분 정부 시기부터이다.

'이산'의 의미

'이산'은 산스크리트어 '이샤나īśāna'에서 파생한 것으로, 그 어원은 '이샤īśa'이다. '이샤'는 세계의 동북부 부분을 통치하는 시바Shiva신의 한 별칭이며, 여기에서 '이산'의 '동북부' 의미가 유래된 것으로 보인다.

이산 출신 정치인들은 1930년대 말부터 방콕 정부에 대해 이산 지역의 경제적 상황의 개선과 보다 공평한 경제 정책의 실시를 요구하는 등 이산 지역의 이해관계를 보호하고 증대하기 위해 애를 썼다. 자유민주주의 혹은 진보적 정치를 지지하던 그들은 또한 당시 파시즘적인 피분의 군부 정권에 대해 비판적인 목소리를 내기도 했다.

1948년 4월 군부 쿠데타를 통해 재집권한 피분 정권은 많은 이산 출신 정치인을 구속했다. 1949년 3월에는 몇몇 의원들이 동북부를 분리, 독립하려는 음모를 꾸몄다는 혐의를 받았으며 결국 살해되었다. 이 살해 사건은 이산 지역의 정치적 정체성이 발전하는 데 한 촉매제가 되었다. 이 사건 이후 이산인은 시암인, 즉 중부 타이인이 자신들을 정치적으로뿐만 아니라 더욱 근본적으로는 경제적 및 문화적 차원에서도 차별시하고 있다고 느끼기 시작했다. 이 인식은 그 후 수십 년 동안 그들이 방콕 정부 및 시암인과 더욱 폭넓고 빈번한 접촉을 함으로써 강화되었고, 점차 이산 정체성으로 발전하게 되었다.

1950년대에서 1960년대 초까지 이산 출신 정치인 가운데 상당수는 반정부 활동을 전개했다. 이에 타이 정부는 그들을 종종 공산주의자로 몰아 탄압했다. 특히 사릿 군부 정권은 1961년에 이산 출신 정치인에 대한 대규모 구속을 단행한 후, 이들이 동북부 지역을 태국에서 분리시키려고 하는 공산주의자들의 음모에 동북부 주민을 끌어들이려 했으며, 그 과정에서 라오스의 공산주의 조직인 빠텟 라오Pathet Lao로부터 훈련과 행동 지침을 받았다고 비난했다. 이산 출신 정치인에 대한 통제와 탄압은 1963년에 사릿을 이은 타놈 정권 시대에도 계속되었다.

이산 지역과 방콕 정부의 관계는 1960년대 중엽부터 1980년대 초 사이에 이 지역에서 일어난 공산주의자들의 반란으로 더욱 악화되었다. 이 반란은 15년 이상 지속되었는데, 그것은 이산 지역 주민이 공산주의자들에게 인력과 식량과 자금과 은신처를 제공하는 등 그 활동을 후원해 주었기 때문이다. 그들은 방콕 정부에 대해 깊은 적개심을 갖고 있었는데, 그 이유는 무엇보다도 자신들의 빈곤한 상황이 방콕 정부의 정책에서 비롯된 것이라고 생각했기 때문이다.

이산 지방의 한 농민

방콕 정부는 공산주의의 위협에 대해 1970년대까지 군 및 경찰력을 동원하여 동북부 지역에 대한 행정적 통제를 강화했다. 이산 지역 농민에게 당시 방콕 정부의 행정적 통제가 어떻게 비쳤는지는, 한때 반란 진압의 임무를 맡은 한 퐁시타논Han Pongsitanond 보안사령관의 1975년 진술에서 잘 나타난다.[9]

> 마을 주민의 가장 심각한 불평 사항에는 공무원들이 마을 주민과 접촉할 때 보여주는 행동거지도 포함되어 있다. 마을 주민과 공무원 사이의 이러한 갈등은 (중앙 정부에 대한) 불평과 불만을 불러일으키고, 이것은 (공산주의자) 반란군들이 마을 주민을 반란으로 이끌어들여 자신들을 지지하게끔 만드는 바탕이 되었다.

이산 지역 농민 사이에는 오래 전부터 "농민의 삶을 가장 힘들게 하는 것은 홍수와 가뭄과 방콕에서 온 부패한 공무원이다"라는 속담이 전해오고 있다고 한다.[10]

1960년대 이산 지역 주민이 방콕 정부에 대해 갖고 있던 적대감과 저항 의식은 1950년대 급진적인 학생 운동에 가담한 태국의 저명한 저항 시인 앗사니 폰라짠Atsani Phonlacan이 쓴 '동북부'란 제목의 시에 잘 그려져

있다.[11]

하늘은 말랐고, 땅도 메말라 있구나
모래 오직 모래뿐
눈물이 피빛 어린 슬픔처럼
땅을 애무하며 흐른다
목덜미와 손아귀에 그래도
힘은 남아 있도다
너희들이 분노에 차 외칠 때
사람들은 그 소리를 들으리
동북부여
강하게 일어서서 싸워라
우리가 너희와 함께 있으니
흔들리지 말라
노호하는 질풍에
평야와 들판의 시야가 어두워지리
수 만 민중이 궐기하면
누가 이들을 막으리

1980년대 이후 타이 정부는 동북부 지역에 대해 산업을 육성하고 비정부 기구의 참여를 강화하는 등 점차 포용적인 정책을 취하기 시작했다. 그러나 방콕과 중부 태국을 중심으로 추진된 산업 정책은 궁극적으로는 지역의 경제 격차를 더욱 벌여놓았으며, 상대적으로 저발전된 이산 지역 주민으로 하여금 일자리를 찾아 다른 곳으로 이주하게끔 만들었다. 타이 정부의 조사에 따르면, 1989년경 동북부 지역 노동 인구의 82.5%가 농업 부문에 종사하고 있었지만, 그들의 농업 생산은 지역총생산(GRP)의 33.3%에 불과했다. 노동 인구의 17.5%가 지역총생산의 66.7%를 생산한 셈이다.

이러한 산업 구조를 가진 이산 지역 주민의 대부분이 고향을 떠나 다른 지방으로 노동 이주를 하는 것은 필연적이었다. 그리하여 1980년대 말 매년 평균 약 200만 명의 이산 지역 주민이 고향을 떠나 공업이나 서비스업이 발달한 태국의 다른 지방이나 심지어 싱가포르 혹은 중동 국가로 갔다. 이산 지역 주민이 가장 많이 이주한 곳은 방콕으로, 그들은 방콕 일대의 제조업과 서비스업의 주요 인력을 공급했다. 1990년대 중엽에도 이산 지역은 태국에서 타지방으로의 이주가 가장 많은 지방이었다. 그 이주자의 약 62%가 방콕으로 갔다.

방콕으로 이주한 이산인은 자신들의 고향이 방콕에 비해 크게 낙후되어 있다는 사실을 확인하게 되었다. 그들은 대부분 수확기와 파종기 사이에 돈벌이를 위해 온 계절 노동자였으며, 그보다 조금 더 오래 머문 경우라도 대개 몇 년 정도 있다가 고향으로 돌아갔다. 방콕에 온 이산인은 대부분 비숙련 노동자로서 저임금에 육체적으로 고달픈 일을 했다. 그들은 또한 라오어에 가까운 "사투리"를 쓴다는 이유로 시암인으로부터 종종 경멸을 당했으며 "촌놈"이라고 욕을 얻어먹기도 했다.[12]

이러한 경험을 한 이산인은 시암인과 자신들이 서로 다르다는 것을 느끼고, 때로는 심지어 그들에 대해 반감을 가지며 자신들끼리는 상호 결속을 모색하게 된다. 윌리엄 스키너에 따르면, 이미 1950년대에 방콕에서 계급의식을 지니고 동시에 상호 공통된 이해관계를 가진 하층민 집단이 생겨났는데, 이들 가운데 상당 부분은 이산 지역 출신이었다.[13]

이산인은 이처럼 방콕에서 한편으로는 계급의식과 종족 차별의 경험과 그에 대한 불쾌한 감정을 갖게 되었으며, 다른 한편으로는 자기들끼리 공통된 문화 의식을 확인하게 되었는데, 후자는 전자를 통해 종종 더욱 구체화되었고 강화되었을 것이다. 그들은 방콕에서 고향으로 돌아갈 때 전자의 경험 및 감정과 후자의 의식을 함께 가지고 갔으며, 이것은 고향에서 이산인 '우리'를 시암인 '그들'과 구분하는 이산 정체성 의식이 형성되는 데 중요한 기여를 했다.

이산 정체성의 언어적·지리적·역사적 바탕

동북부 주민은 스스로를 종종 '콘 픈 므앙khon phuen muang' 즉 '원주민' 이라고 부른다. 그러나 그들은 '이산' 이란 말을 더욱 일반적으로 사용하여 스스로를 '콘 이산khon isan' 혹은 '푸 이산phu isan' 즉 '이산 사람' 혹은 '이산인' 이라고 부르며, 자신들의 방언을 '파사 이산phasa isan' 즉 '이산어,' 그리고 동북부 지역을 '팍 이산phak isan' 으로 칭한다. 동북부 지역 주민이 '이산' 이란 용어를 이처럼 더욱 보편적으로 사용하는 것은 그들이 자신들의 지역적 및 민족적 정체성에 대해 모종의 의식을 갖게 되었다는 것을 암시한다.

동북부 지역의 인구는 태국 전체 인구의 3분의 1을 차지한다. 태국과 라오스와 캄보디아 사이에 놓여 있는 동북부 지역의 주민은 오랜 기간 민족들의 이동과 혼혈 과정을 통해 다양하고 복잡한 종족 구성을 갖게 되었다. 이산 지역 주민은 크게 나누어 라오 위앙Lao Wiang, 라오 까오Lao Kao, 라오 푸안Lao Phuan, 그리고 시암인 계통의 타이 코랏Thai Khorat의 네 그룹으로 구성되어 있다. 그밖에도 크메르인, 베트남인 등을 포함한 소규모의 소수 종족이 있다. 동북부 지역의 여러 종족 그룹에서 압도적으로 많은 부분을 차지하는 것은 라오족이다.

이산 지역의 라오족 주민은 민족 및 언어적으로는 시암인과 마찬가지로 따이-까다이 어족에 속한다. 그러나 그들이 사용하는 이산어는 라오어에 매우 가깝다. 라오어는 타이어와는 문자도 약간 다를 뿐만 아니라 어휘에서 많은 차이를 보인다. 영국의 사회학자인 어네스트 겔너Ernest Gellner는 한 민족의 정체성이 형성되는 데 지리적인 구분뿐만 아니라, 다른 집단과 분명히 구분되는 자기 집단만의 언어 사용도 매우 중요하다고 말한다.[14] 이 점에서 이산인이 이산어를 사용하는 것은 이산 정체성의 형성과 관련하여 주목해야 할 것이다.

동북부 지역은 전체적으로 볼 때 '코랏 고원' 이라고 불리는 비교적 완만한 고원 지대로 이루어져 있다. 그래서 동북부 지역은 종종 '코랏 고원'

메콩 강을 끼고 있는 묵다한 시의 나루. 묵다한과 강 건너 라오스의 수완나켓 사이에는 옛날부터 사람들이 끊임없이 왕래해 왔다.

과 동일시되기도 한다. 동북부는 태국의 중부 및 북부 지역과는 펫차분 산맥과 동 파야옌 산맥 및 산깜팽 산맥에 의해 지리적으로 구분된다. 동남부에 위치한 캄보디아와는 파놈 동락 산맥이 경계를 이룬다. 동부 및 동북부의 라오스와는 메콩 강에 의해 그 경계가 구분되어 있다.

메콩 강은 그러나 동북부의 지역적 성격이 형성되는 데 앞에서 언급한 산맥들과는 그 의미가 사뭇 다르다. 메콩 강은 강 연안 지역의 농업과 어업뿐만 아니라 하천을 이용한 수로 교통을 위해서도 중요한 자원이 된다. 메콩 강의 그러한 자원은 동북부 지방의 메콩 강 연안 주민에게 뿐만 아니라, 라오스 쪽의 메콩 강 연안 주민에게도 비슷한 정도로 중요할 것이다.

그래서 메콩 강은 태국의 동북부 지역과 라오스를 구분하는 경계선이라기보다는 두 지역의 경제적 이해관계가 공유되는 장場이라고 할 수 있다. 다시 말하면, 코랏 고원과 태국 쪽의 메콩 강 유역과 라오스 쪽의 메콩 강 유역은 메콩 강에 의해 나누어지기보다는 하나로 묶인 자연적인 지리 영역을 형성한다. 프랑스의 사상가이자 역사학자인 에르네스트 르낭Ernest

Renan은 『민족이란 무엇인가』의 강연에서 민족의 형성과 자연의 상관성에 대해 다음과 같이 말한다.[15]

> 강들은 종족들을 인도합니다. 그리고 산들이 그들을 멈추게 합니다. 전자는 역사적 이동을 유리하게 하고, 후자는 그것을 제한합니다. …… 그런데 우선 이 자연적인 국경선이라 일컬어지는 것을 형성하는 것은 산입니까, 아니면 강입니까? 산이 분할의 역할을 하고 있다는 것은 반박의 여지가 없지만, 강은 오히려 결합시키는 역할을 합니다.

르낭의 이러한 관찰은 메콩 강에도 적용될 수 있다. 메콩 강은 역사적으로 볼 때 태국의 동북부 지역과 라오스 사이 민족과 문화의 이동 루트가 되어 왔다. 라오족은 메콩 강이라는 하이웨이를 따라 메콩 강 연안 지역에 정착했고 라오스 내륙 지방과 태국 동북부 지역에 퍼졌다. 또 라오스의 라오족과 태국 동북부 지역의 라오족은 메콩 강을 통해 서로 왕래해 왔으며, 그 과정을 통해 라오스와 코랏 고원에 걸쳐 라오 문화가 형성되고 확산되었다. 즉 이산 지역은 메콩 강을 통해 라오스와 민족 및 문화적으로 깊이 연결되어 있었던 것이다.

이러한 동북부 지역이 태국 영토의 일부가 된 것은 약 200년 전이었다. 동북부의 대부분은 13세기 말 이전만 하더라도 앙코르 왕국의 크메르인 지배 아래 놓여 있었다. 14세기 중엽에 라오스에서 파 응움Fa Ngum이라는 한 라오 왕자가 크메르 군대의 도움으로 루앙프라방 지역에 란상Lan Sang 왕국을 건립했다. 그는 란상 왕국을 건설한 후 동북부 지역으로 세력을 확대하여 크메르인의 통제 아래 있던 나콘 랏차시마 일대의 지역을 제외하고는 코랏 고원의 모든 지역을 란상의 지배 아래 넣었다.

란상 왕국은 역시 14세기 중엽에 건설된 아유타야 왕국과 그 후 수 세기 동안 코랏 고원에 대한 지배권을 둘러싸고 경쟁을 했다. 파 응움은 코랏 정복 후 곧 라오인을 코랏 고원의 북부 일대에 이주시켰는데, 이것은 라오인이 동북부 지역에 이주한 것에 대한 첫 증거이다.

동북부 지역은 14세기 중엽부터 라오인의 지속적인 이주지가 되었다. 이주 라오인은 그곳의 크메르인과의 접촉을 통해 크메르 문화를 수용했으며, 크메르인은 점차 소수 민족으로 전락했다. 한편 란상이나 아유타야 같은 큰 왕국이 일어나지 않았던 동북부 지역에는 작은 규모의 많은 성읍 국가가 있었다. 이들 가운데 메콩 강 연안처럼 군사적으로 혹은 경제적으로 중요한 지역은 란상 왕국의 영향 아래 놓여 있었으나, 대부분은 아유타야와 란상에 대해 독립적 혹은 반독립적 지위를 갖고 있었다.

코랏 고원을 둘러싼 경쟁에서 아유타야 왕국은 17세기 후반에 나콘 랏차시마를 점령한 이후부터 란상 왕국에 대해 우위를 점하기 시작했다. 나콘 랏차시마가 아유타야 왕국의 동북부 지방에 대한 행정적 통치의 중심이 된 이후, 동북부 지역은 시암인의 영향 아래 점차 들어가게 되었다. 그에 비해 17세기 말 이후 란상 왕국은 쇠퇴하기 시작했으며, 특히 18세기 초에는 루앙프라방Luang Prabang, 위앙짠Vientiane, 짬빠삭Champassak의 세 왕국으로 분열되고 말았다.

동북부 지역은 18세기 후반부터 19세기 초 사이에 라오스의 여러 왕국과 태국 사이에 일어난 중대한 정치적 변화로 시암인의 영토가 되었다. 톤부리 왕조를 건설한 딱신은 1767년에 미얀마 군대를 몰아내고 태국을 회복시키는 과정에서 라오스의 세 왕국을 모두 태국의 속국으로 만들었고, 코랏 고원의 대부분을 태국의 영토로 편입시켰다. 동북부 지역이 태국 영토의 일부로 전락하는 데 결정적인 사건은 1827년 위앙짠의 태국에 대한 반란이었다.

독립을 추구한 위앙짠 왕국은 짬빠삭과 연합하여 방콕에 대한 공격을 감행했다. 방콕 정부는 이에 대한 응징으로 위앙짠을 완전히 파괴했고, 위앙짠과 짬빠삭의 모든 영토를 태국으로 편입시켰다. 그 결과 14세기 중엽 이후 부분적으로는 라오스 왕국들의 일부였고 부분적으로는 독립적이었던 동북부의 모든 지역은 이제 명실공히 태국의 일부가 되어버렸다.

방콕 정부는 동북부의 지방에 대해 처음에는 간접적 통치를 실시하여, 그 지역의 짜오 므앙cao muang 즉 세습 토후들에게 부분적이나마 자치권을 허락했다. 그러나 1880년대 말부터 방콕 정부의 동북부 지역에 대한 통치 방식은 직접적인 것으로 전환되었다. 지방 행정의 중앙 집권화를 통해 동북부 지역의 짜오 므앙 가운데 상당 부분은 중앙에서 임명되어 파견된 시암인 관리들로 대체되었다. 동북부 지역에 대한 타이 정부의 행정적 통제는 1893년에 더욱 강화되었다.

그 해에 태국에서 라오스를 빼앗아 식민지로 삼은 프랑스가 코랏 고원 지역으로도 팽창할 기미를 보인 것이 그 직접적인 동기였다. 그리하여 방콕 정부는 동북부를 포함한 모든 지역에 대한 행정을 내무부 산하로 단일화했다. 지방 행정의 중앙 집권화를 통해 이산인은 자신들의 정치적 및 경제적 이해관계가 시암인의 것에 종속되어 있다는 것, 그리고 나아가서는 자신들이 시암인에게 지배당하고 있다는 것을 처음으로 인식하게 되었다.

방콕 정부의 동북부 지방에 대한 행정적 통제는 19세기 말부터 시작된 교통 및 통신 수단의 발달로 더욱 강화되었다. 1900년에 나콘 랏차시마와 방콕이 철도로 연결되었다. 방콕-우본 그리고 방콕-콘깬 철도는 각각 1928년과 1933년에 개통되었다. 이로써 그 이전에는 보름 이상 걸린 동북부의 도시들이 방콕에서 하루 안에 도달하는 거리에 있게 되었다. 방콕과 동북부 사이의 우편 및 전보 등 근대적 통신도 철도 건설과 비슷한 시기에 시작되었다.

메콩 강 유역의 마을이나 메콩 강 지류를 끼고 있는 마을들에서는 고기잡이가 생계의 중요한 부분을 차지한다.

방콕 정부의 행정적 통제와 교통 및 통신 체계가 동북부 지역으로 확대됨으로써, 이산인은 한편으로는 시암인에게 압박과 차별을 당하고 있다는 것을 점차 피부로 느끼게 되었다. 다른 한편으로는 자신들이 중부 타이 세계에 더욱 연결되어 있으며, 방콕이 자신들이 속해 있는 국가의 경제 및 정치적 중심으로 기능하고 있다는 사실에 대해 점차 인식하게 되었다.

태국 북부의 고산족 갈등

태국에는 정부가 공식적으로 인정하는 고산족으로 카렌Karen, 몽Hmong, 라후Lahu, 아카Akha, 미엔Mien, 틴Htin, 리수Lisu, 러와Lua, 카무Khamu 등 9개 집단이 있다. 이 가운데 숫자가 비교적 많은 주요 집단은 카렌, 몽, 라후, 미엔, 아카, 틴, 리수 등 7개 종족이다. 고산족들의 총 숫자는 2003년 현재 약 92만 명으로 추산된다.

이들 가운데 언어적으로 시암인의 따이-까다이 어족에 속한 종족은 아무도 없다. 이들을 언어적으로 분류하면, 카렌족과 라후족과 아카족과 리수족은 티베트-버마 어파에 속한다. 즉 이들은 미얀마의 버마족에 가까운 종족들이다. 몽족과 미엔족은 몽-미엔Hmong-Mien 어계에 속한다. 틴족과 러와족과 카무족은 오스트로네시아 어족에 속한다.

고산족들은 대개 다음과 같은 특징을 갖고 있다. 첫째, 그들은 각각의 언어, 복식, 종교, 역사적 배경을 갖고 있다. 둘째, 고산족들은 이러한 배

태국의 카렌족 난민

10년 이상 태국의 카렌족을 대상으로 선교 활동을 펼치는 한 한국인 기독교 선교사가 2006년에 들려준 말에 의하면, 지난 수 년 동안 미얀마 정부의 박해를 피해 수십만 명의 카렌족이 국경을 넘어 태국에 들어와 살고 있다. 그는 태국 내 카렌족 숫자가 적어도 100만 명은 될 것이라고 말한다. 이것은 타이 정부에 의해 공식적으로는 확인되지 않는다. 그러나 지난 수 년 동안 방콕과 싱가포르와 홍콩 등지에서 발간되는 여러 신문의 보도를 살펴보면, 미얀마에서 태국으로 유입된 카렌족 난민의 규모는 엄청나다는 것이 어렴풋이 짐작된다.

〈표〉 태국 북부 주요 고산족의 2003년도 인구

종족	촌락 수	세대 수	인구 수	비율(%)
카렌	1,912	87,628	438,131	47.47
몽	253	19,287	153,955	16.68
라후	385	18,057	102,876	11.15
아카	271	11,178	68,653	7.44
미엔	178	6,758	45,571	4.94
틴	159	8,496	42,657	4.62
리수	155	6,553	38,299	4.15
러와	69	4,361	22,260	2.41
카무	38	2,256	10,573	1.14
합계	3,420	164,574	922,957	100.00

출처: Technical Service Club. ed. *The Hill Tribes of Thailand*. Chiang Mai: Tribal Museum, 2004: 5.

경을 바탕으로 종족마다 다른 정체성을 갖고 있으며, 나아가서는 타 종족의 다른 정체성을 인정한다. 셋째, 카렌족이나 몽족이나 라후족 같은 종족은 그 내부에 하위 그룹이 있으며, 하위 그룹끼리는 방언과 복식과 심지어 종교적 패턴도 다르다. 넷째, 위의 종족들 가운데 현재 태국과 미얀마와 라오스가 만나는 소위 '황금의 삼각 지대' 일명 '골든 트라이앵글Golden Triangle' 에 사는 종족들은 모두 중국의 서남부나 남부 지역에서 이주해 왔다. 그리고 카렌족을 제외하고는 이들 종족 그룹들은 중국에 여전히 많이 살고 있다.

태국의 고산족들은 이미 미얀마에서부터 일찍부터 불교화된 카렌족을 제외하면 종교적으로 볼 때 정령 신앙과 주술 신앙 혹은 샤머니즘의 세계에 속한다. 그에 따라 그들의 마을에서는 주술사나 샤먼이 중요한 역할을 행한다. 그러나 지난 수십 년 동안 기독교가 전파됨에 따라 고산족 주민의 상당수가 기독교로 개종했다. 그리하여 예컨대 라후족의 한 하위 그룹인 라후 니Lahu Nyi 부족의 마을에서는 대개 마을 중심에 귀사g'ui sha라고 불

치앙마이 주의 동삼믄 마을에 사는 몽족 여인들. 마을의 학교 교정에 모여 있는 이들의 검은 색 저고리와 목덜미 부분의 흉배에서 정체성의 한 측면을 엿볼 수 있다.

리는 그들의 최고의 신을 섬기는 사당을 둔다. 그에 비해 라후 나Lahu Na 부족의 마을에서는 교회가 그 중심을 이룬다. 카렌족과 몽족과 아카족과 리수족도 상당 부분 기독교로 개종했다.

북부 지역의 갈등은 인구학적 측면에서 볼 때 남부나 동북부와는 약간 다르다. 남부의 경우 남부 전체의 인구에서 말레이계 무슬림이 다수가 아니지만, 빠따니, 사뚠, 얄라, 나라티왓 등 이들이 집중적으로 살고 있는 국경 지대의 몇몇 주에서는 인구의 4분의 3을 차지하기 때문에, 그 지역 갈등은 인구학적 차원을 띤다. 라오계의 이산인이 주민의 다수를 점하는 동북부 지역의 갈등은 그 갈등의 인구학적 차원이 더욱 뚜렷하게 나타난다.

그에 비해 북부에서는 갈등의 직접적 대상이 되는 소위 고산족hill tribe은 인구의 매우 작은 부분을 차지할 뿐이다. 위에서 열거된 9개 고산족 집단 가운데 북부의 어떠한 주에서도 인구의 다수를 차지하는 종족은 없다. 다시 말하면, 고산족들은 북부 지역의 갈등에서 타이 사회에 인구학적인 위협이 되지 않는다. 북부에서 고산족들은 남부에서와 같은 지역 분리주의 운동을 일으키지도 않고 동북부에서와 같은 주민의 다수를 포함하는 지역 정체성을 발전시키지도 않는다.

북부의 고산족 갈등의 본질은 저지대 타이인이 그들을 차별시한다는 것이다. 이 점에서 갈등의 구조는 남부나 동북부와 유사하다. 그러나 언어적으로 여러 갈래로 나뉘어 서로 의사소통조차 용이치 않은 고산족 그룹들은 차별받는 것에 대해 상호 단결하여 함께 저항하는 노력을 보여주지 않는다. 또한 고산족을 둘러싼 갈등은 대개는 종족별로 국부적인 현상으로 일어나며, 타이 사회의 차별은 태국 북부 지역이 아니라 고산족들을 대상으로 한 것이다. 이 점에서 고산족 갈등은 지역 갈등이라기보다는 종족 갈등의 성격이 강하다.

고산족 가운데 약 3분의 1은 이미 오래 전부터 태국 땅에서 살고 있음에도 불구하고 타이 시민권을 획득하지 못했다. 몇몇 고산족 그룹은 그 조상이 수 세기 전에 태국에 들어와 살았다. 그들은 최근 자신들의 고향이자 삶의 터전인 산과 숲을 떠나 저지대로 내려왔다. 전통적인 화전 경작을 버리고, 저지대 타이인의 생계 방식을 취하며, 자신들의 언어 대신 타이어를 사용하고, 불교를 믿도록 강요받고 있다. 그러나 정작 저지대에 내려와 타이인과 함께 살더라도, 시민권이 없으면 토지 소유권과 선거권 등 기본 권리를 갖지 못한다.

고산족과 저지대 타이인 사이의 갈등은 그다지 오랜 역사를 갖고 있는 것이 아니다. 몇십 년 전만 하더라도 저지대 타이인은 고산족 주민을 이웃으로 혹은 임산물을 공급하는 장사 파트너로 간주했다. 그러나 태국 치앙마이 대학교의 정치학자인 차얀 왓타나풋티Chayan Vaddanaputti 박사의 설명에 따르면, 이러한 상호 우호적 관계는 1960년대와 1970년대 경제 개발과 사회 개발이 진행됨에 따라 환경 문제가 갈수록 심각해지고, 베트남 전쟁으로 베트남 난민이 태국에 유입됨으로써 사라져 버렸다.

점차 고산족을 범죄시하는 경향이 강해졌으며, "고산족은 타이 국민이 아니다"라는 말이 타이 역사책과 타이 언론에 오르내리기도 했다. 고산족은 타이 교과서에 종종 이주자 혹은 난민으로 묘사되었다. 게다가 미개하고 문맹이며 화전 경작을 위해 산림을 파괴하고 아편을 재배하는 자들로 간주되었다. 이렇게 고산족 주민은 저지대 타이인의 눈에는 시민권을 보유할 자격이 없는 존재로 비친다. 특히 1997년 경제 위기 이후 두드러지게 나타나고 있는 언론의 고산족에 대한 비난은 타이 정부의 고산족 차별 정책과 병행되어 나타나고 있다.[16]

태국의 산림 면적은 수십 년 전만 하더라도 국토의 60% 이상을 차지했으나 지금은 27% 이하이다. 산림 파괴의 상당 부분을 고산족들의 소인으로 돌릴 수 있지만, 목재 회사들의 대규모 벌목과 도로건설 등 정부의 개발 사업에도 적지 않은 책임이 있다. 또 아편 재배에 대한 비난도 타당하지 않다. 아편은 1960년대 중엽까지는 고산족들 특히 몽족에게 중요한 수입원이었다. 그러나 타이 정부의 대체 작물 프로그램 도입과 마약 단속 차원에서 벌인 양귀비 밭의 파괴로 오늘날 아편이 재배되는 면적은 극히 적다. 그리고 고산족이 난민 혹은 이주민이라는 비난도 정당하지 못하다. 사실 고산족 대부분은 길게는 이미 수 세기 전에 태국으로 이주해 들어왔다.

고산족에 대한 저지대 타이인의 차별은 다수 민족의 소수 민족에 대한 인종 차별과 다를 바가 없다. 비록 법에는 그러한 차별이 명문화되어 있지 않지만, 실제 일어나는 상황은 분명히 인종 차별의 측면을 보여준다. 예컨대 정식 시민임을 인정하는 주민등록증이 없으면 가게를 열지 못하는 것은 물론, 학교에도 들어갈 수 없다. 고산족에 대한 각종 사회 지표가 그 구체적인 상황을 대변해 준다. 1997년 정부 통계를 보면, 고산족 주민의 근 60%가 학교를 다닌 적이 없다. 그들의 영양 실조는 타이 국민 평균의 2배쯤 된다. 또한 그들의 45% 이상은 수입이 기본 생계를 꾸려나가는 데도 충분하지 않다.

배운 것도 적고 가난하다 보니, 많은 고산족 여자들이 매춘업에 뛰어든다. 유니세프UNICEF의 1997년 보고서는 태국의 매춘부 가운데 10% 이상이 고산족 출신이라고 보고한다. 태국 전체의 인구 가운데 고산족 인구 비율이 1.5%밖에 되지 않는 점을 감안하면, 고산족 여자 가운데 매춘부 비율이 얼마나 높은지를 알 수 있다. 더욱 끔찍한 사실은 고산족 출신 매춘부의 80%가 에이즈에 걸려 있을 것이라는 점이다.

고산족들은 전통적인 화전 경작으로 식생활의 자급자족을 유지했다. 그러나 당국의 강압으로 화전 경작 대신 커피와 차 등 환금 작물을 재배하고 있다. 혹은 저지대의 현대적인 도시 생활을 원해 자발적으로 숲을 떠나 저지대의 생활 공간으로 내려왔지만, 그들은 익숙하지 않은 생태 환경에 적응하는 데 실패하고, 자본주의적인 시장의 힘에 부딪혀 갈수록 좌절을 겪고 있다.

그러한 상황에서 2000년 8월에 북부의 난 주에서 저지대에 사는 타이 농민이 몽족에 대해 폭동을 일으켰다. 그들은 이 고산족이 민감한 분수령 지대를 포함한 산림을 파괴함으로써 하류 지역에 용수가 심각하게 부족한 사태를 일으켰다고 비난하면서, 몽족의 과수원을 60헥타르 이상 불태워 버렸다.

2001년 4월에는 태국 북단의 도시인 치앙라이에서 발행되는 「나콘치앙라이Nakorn Chiang Rai」지에 몽족이 20년 내에 북부에서 독립국을 세우려 한다는 내용의 기사가 실렸다. 그 주장에는 뚜렷한 근거가 없었다. 몽족의 일부 주민은 신문 기사에 격분하여 치앙라이 주의 주지사에게 기사 작성과 신문 게재의 경위에 대한 조사를 해 줄 것을 요구했지만, 요구는 묵살되었다.[17]

타이 사회에서 고산족이 갖는 또 다른 갈등의 측면은 그들이 자신들의 전통적인 생활 방식을 상실하고 점차 저지대 타이인 사회로 동화되어 가고 있다는 사실이다. 지난 수십 년 동안 많은 고산족 마을이 타이 정부의 재정착 프로그램에 따라 송두리째 고향 땅에서 뽑혀 다른 곳으로 이식되었다. 재정착 고산족 촌락에는 시암인의 문화가 침투해 들어왔다. 또한 고산족 주민 가운데는 저지대로 내려가 타이 사회의 도시 공간에 사는 것을 선호하는 자들이 점차 늘고 있다. TV, 영화, 인터넷 등의 현대 도시 문화를 접해본 고산족 청년들은 종종 자신의 부족 전통을 부끄러워하기도 한다.

남부의 후아힌 주의 미얀마 국경 쪽에 위치한 한 카렌족 마을의 어린이들. 주민의 대부분은 미얀마에서 피난해 온 카렌족 사람들이다.

필자는 2006년 1월에 치앙마이 주의 한 카렌족 마을을 방문한 적이 있다. 이 마을은 치앙마이 시내에서 서쪽으로 자동차로 다섯 시간이나 걸리는 깊은 산 속에 위치해 있었다. 그런데 마을의 청년 남녀들은 거의 모두 치앙마이에 가서 돈벌이를 하며 살고 있었다. 이들은 월 평균 4~5,000바트, 우리 돈으로는 약 10만원을 번다고 했다. 이것은 저지대 타이인 청년들의 수입보다 적은 편이다.

같은 도시에서, 같은 태국 국적에, 같은 젊은이들끼리 일하면서 수입에서 민족적 차별을 당하는 것이다. 그럼에도 불구하고 왜 고산족 청년들이 굳이 도시에서 살려고 하는 것일까? 고향 마을에서는 발전의 비전을 보지 못하기 때문일까? 혹은 도시 생활에서만 누릴 수 있는 현대적인 교육 여건과 편리한, 풍요로운 의식주 생활과 대중 문화의 쾌락 때문일까? 아마 이런 여러 가지 동기들이 복합적으로 작용했을 것이다. 어쨌든 우려되는 바는 도시로 이주한 고산족 청년들이 고향을 영원히 버리지 않을까 하는 점이다. 이것은 한국의 이농離農 현상과는 다른 차원의 문제이다. 태국의 카렌족의 경우는 한 소수 민족의 운명과 결부되어 있는 문제이다.

전통 말살의 위기에 직면한 고산족 주민 사이에서 이러한 시대의 흐름을 막기 위한 노력이 나타나고 있다. 여러 고산족 그룹에서 청년들이 모여 뜻을 모아 '미러 아트 그룹Mirror Art Group'이란 비정부 기구를 결성하고 '고산족 가상 박물관Virtual Hilltribe Museum'이란 타이틀을 지닌 홈페이지를 구축한 것이 그 한 예이다. 웹사이트의 목적은 고산족들의 전통이 사라지는 것을 막고 고산족 주민으로 하여금 각 종족의 전통 유산에 대해 자부심을 갖게끔 하며, 나아가서는 저지대 타이인의 고산족들에 대한 오해와 편견과 멸시를 불식시키는 것이다.

지역 · 종족 갈등의 내부 식민주의적 원인 태국의 지역 및 종족 갈등은 이상 살펴본 바처럼, 그 기원이 오래된 민족적 · 문화적 · 지리적 혹은 역사적인 배경을 갖고 있다. 그러나 그 갈등에는 근대 이후 등장한 특별한 정치적 · 문화적 · 경제적인 원인도 확인된다. 이들은 첫째 19세기 말 이후 태국의 근대화 과정에서 시작된 중앙 집권적 행정 및 교육 체계의 도입, 둘째 19세기 말 이후 형성되기 시작한 타이족 중심의 민족주의 강화, 셋째 1950년대 이후 타이 정부의 방콕 및 중부 중심의 산업화 정책 등 세 가지이다. 이 원인은 모두 내부 식민주의internal colonialism란 측면에서 이해될 수 있다.

내부 식민주의 이론에 따르면, 중앙은 주변부의 희생을 바탕으로 발전을 추구한다. 중앙 중심의 내부 식민주의 구조는 주변부에 대한 중앙의 경제적 착취에서 출발한다. 그것은 중앙이 주변부의 자원을 이용하여 자신의 경제를 유지하고 더욱 발전시키기 위해 노력하는 것으로 나타난다. 중앙의 이해관계는 국가에 의해 보호된다. 국가는 중앙 중심의 자본주의적 생산 구조를 유지하기 위해 주변부에 대한 중앙의 지배를 종족 및 문화 차원에서도 정당화하려고 노력한다.

그것은 무엇보다도 국가가 중앙을 중심으로 개발된 교육 시스템을 주변부에 확대시켜 주변부의 주민으로 하여금 중앙의 문화를 학습하도록 만드는 것에서 나타난다. 이러한 교육은 야누스적인 두 가지 측면을 갖는다. 즉 교육을 통해 한편으로는 주변부를 중앙으로 문화적으로 동화시키기 위해 노력하지만, 다른 한편으로는 주변부의 주민으로 하여금 중앙의 문화의 우월함과 주변부의 문화의 열등함을 인식하도록 만드는, 이른 바 중앙 중심의 문화 제국주의가 추구된다. 이것은 종족 · 지역적 의식ethnoregional consciousness에 기반을 둔 주변부의 불만과 저항을 불러일으킨다.

내부 식민주의 이론이 태국에 적용될 수 있는 것은 두 가지 이유 때문이다. 첫째, 수도 방콕을 포함한 태국의 중부 지역에는 시암인이 중심이 된 중앙의 지배적인 종족 집단이 있으며, 상대적으로 저개발된 주변부에 해당하는 남부와 동북부와 북부에는 종속적인 종족 집단들이 있다. 둘째, 국가는 주변부의 종족 집단들에 대해 경제적인 착취와 정치적인 억압과 문화적인 지배를 지속적으로 행하고 강화해 왔다.

태국에서 19세기 말 국가 행정과 교육 체계의 중앙화와 더불어 시작된 내부 식민주의적인 정치와 문화의 중앙화는 피분송크람 시대에 본격적으로 시행되었다. 타이 민족주의를 표방한 피분 정부는 타이인이 나라의 실질적인 주인이 되도록 한다는 것, 그리고 타이 문화를 태국의 지배적인 문화로 확립시킨다는 것을 목표로 내세웠다. 이에 따라 피분 정부는 태국의 주변부 지역뿐만 아니라 라오스, 미얀마, 중국 운남성, 베트남 북부 등에 사는 따이족 계통의 모든 민족들을 타이족으로 간주하는 소위 범凡타이 pan-Thai 정책을 실시했다.

그러나 범타이 세계를 창출한다는 목적을 수립해 놓고서도 중부 타이인 즉 시암인의 문화가 범타이 세계의 '타이 문화'가 되어야 한다고 강조했다. 그리하여 1939년 8월에 피분 정부는 태국 내 모든 타이 국민은 자신의 종족적 배경을 가리키는 모든 명칭을 버리고 '차오 타이chao thai' 즉 타이인으로만 불려야 한다는 법을 제정하여 공포했다. 또한 피분 정부는 태국 내 소수 민족들에게 중부 타이어를 배우도록 요구했다.

중앙에서 일방적으로 강요된 이러한 교육은 주변부의 주민으로 하여금 국왕을 구심점으로 한 타이 국가에 대한 일체감, 즉 타이 국민으로서의 정체성 의식을 갖도록 하는 데 기여를 했을 것이다. 그러나 중앙 집권적 행정과 교통 및 통신의 확대와 마찬가지로 중앙을 중심으로 체계화된 교육은 그들로 하여금 시암인의 문화와 사회에 더욱 밀착되도록 했을 뿐만 아니라, 자신들의 문화와 생활 방식이 시암인의 것보다 열등하다는 것을 느끼게도 했을 것이다. 다시 말하면, 중앙 중심의 교육은 주변부 주민으로 하여금 중부 타이 세계에 대해 한편으로는 더욱 가깝게 다가가면서, 다른 한편으로는 거리감을 갖게끔 만든 이율배반적인 이중적 결과를 낳았던 것이다.

주변부의 주민으로 하여금 중앙의 시암인에 대해 문화적으로 소외감을 느끼게 한 것에 더욱 직접적으로 작용한 것은 타이 민족주의의 성향이다. 1970년대 말 타이 정부는 '타이' 의 의미를 규정하고 '타이적인 것Thai-ness' 을 강화하고 장려하기 위해 국가정체성부National Identity Board란 기관을 신설했다. 국가정체성부는 타이 정체성의 핵심적 요소를 "국가적 통합을 이룩하고 국가가 독립과 주권을 지켜나가게 해주는 민족과 종교와 국왕" 의 세 가지 제도라고 규정했다. 이것은 19세기 말 이래 태국의 엘리트 계층이 지녀온 국가관의 반복이었다.

국가정체성부가 발표한 설명에 따르면, 수코타이 왕조의 창건 이래 태국은 민족과 종교와 국왕이라는 세 요소를 결합하는 피라미드적인 정부 구조를 가지고 있었다. 이러한 피라미드적인 정부 구조가 수 세기 동안 유지될 수 있었던 것은 한편으로는 왕권과 불교가 민족을 단단하게 결합시켜 왔기 때문이며, 다른 한편으로는 민족의 바탕에 농촌과 농민이 있어 왔기 때문이라고 말한다. 국가정체성부가 말하는 '타이적인 것' 은 시암인을 중심으로 한 개념이었다.

수백 년 동안 상좌 불교를 믿고 국왕의 존재를 사회의 정점으로 받아들이면서 태국 중부 지역을 중심으로 태국이라는 국가를 이루어 온 시암인

태국의 한 카렌족 학교 현관의 정면 벽에 붙어 있는 타이 국기와 불상과 왕실 사진. 사진들 밑에는 "우리는 국가와 종교와 국왕에 충성할 것이다"라는 문구의 표어가 붙어 있다.

은, 그러한 문화적 · 정치적 · 사회적 구조를 갖지 않은 소수 민족들에 대해 거리감을 두고 경멸적인 자세를 취한다. 예를 들면, 시암인은 말레이계 타이 무슬림들을 종종 '캑khaek' 이라고 부른다. 한자 '객客' 에서 온 것으로 보이는 이 용어는 태국에서 무슬림들에 대한 일반적인 명칭으로 사용해 왔다. 그러나 말레이계 타이 무슬림들로서는 태국 남부 지역의 원주민인 자신들이 '손님' 혹은 '이방인' 을 뜻하는 이 용어로 불리는 것이 불쾌할 뿐이다.

시암인이 말레이계 무슬림들을 '캑' 이라고 칭하는 것은 일종의 인종차별주의이다. 타이 사회에 부지불식간에 깊이 뿌리내려 있는 인종 차별주의는 태국의 근대 국가 형성 과정에서 만들어진 것으로 보인다. 타이인은 근대 국가를 건설해오면서 타이 민족주의를 강조해 왔으며 다른 민족들을 자신보다 열등한 것으로 간주하여 그들을 경멸하는 것에 익숙해져 있다.

태국 TV의 코미디 프로그램과 드라마는 종종 동북부 지역의 이산인을 포함한 라오스의 라오인을 놀림감으로 삼고, 타이 시청자들은 그러한 방송을 재미있게 시청한다. 타이 사회에서 카렌족에 대한 타이어 명칭인 '까리앙Kariang' 이나 '라오' 등의 민족 개념은 촌스러운 사람을 묘사할 때 종종 사용된다. 태국의 역사학자인 찬윗 까셋시리Charnvit Kasetsiri는 "타이인은 그들 스스로가 서양 국가들과 일본 등지에서 깔봄을 당하고 있다는 것을 잘 알면서도, 자신들보다 물질적으로 덜 발달되었다고 간주되는 민족들을 멸시한다" 고 말한다.[18]

내부 식민주의의 가장 심각한 양상은 수도와 중부 지역을 중심으로 추진된 산업화의 결과, 지역의 경제적 격차가 커진 것이다. 방콕에 집중된 산업화와 경제 성장은 특히 1958년 사릿 시대부터 신용 및 투자 유치 정책을 통해 추진되었으며, 이때 정부의 지원은 대기업과 금융업에 집중되었다. 예컨대 1985년경 태국 전체 공업 생산의 약 80%가 방콕 광역시에서 이루어졌다. 이로써 방콕과 중부 지방이 산업의 중심으로 더욱 발달했고, 아래의 표에서 엿볼 수 있는 것처럼, 국민총생산에서 차지하는 비율에서 중앙과 주변의 격차가 점차 증대했다.

방콕 및 중부를 중심으로 한 산업 육성은 방콕 정부가 중앙의 경제 성장을 위해 지방의 천연 및 인적 자원을 착취하는 것과 동시에 진행되었는데, 이것은 전형적인 내부 식민주의의 모습이었다.

태국의 지역 · 종족 갈등에서 경제적 원인은 예컨대 남부 지역 주민의 방콕 정부에 대한 생각에서 읽을 수 있다. 남부 지역에서 테러 사건이 일어날 때마다, 당국은 그것이 분리주의자들의 소행이라고 말한다. 또한 정부 관계자들은 나름대로의 제도적 해결 방안을 제시하기도 한다. 그러나 남부 지역의 주민은 정부가 문제 해결의 능력을 갖고 있다고 믿지 않는다. 정부가 새로운 기관을 설립하거나 더욱 많은 치안 병력을 남부에 파견하는 것이 소요를 잠재우고 평화를 갖다 줄 것이라고 믿는 사람은 거의 없다.

왕년에 PULO의 사무총장이었던 유수프 롱삐Yusouf Longpi는 남부 지역

〈표〉 1960~1989년 국민총생산의 지역별 분포 추이

지역 구분	국민총생산의 지역별 비율(%)				1989년도 1인당 국민소득 (단위: 바트)
	1960	1970	1980	1989	
방콕 광역시	22.6	29.0	31.1	48.1	96,239
중부	28.8	27.7	29.0	18.5	30,587
북부	15.4	15.1	13.9	11.4*	18,833
동북부	17.4	15.7	14.4	12.9	11,981
남부	15.7	12.4	11.5	9.1	21,955

출처: Pasuk Phongpaichit and Chris Baker. *Thailand: Economy and Politics*. Oxford: Oxford University Press, 1997: 162.

* 이 표에서는 국민총생산 비율에서 북부가 동북부보다 낮고 남부보다는 높은 것으로 나타나지만, 실제적 상황은 지역별 인구수를 고려해야 제대로 파악될 수 있다. 1986년에 방콕 광역시는 550만, 중부는 1,180만, 북부는 1,050만, 동북부는 1,860만, 남부는 660만이었다.

주민의 대부분이 타이 정부에게 바라는 것은 이 지역에 깊이 뿌리박힌 불법적인 마약과 가난 문제를 먼저 해결해 주는 것이라고 말한다. 태국의 영문 일간지 「방콕포스트Bangkok Post」가 실시한 설문 조사에서도 남부 지역의 현지인이 타이 정부에게 바라는 것은 경제 문제의 해결과 지역 주민과 공무원의 신뢰 회복이었고 특히 보다 공정한 경제적 재분배였다.[19]

원만한 국가 통합에 대한 전망

타이 정부는 지난 1세기 동안 주변부 지역을 통합하기 위해 노력해 왔다. 그것은 특히 단일화된 교육 제도의 실시를 통해 많은 성과를 보았다. 이제는 북부의 고산족 오지 마을의 청소년도 타이어를 구사할 수 있게 되었다. 적어도 의사소통의 수단에서는 저지대 타이인과 고산족 사이에 일체감이 형성될 수 있는 바탕이 마련되어 있다. 게다가 타이 문화와 국가에 대한 충성을 가르치는 교과 내용을 통해 주변부 지역 주민 가운데는 부지불식간에 문화적으로, 정치적으로 타이 사회에 동화해 스스로를 타이 국민으로 자연스럽게 인식하는 자들이 점차 많아지고 있다. 또 어떤 자들은 스스로 타이 사회로의 동화를 적극적으로 모색하기도 한다.

그러나 태국의 국가 통합은 부분적인 모습일 뿐이며 더군다나 진행 과정에 있는 것이다. 국가가 통합되어 있고 사회가 안정되어 있다는 생각은 어디까지나 중부 타이인을 중심으로 한 관점에서 유효한 것이다. 남부와 동북부와 북부에서 여전히 확인되는 지역 및 종족 갈등은 비록 지역에 따라 정도의 차이는 있을지언정 엄연히 존재하는 사실이다. 특히 남부의 유혈 사태는 국가 통합을 위해 타이 정부가 실시해온 정책들의 유효성과 심지어 그 정당성에 대해 의문을 갖게끔 한다.

타이 정부가 근대화 이후 추구해온 태국이라는 국가 만들기 작업은 사실 방콕 및 중부 중심이었고, 그 추진력의 밑바탕에는 타이 민족주의가 깔려 있음을 부인할 수 없을 것이다. 타이 사회가 안고 있는 가장 큰 딜레마 가운데 하나가 바로 이 타이 민족주의이다. 이 측면은 태국이 다민족으로 구성된 하나의 복합 사회이기 때문에 일어나는 필연적인 현상이라고 생각할 수 있을 것이다.

그러나 태국이 진정한 국민 국가로 나아가기 위해서는 교육과 문화 정책에서 중부 태국 및 시암인 중심의 타이 민족주의적 요소를 점차 없애나가야 할 것이다. 또한 주변부의 불만과 소요를 해결하기 위해서 주변부의 산업화를 육성하는 경제 정책도 펼쳐나가야 할 것이다. 국가가 보다 효율적으로 기능을 발휘하고 사회가 보다 안정되기 위해서는 수익의 일시적 재분배가 아니라 장기적인 지역 균형 발전이 이루어져야 하기 때문이다.

주석

2장 | 타이 민족의 기원과 타이 역사의 흐름

1) Dhida Saraya. *(Sri) Dvaravati: The Initial Phase of Siam's History*. Bangkok: Muang Boran, 1999: 58.
2) Rong Syamananda. *A History of Thailand*. Bangkok: Thai Watana Panich, 1981: 8-12.
3) 徐嘉瑞.『大理古代文化史稿』. 香港: 三聯書店, 1979: 120-122; Zhang Xilu. "Prominant Baiman Families of Nanzhao and Dali Kingdoms Living in the Erhai Lake Area Viewed through the Geneologies of Present-day Baizu Families - Refuting in Passing the Theory That 'Nanzhao was a Kingdom Established by the Thai People.'" *Proceedings of the 4th International Conference on Thai Studies*. Kunming, May 1990: 2.
4) A. B. Griswold and Prasert na Nagara. "Epigraphic and Historical Studies, No.17: The 'Judgements of King Măṅ Rāy'." *Journal of the Siam Society* 65(1), 1977: 146-160.
5) Krom Silapakon. *Silacaruek sukhothai lak thi 1*[수코타이 시대 비문 1집]. Bangkok: Mahawithayalai Ramkhamhaeng, 1976: 26-27.
6) Ibid.: 18-19.
7) Ibid.: 20-21.
8) Michael Vickery. "The Ram Khamhaeng Inscription: a Piltdown Skull of Southeast Asian History?" *Proceedings of the Third International Conference on Thai Studies*. Canberra, July 1987: Vol. 1, 196-197.
9) Titima Suthiwan and Uri Tadmor. *Thailand: Land of Contrasts*. Honolulu: University of Hawaii Press, 1997: 24.

3장 | 불교와 국왕과 타이 민족주의

1) Krom Silapakon. *Silacaruek sukhothai lak thi 1*[수코타이 시대 비문 1집]. Bangkok: Mahawithayalai Ramkhamhaeng, 1976: 12-15.
2) Griswold, A. B. and Prasert Na Nagara. "The Epigraphy of Mahādharmarājā I

of Sukhodaya." *Journal of the Siam Society* 61(1), 1973: 137-138.

3) Kotmai Tra Sam Duang[三印法典]. Bangkok: Khurusapha, 1962: Ⅰ, 16.

4) Busakorn Lailert. "The Ban Phlu Luang Dynasty 1688-1767: A Study of the Thai Monarchy During the Closing Years of the Ayuthya Period." Ph.D. dissertation. University of London, 1972: 139-140.

5) E. W. Hutchinson. *1688 Revolution in Siam: The Memoir of Father de Bèze, s.j.* Hong Kong: Hong Kong University Press, 1968: 58이하.

6) Prince Dhani. "The Old Siamese Conception of the Monarchy." *Selected Articles from the Siam Society Journal*. Bangkok: The Siam Society, 1954: Volume II, 164-165.

7) Jean Baptiste Tavernier. *Reisen zu den Reichtümern Indiens: Abenteuerliche Jahre beim Großmogul 1641-1667*. Stuttgart: Thienemann, 1984: 272.

8) Jeremias van Vliet. "Description of the Kingdom of Siam." Translated by L. F. van Ravenswaay. *Journal of the Siam Society* 7(1), 1910: 15.

9) Sunait Chutintaranond. "Cakravartin: The Ideology of Traditional Warfare in Siam and Burma, 1548-1605." Ph.D. dissertation. Cornell University, 1990: 106-111.

10) John S. Strong. *The Legend of King Aśoka: A Study and Translation of the Aśokavadāna*. Princeton: Princeton University Press, 1983: 51-56.

11) Sunait Chutintaranond. op. cit.: 93-96.

12) Simon de La Loubère. *Du Royaume de Siam*. In Michel Jacq-Hergoualc' h. *Étude Historique et Critique du Livre de Simon de La Loubère "Du Royaume de Siam"*. Paris: Editions Recherche sur les Civilisations, 1987: 356.

13) Jeremias van Vliet. "Historical Account of Siam." Translated by W. H. Mundie. *Journal of the Siam Society* 30(2), 1938: 96; Engelbert Kaempfer. *A Description of the Kingdom of Siam 1690*. Bangkok: White Orchid, 1987: 36.

14) Chulalongkorn. *Phra ratcha damrat nai phrabat somdet phra culacom klao cao yuhua song thalaeng phra borom ratchathibai kaekhai kan pokkhrong phaendin*[국가 행정 개혁에 대한 라마 5세 국왕의 설명]. Bangkok: Sophana Phiphatthanakon, 1927: 62-63.

15) Murashima Eiji. "The Origin of Modern Official State Ideology in Thailand." *Journal of Southeast Asian Studies* 19(1), 1988: 87-88.

16) Walter F. Vella. *Chaiyo!: King Vajiravudh and the Development of Thai Nationalism*. Honolulu: The University Press of Hawaii, 1978: 33.

17) Ibid.: 140.

18) 삼보는 불교의 불佛 · 법法 · 승僧 즉 붓다와 가르침과 승가 등 불교의 세 요소를 일컫는다.

19) Murashima Eiji. op. cit.: 92.

4장 | 타이 사회에서 불교의 역할

1) 石井米雄 편. 『동남아시아의 불교 수용과 전개』. 박경준 역. 서울: 불교시대사, 2001: 31-33.
2) Charles F. Keyes. "Why the Thai Are Not Christians: Buddhist and Christian Conversion in Thailand." In Robert W. Hefner. ed. *Conversion to Christianity: Historical and Anthropological Perspectives on a Great Transformation*. Berkeley: University of California Press, 1993: 261-262.
3) 石井米雄 편. op. cit.: 43.
4) Howard Keva Kaufman. *Bangkhuad: A Community Study in Thailand*. New York: J. J. Augustin, 1960: 183-184.
5) Truong Thanh-Dam. *Sex, Money and Morality: Prostitution and Tourism in Southeast Asia*. London: Zed Books, 1990: 134.

5장 | 태국의 민간 신앙

1) *Saranukrom thai*[타이 백과사전]. Bangkok: Ratchabanthitsathan, 1983-1984: 12249-12253.
2) G. William Skinner. *Chinese Society in Thailand: An Analytical History*. Ithaca: Cornell University Press, 1957: 130-131.
3) 앙리 마스페로. 『도교』. 신하령, 김태완 역. 서울: 까치, 1999: 243-245.
4) *Newsletter Thai Development*. Bangkok: Thai Development Support Committee. No. 23, 1993: 15.
5) Phya Anuman Rajadhon. "The Khwan and Its Ceremonies." *Journal of the Siam Society* 50(2), 1962: 119-121.
6) *Saranukrom thai*. op. cit.: 1873-1874.
7) Howard Keva Kaufman. *Bangkhuad: A Community Study in Thailand*. New York: J. J. Augustin, 1960: 201-202.
8) Prem Chaya. *The Story of Khun Chang Khun Phan*. Bangkok: Chatra Books, 1955: Book Two, 141-142.
9) Louis Golomb. "The Relativity of Magical Malevolence in Urban Thailand." In C. W. Watson and Roy Ellen. eds. *Understanding Witchcraft and Sorcery in Southeast Asia*. Honolulu: University of Hawaii Press, 1993: 39-40.

6장 | 민간 신앙과 불교가 어우러진 로이 끄라통 축제

1) Kasem Bunsi. *Prapheni tham bun nai phutthasatsana*[불교의 공덕축적 풍속]. Bangkok: Ongkankha Khong Khurusapha, 1961: 230-233.
2) Chulalongkorn. *Phra ratcha phithi sipsong duan*[12개월의 왕실 의식]. Vol. 1. Bangkok: Ongkankha Khong Khurusapha, 1963: 27.

3) H. G. Quaritch Wales. *Siamese State Ceremonies: Their History and Functions.* London: Bernard Quaritch, 1931: 292-294.

4) Chulalongkorn. op. cit.: 10-11.

5) Simon de La Loubère. *Du Royaume de Siam.* In Michel Jacq-Hergoualc'h. *Étude Historique et Critique du Livre de Simon de La Loubère «Du Royaume de Siam».* 1691. Paris: Editions Recherche sur les Civilisations, 1987: 230.

6) Jean-Baptiste Pallegoix. *Description of the Thai Kingdom or Siam: Thailand under King Mongkut.* Translated by Walter E. J. Tips. Bangkok: White Lotus, 2000: 127.

7) Phya Anuman Rajthon. "The Loy Kratong." *Selected Articles from the Siam Society Journal.* Volume II. Bangkok: The Siam Society, 1954: 203-204.

8) William J. Klausner. *Reflections on Thai Culture.* Bangkok: The Siam Society, 1993: 48-49.

7장 | 타이 여성에 대한 이해

1) S. J. Tambiah. *The Buddhist Saints of the Forest and the Cult of Amulets: A Study in Charisma, Hagiography, Sectarianism, and Millenial Buddhism.* Cambridge: Cambridge University Press, 1984: 11-12.

2) A. B. Griswold and Prasert na Nagara. "The Asokārāma Inscription of 1399 A.D." *Journal of the Siam Society* 57(1), 1969: 55.

3) Darunee Tantiwiramanond and Shashi Pandey. "The Status and Role of Thai Women in the Pre-Modern Period: A Historical and Cultural Perspective." *Sojourn* 2(1), 1987: 129.

4) Marjorie Muecke. "Changes in Women's Status Associated with Modernization in Northern Thailand." In Geoffrey B. Hainsworth. ed. *Southeast Asia: Women, Changing Social Structure and Cultural Continuity.* Ottawa: University of Ottawa Press, 1981: 56-57.

5) 鞏珍.『西洋番國志』. 北京: 中華書局, 1982: 13.

6) Jean-Baptiste Pallegoix. *Description of the Thai Kingdom or Siam: Thailand under King Mongkut.* Translated by Walter E. J. Tips. Bangkok: White Lotus, 2000: 117.

7) Ibid.

8) Peter Bell. "Thailand's Economic Miracle Built on the Backs of Women." In Virada Somswasdi and Sally Theobald. eds. *Women, Gender Relations and Development in Thai Society.* Chiang Mai: Women's Student Center, Faculty of Social Sciences, Chiang Mai University, 1997: 65.

9) Mary Beth Mills. "Contesting the Margins of Modernity: Women, Migration, and Consumption in Thailand." *American Ethnologist* 24(1), 1997: 47-48.

10) Department of Public Welfare. ed. *Social Service in Thailand*. Bangkok: Ministry of Interior, 1960: 142-143.

11) *Matichon* (Bangkok, 1980/10/18).

12) 캐슬린 배리. 『섹슈얼리티의 매춘화』. 정금나 · 김은정 역. 서울: 삼인, 2002: 43-44.

13) *Time* (Tampa, 1965/12/17).

8장 | 타이 화인의 역사와 정체성

1) 沈英名.『泰國華僑概況』. 臺北: 正中書局, 1988: 35.

2) Kamolwan Sonsomsook. "The Chinese of Thailand." *The Star*, November 12, 1981.

3) Kenneth Perry Landon. *The Chinese in Thailand*. New York: Russel & Russel, 1941: 23.

4) Dudley L. Poston Jr. and Mei-Yu Yu. "The Distribution of the Overseas Chinese in the Contemporary World." *International Migration Review* 24(3), 1990: 487.

5) Zheng Liren and Chinhong Lim Chang. "Distribution of the Overseas Chinese Population." 2002.
http://www.library.ohiou.edu/subjects/shao/databases_popdis.htm (검색일: 2003.07.17).

6) O. W. Wolters, "Chên-Li-Fu: A State on the Gulf of Siam at the Beginning of the 13th Century." *Journal of the Siam Society* 48(2), 1960: 1-5.

7)『宋史』. 臺北: 二十五史編刊館, 1955-1956: 〈列傳〉 卷177, 16-20.

8) Phra Wichien Pricha. *Phongsawadan nuea*[북부 연대기]. In Ongkankha Khong Khurusapha. ed. *Phraratcha phongsawadan krung si ayutthaya lae phongsawadan nuea*[아유타야 왕실연대기와 북부 연대기]. Vol. II. Bangkok: Khurusapha, 1961: 329-331.

9) E. Thadeus Flood. "Sukhothai-Mongol Relations: A Note on Relevant Chinese and Thai Sources (With Translations)." *Journal of the Siam Society* 57(2), 1969: 229-233.

10) Charnvit Kasetsiri. *The Rise of Ayudhya: A History of Siam in the Fourteenth and Fifteenth Centuries*. Kuala Lumpur: Oxford University Press, 1976: 78-81.

11) Jeremias van Vliet. *The Short History of the Kings of Siam*. Translated by Leonard Andaya. Bangkok: The Siam Society, 1975: 55-59.

12) Charnvit Kasetsiri. op. cit.: 66-71.

13) Hung-Guk Cho. "Siamese-Korean Relations in the Late Fourteenth Century." *Journal of the Siam Society* 94: 10-20.

14) Engelbert Kaempfer. *A Description of the Kingdom of Siam 1690*. Reprinted,

Bangkok: White Orchid Press, 1987: 38.

15) Somdet Phra Phonnarat. *Phraratcha phongsawadan krung si ayutthaya chabap somdet phra phonnarat wat phra chettuphon*[프라첸뚜폰 사원의 승려 폰나랏본 아유타야 연대기]. Bangkok: Khlang Witthaya, 1971: 589.

16) John Bowring. *The Kingdom and People of Siam*. 2 Vols. London. Reprinted. Kuala Lumpur: Oxford University Press, 1969: Vol. 1, 65-66.

17) Sarasin Viraphol. *Tribute and Profit: Sino-Siamese Trade, 1652-1853*. Cambridge: Harvard University Press, 1977: 315.

18) John Bowring. op. cit.: Vol. 2, 204-205.

19) John Bowring. op. cit.: Vol. 1, 85-86.

20) Arnold Wright and Oliver T. Breakspear. *Twentieth Century Impressions of Siam: Its History, People, Commerce, Industries, and Resources*. London. Reprinted. Bangkok: White Lotus, 1994: 155.

21) J. G. D. Campbell. *Siam in the Twentieth Century*. London: Edward Arnold, 1902: 269-272.

22) H. Warington Smyth. *Five Years in Siam From 1891-1896*. London: John Murray, 1898: Vol. 1, 285-286.

23) Walter F. Vella. *Chaiyo! King Vajiravudh and the Development of Thai Nationalism*. Honolulu: The University of Hawaii Press, 1978: 192-193.

24) Benjamin A. Batson. *The End of the Absolute Monarchy in Siam*. Singapore: Oxford University Press, 1984: 40, 84-85.

25) John Bowring. op. cit.: Vol. 1, 84.

26) Karl Friedrich August Gützlaff. *Journal of Three Voyages along the Coast of China, in 1831, 1832, & 1833, with Notices of Siam, Corea, and the Loo-choo Islands, to Which is Prefixed an Introductory Essay on the Policy, Religion, etc., of China by the Rev. W. Ellis*. London: F. Westley, 1834: 35.

27) Botan. *Letters From Thailand*. Translated by Susan Fulop. Bangkok: Duang Kamol, 1991: 93, 140.

9장 | 태국의 지역 · 종족 갈등

1) Werner Kraus. "Der Islam in Thailand: Über die Entwicklung und Problematik des Islams in Südthailand, den islamischen Modernismus und die separatistische Bewegung im Süden." Werner Draghun. ed. *Der Einfluss des Islams auf Politik, Wirtschaft und Gesellschaft in Südostasien*. Hamburg: Institut für Asienkunde, 1983: 110-111.

2) Omar Farouk. "The Origins and Evolution of Malay-Muslim Ethnic Nationalism in Southern Thailand." Taufik Abdullah and Sharon Siddique. eds. *Islam and Society in Southeast Asia*. Singapore: Institute of Southeast Asian Studies, 1988:

257-258.

3) *Swissinfo*, 2005/08/28; *The Standard*, 2005/10/01.

4) San Prasoet. *Phraratcha phongsawadan krung si ayutthaya chabap luang san prasoet*[루앙 산 쁘라섯本 아유타야 왕실연대기]. Ongkankha khong khurusapha. ed. *Phraratcha phongsawadan krung si ayutthaya lae phongsawadan nuea*. Vol. 1. Bangkok: Ongkankha khong khurusapha, 1961: 18-19.

5) Jeremias van Vliet. *The Short History of the Kings of Siam*. Bangkok: The Siam Society, 1975: 74.

6) Ibrahim Syukri. *History of the Malay Kingdom of Patani*. Athens: Ohio University Press, 1985: 19-21.

7) Jeremias van Vliet. "Description of the Kingdom of Siam." *Journal of the Siam Society* 7(1), 1910: 37.

8) Nicolas Gervaise. *Histoire naturelle et politique du Royaume de Siam*. Paris: Claude Barbin, 1688: 61-62.

9) David Morell and Chai-Anand Samudavanija. *Political Conflict in Thailand: Reform, Reaction, Revolution*. Cambridge, MA: Oelgeschlager Gunn & Main Publishers, 1981: 87.

10) Klaus Rosenberg. *Sozialkritische Literatur in Thailand: Protest und Anklage in Romanen und Kurzgeschichten eines Landes der Dritten Welt*. Hamburg: Gesellschaft für Natur- und Völkerkunde Ostasiens e.V. 1986: 140.

11) Volkmar Zühlsdorff. *Wenn vom Tau der Reis erwacht: Eine Auswahl thailändischer Lyrik von früher bis heute*. München: Simon & Magiera, 1984: 43-44.

12) Hans U. Luther. *Reformen gegen Rebellen - Zur Situation der Bauern in Thailand*. Hamburg: Institut für Asienkunde, 1970: 6.

13) G. William Skinner. *Chinese Society in Thailand: An Analytical History*. Ithaca: Cornell University Press, 1957: 309.

14) John Hutchinson and Anthony D. Smith. eds. *Nationalism*. Oxford: Oxford University Press, 1994: 66.

15) 에르네스트 르낭. 『민족이란 무엇인가』. 신행선 역. 서울: 책세상, 2002: 78.

16) Teena Amrit Gill. "Thai hilltribes battling discrimination." *Asia Times Online*, September 1, 2001: 2.

17) Ibid.: 1-3.

18) *South China Morning Post*, 1999/09/15; *The Nation*, 2000/04/09.

19) 조홍국. "태국 남부에서의 소요: 원인과 해결책 논의." 『동남아선교뉴스레터』 27호, 2003: 23-24.

간략한 태국의 역사 연보

13세기 초 이전 | 태국 땅에 들어온 타이족은 200~300년 동안 캄보디아의 앙코르 왕국의 지배를 받았다.

1230년대 | 수코타이 지역에서 앙코르 왕국의 크메르 군대를 몰아내고 독립 왕국을 건설했다. 이로써 태국의 첫 왕조인 수코타이 왕조가 시작되었다. 수코타이 왕국은 상좌 불교를 국교로 채택함으로써 오늘날까지 지속되는 타이 불교 문화의 토대를 닦아놓았다.

1351년 | 아유타야 왕조가 건설됨으로써 중부 지방이 타이 역사의 중심 무대가 되었다. 아유타야 왕조 시대에 불교를 바탕으로 한 전통적인 왕권의 위상과 사회의 구조가 확립되었다.

1569년 | 태국은 19세기에 서양인의 식민 지배를 받지 않았지만, 전근대의 시기에 미얀마에 의해 두 번이나 정복되었다. 그 첫 번째가 1569년으로, 이후 태국은 수십 년 동안 미얀마의 식민지였다.

1767년 | 1760년부터 시작된 미얀마의 공격으로 아유타야 왕조는 1767년에 완전히 멸망했다. 이 해에 아유타야 왕국의 한 지방 수령이었던 중국계 딱신은 병력을 집결하여 미얀마 군대를 몰아내고 오늘날 방콕 맞은편의 톤부리에 새로운 왕조를 건설했다.

1782년 | 톤부리 왕조는 단명으로 끝났다. 1782년에 딱신의 한 장군이었던 짜끄리는 방콕에 새로운 왕조인 라따나꼬신 왕조를 건설했다. 이 왕조가 오늘날까지 이어지고 있는 태국의 왕조이다.

1855년 | 서양 열강들이 동아시아 국가들을 식민지로 만들고 그 무역 시장을 무력으로 개방하기 위해 노력하던 19세기 중엽, 태국의 몽꿋 왕 정부는 영국과 불평등 조약인 보우링 조약을 체결하여 스스로 문호를 개방했다. 라따나꼬신 왕조의 왕들을 '라마' 란 칭호로 부르는 전통에 따라, 몽꿋 왕은 라마 4세로 알려지기도 한다.

1892년 | 1868년에 즉위한 쭐라롱꼰 왕은 태국의 자주 독립을 지키고 국가의 근대화를 성공적으로 추진한 국왕으로 간주된다. 1910년까지 이어진 그의 통

치 시대는 이 점에서 종종 일본의 메이지明治 시대와 비교된다. 1892년에 쭐라롱꼰 왕은 서구식 모델에 따라 국가의 행정 개혁을 단행했다.

1932년 | 19세기 말부터 태국의 국내외에서 의회의 도입에 대한 논의가 일어나기 시작했다. 왕실 중심의 정부 운영에 불만을 품은 일단의 장교들과 문민 관료들의 주도 아래 1932년에 쿠데타가 일어났다. 무혈로 끝난 이 '입헌 혁명'으로 태국의 정치 체제는 절대 군주제에서 입헌 군주제로 바뀌었다. 이후 타이 정부는 군부의 지배 아래 놓이게 된다.

1941년 | 1938년에 집권한 피분송크람은 민족주의 및 군국주의 정책을 추구했다. 피분 정부는 1941년 12월에는 당시 동남아시아 및 인도로 팽창하려던 일본과 군사 동맹을 체결했으며, 1942년 1월에는 일본의 요구에 따라 미국과 영국에 대해 선전 포고를 감행했다.

1946년 | 1932년 이후 태국의 국왕들은 입헌 군주로 전락하여 유명무실한 존재가 되었다. 1946년에 라마 8세인 아난타 마히돈 왕이 피살당한 후, 그의 동생인 푸미폰 아둔야뎃이 라마 9세로 즉위했다. 2016년에 재위 70주년을 맞이한 푸미폰 왕은 세계의 현존 국왕 가운데 최장수 국왕이다.

1961년 | 군 최고사령관 출신인 사릿 타나랏은 1958년에 쿠데타를 일으키고 계엄령을 선포했다. 이로써 태국의 현대 정치사에서 본격적인 군부 독재의 시대가 시작되었다. 1961년에 시작된 제1차 경제개발 계획은 경제 성장을 통해 정치적인 독재를 정당화하려는 전형적인 개발 독재의 경제 정책이었다.

1973년 | 학생들이 주도한 소위 '10월 혁명'으로 군부 정권이 붕괴되었다. 이로써 태국의 정치는 민주화되었다. 그러나 정당의 난립과 특히 좌익계 정치인의 활동으로 태국의 정치와 사회는 극심한 혼란을 겪었다.

1976년 | 태국은 1973년에 시작된 제1차 석유 파동의 고유가로 인해 큰 경제적 침체를 겪게 되었고, 특히 1975년에 베트남에 이은 라오스와 캄보디아의 공산화로 안보의 위협을 맞이하게 되었다. 이러한 상황과 국내 정치의 혼란 상태는 군부에게 쿠데타의 빌미를 제공했다. 1976년 10월의 쿠데타로 군부는 재집권하게 되었다.

1992년 | 태국은 1980년대를 지나면서 정치적으로 성숙해지고 경제적으로 성장했다. 그럼에도 불구하고 수찐다 장군 주도하의 군부는 1991년에 정치에 대한 직접적인 개입을 시도했다. 이에 태국의 시민 단체와 학생들은 군부의 퇴진을 요구하는 대규모 시위 운동을 전개했다. 시위대는 1992년 5월 중순에는 수십만 명으로 늘어났다. 군부는 결국 민심에 굴복하여 퇴진했으며, 1992년 9월 총선을 통해 문민 정부가 출범했다.

참고문헌

제1장: 태국이란 어떤 나라인가

김홍구. 『태국학 입문』. 부산: 부산외국어대학교 출판부, 1999.

한국태국학회 편. 『태국의 이해』. 서울: 한국외국어대학교 출판부, 1998.

Ayal, Eliezer B. ed. *The Study of Thailand: Analyses of Knowledge, Approaches, and Prospects in Anthropology, Art History, Economics, History, and Political Science*. Athens: Ohio University, Center for International Studies, 1978.

Donner, Wolf. *The Five Faces of Thailand: An Economic Geography*. London: C. Hurst & Company, 1978.

Girling, John L. S. *Thailand: Society and Politics*. Ithaca: Cornell University Press, 1981.

Mulder, Niels. *Everyday Life in Thailand: An Interpretation*. Bangkok: Duang Kamol, 1979.

Pasuk Phongpaichit and Chris Baker. *Thailand: Economy and Politics*. Bangkok: Asia Books, 1997.

Terwiel. B. J. *Thailand' s Political History: From the Fall of Ayutthaya to Recent Times*. Bangkok: River Books, 2005.

Titima Suthiwan and Uri Tadmor. *Thailand: Land of Contrasts*. Honolulu: University of Hawai'i, Center for Southeast Asian Studies, 1997.

Wyatt, David K. *Studies in Thai History*. Chiang Mai: Silkworm Books, 1994.

Wyatt, David K. *Thailand: A Short History*. Second edition. Chiang Mai: Silkworm Books, 2003.

제2장: 타이 민족의 기원과 타이 역사의 흐름

조흥국. "태국역사의 이해." 『역사학보』 143, 1994.

조흥국. "근대 이전 한국과 동남아시아간 접촉에 대한 역사적 고찰." 『국제 · 지역연구』 8(1), 1999.

Akin Rabibhadana. *The Organization of Thai Society in the Early Bangkok Period, 1782-1873*. Ithaca: Department of Asian Studies, Cornell University, 1969.

Batson, Benjamin A. *The End of the Absolute Monarchy in Siam*. Singapore: Oxford University Press, 1984.

Battye, N. A. "The Military, Government and Society in Siam, 1868-1910: Politics and Military Reform during the Reign of King Chulalongkorn." Ph.D. dissertation. Cornell University, 1974.

Busakorn Lailert. "The Ban Phlu Luang Dynasty 1688-1767: A Study of the Thai Monarchy during the Closing Years of the Ayuthya Period." Ph.D. dissertation. University of London, 1972.

Charnvit Kasetsiri. *The Rise of Ayudhya: A History of Siam in the Fourteenth and Fifteenth Centuries*. Kuala Lumpur: Oxford University Press, 1976.

Cho Hung-Guk. *Die politische Geschichte Thailands unter der Herrschaft König Narais (r.1656-1688)*. Seoul: Munduksa, 1994.

Cho Hung-Guk. "Siamese-Korean Relations in the late Fourteenth Century." *Journal of the Siam Society* 94, 2006.

Dhiravat na Pombejra. "A Political History of Siam under the Prasatthong Dynasty 1629-1688." Ph.D. dissertation. University of London, 1984.

Griswold, A. B. *King Mongkut of Siam*. New York: The Asia Society, 1961.

Griswold, A. B. *Towards a History of Sukhodaya Art*. Bangkok: The National Museum, 1967.

Higham, Charles and Rachanie Thosarat. *Prehistoric Thailand: From Early Settlement to Sukhothai*. Bangkok: River Books, 1998.

Hong Lysa. *Thailand in the Nineteenth Century: Evolution of the Economy and Society*. Singapore: Institute of Southeast Asian Studies, 1984.

Ingram, James C. *Economic Change in Thailand 1850-1970*. Stanford: Stanford University Press, 1971.

Loofs-Wissowa, Helmut. " 'Die heißen Töpfe von Ban Chiang' : Die Datierung der Bronzezeit in Thailand - der jetzige Stand." *Asien* 49, 1993.

Stransky, Jiri. *Die Wiedervereinigung Thailands unter Taksin 1767-1782*. Hamburg: Gesellschaft für Natur- und Völkerkunde Ostasiens, 1973.

Terwiel, B. J. "The Origin of the T'ai Peoples Reconsidered." *Oriens Extremus* 25(2), 1978.

Terwiel, B. J. "Tai Peoples and the Computation of Time: A Comparative Perspective." *Oriens Extremus* 28(1), 1981.

Van der Cruysse, Dirk. *Siam and the West 1500-1700*. Chiang Mai: Silkworm Books, 2002.

Vella, Walter F. *Siam under Rama III 1824-1851*. New York: J. J. Augustin, 1957.

Vella, Walter F. *Chaiyo!: King Vajiravudh and the Development of Thai Nationalism*. Honolulu: The University Press of Hawaii, 1978.

Wales, H. G. Quaritch. *Ancient Siamese Government and Administration*. New York: Paragon, 1965.

Wenk, Klaus. *The Restoration of Thailand under Rama I 1782-1809*. Tucson: The University of Arizona Press, 1968.

Wyatt, David K. *The Politics of Reform in Thailand: Education in the Reign of King Chulalongkorn*. New Haven and London: Yale University Press, 1969.

Wyatt, David K. ed. *The Royal Chronicles of Ayutthaya*. Translated by Richard C. Cushman. Bangkok: The Siam Society, 2000.

제3장: 불교와 국왕과 타이 민족주의

김홍구. "입헌군주제하에서의 태국국왕의 카리스마와 정치적 역할: 푸미폰(Bhumibol Adulyadej) 국왕을 중심으로." 『국제 · 지역연구』 7(1), 1998.

조흥국. "태국의 1885년 개혁건의문 분석." 『한국태국학회논총』 5, 1992-1993.

조흥국. "왕실에 대한 타이인의 깊은 신뢰." 『꾸리에』 3, 1996.

Chaianan Samutwanit and Khattiya Kannasut. eds. *Ekasan kan muang kan pokkhrong thai ph.s. 2417-2477*[1874년-1934년 태국 정치 및 행정 문헌]. Bangkok: Thai Wattana Panich, 1975.

Griswold, A. B. and Prasert Na Nagara. "On Kingship and Society at Sukhodaya." In G. W. Skinner and A. T. Kirsch. eds. *Change and Persistence in Thai Society*. Ithaca: Cornell University Press, 1975.

Heine-Geldern, Robert. "Conceptions of State and Kingship in Southeast Asia." Data Paper No. 18. Southeast Asia Program, Cornell University, 1956.

Ishii Yoneo. *Sangha, State, and Society: Thai Buddhism in History*. Honolulu: The University of Hawaii Press, 1986.

Kemp, Jeremy. *Aspects of Siamese Kingship in the Seventeenth Century*. Bangkok: The Social Science Review, 1969.

Kershaw, Roger. *Monarchy in South-East Asia: The Faces of Tradition in Transition*. London: Routledge, 2001.

Kullada Kesboonchoo. "Official Nationalism under King Vajiravudh." *Proceedings of the Third International Conference on Thai Studies*.

Canberra: The Australian National University, 1987.

Reynolds, Craig J. ed. *National Identity and Its Defenders Thailand, 1939-1989*. Clayton: Centre of Southeast Asian Studies, Monash University, 1991.

Rosenberg, Klaus. *Nation und Fortschritt: Der Publizist Thien Wan und die Modernisierung Thailands unter König Culalongkon (r. 1868-1910)*. Hamburg: Gesellschaft für Natur- und Völkerkunde Ostasiens, 1980.

Somboon Suksamran. *Buddhism and Political Legitimacy*. Bangkok: Chulalongkorn University, Research Report Series No.2, 1993.

Tambiah, S. J. *World Conqueror and World Renouncer: A Study of Buddhism and Polity in Thailand against a Historical Background*. Cambridge: Cambridge University Press, 1977.

제4장: 타이 사회에서 불교의 역할

조홍국. "태국불교의 개혁주의 운동." 『전통과 현대』 창간호, 1997년 가을.

조홍국. "불교적 이상과 정치적 욕망: 18세기 말 태국 국왕들의 불교관 비교연구." 김영수 외. 『동남아의 종교와 사회』. 서울: 오름, 2001.

Apinya Fuengfusakul. "Empire of Crystal and Utopian Commune: Two Types of Contemporary Theravada Reform in Thailand." *Sojourn* 8(1), 1993.

Bardwell L. Smith. ed. *Religion and Legitimation of Power in Thailand, Laos, and Burma*. Chambersburg: Anima Books, 1978.

Bechert, Heinz. *Buddhismus, Staat und Gesellschaft in den Ländern des Theravāda-Buddhismus*. Frankfurt am Main: Alfred Metzner, 1966.

Bunnag, Jane. *Buddhist Monk, Buddhist Layman: A Study of Urban Monastic Organization in Central Thailand*. Cambridge: Cambridge University Press, 1973.

Dhani Nivat, H. H. Prince. *A History of Buddhism in Siam*. Bangkok: The Siam Society, 1965.

Ishii Yoneo. *Sangha, State, and Society: Thai Buddhism in History*. Honolulu: The University of Hawaii Press, 1986.

Jackson, Peter A. *Buddhism, Legitimation, and Conflict: The Political Functions of Urban Thai Buddhism*. Singapore: Instititute of Southeast Asian Studies, 1990.

Keyes, Charles F. *The Golden Peninsula*. Honolulu: University of Hawaii Press, 1995.

Rajavaramuni, Phra. *Thai Buddhism in the Buddhist World*. 5th edition. Bangkok:

Mahachulalongkorn Buddhist University, 1990.
Reynolds, Frank E. & Mani B. Reynolds. *Three Worlds According to King Ruang: A Thai Buddhist Cosmology*. Berkeley: University of California, 1982.
Suwanna Satha-Anand. "Religious Movements in Contemporary Thailand." *Asian Survey* 30(4), 1990.
Swearer, Donald K. *The Buddhist World of Southeast Asia*. Albany: State University of New York Press, 1995.
Taylor, James. "The Changing Politico-Religious Landscape in Modernizing Thailand: Buddhist Monasticism, the State, and Religious Hybridities." In Oh Myung-Seok and Kim Hyung-Jun. eds. *Religion, Ethnicity and Modernity in Southeast Asia*. Seoul: Seoul National University, 1998.
The Pāṭimokkha: 227 Fundamental Rules of a Bhikkhu. With Introduction by Phra Sāsana Sobhaṇa. Bangkok: King Maha Makuta's Academy, 1969.
Wells, Kenneth E. *Thai Buddhism: Its Rites and Activities*. Third printing (updated). Bangkok: Suriyabun, 1975.

제5장: 태국의 민간 신앙

Anuman Rajadhon, Phya. "The Ceremony of Tham Khwan of a Month Old Child." *Journal of the Siam Society* 40(2), 1952.
Anuman Rajadhon, Phya. "The Phi." *Journal of the Siam Society* 41(2), 1954.
Anuman Rajadhon, Phya. *Essays on Thai Folklore*. Bangkok: The Social Science Association, 1968.
Endicott, Kirk Michael. *An Analysis of Malay Magic*. Singapore: Oxford University Press, 1970.
Guelden, Marlane. *Thailand into the Spirit World*. Singapore: Times Editions, 1995.
Heinze, Ruth-Inge. *Tham Khwan: How to Contain the Essence of Life*. Singapore: Singapore University Press, 1982.
Hoskin, John. "Leading a Charmed Life." *Sawasdee* 28(7), 1999.
Hoskin, John. "A Spiritual Master." *Sawasdee* 34(8), 2005.
Jackson, Peter A. "Royal Spirits, Chinese Gods, and Magic Monks: Thailand's Boom-time Religions of Prosperity." *South East Asia Research* 7(3), 1999.
Kano, Hiroshi. "Changing Beliefs about the Guardian Spirits in Modern Bangkok with Special Reference to Shrines and Idols." IAHA 14th Conference. Bangkok: Chulalongkorn University, 1996.

Ongkan Songkhro Thahan Phansuek. *Phra Lak Muang - City Pillar*. Bangkok: War Veterans Organization, 1982.

Piker, Stevens. "The Relationship of Belief Systems to Behavior in Rural Thailand." *Asian Survey* 8(5), 1968.

Rodrigue, Yves. *Nat-Pwe: Burma's Supernatural Sub-Culture*. Gartmore: Kiscadale, 1992.

Shubert, Yuli. "Bangkok Amulet Markets." *Sawasdee* 12(4), 1983.

Tambiah, S. J. *Buddhism and the Spirit Cults in North-east Thailand*. Cambridge: Cambridge University Press, 1970.

Tambiah, S. J. *The Buddhist Saints of the Forest and the Cult of Amulets: A Study in Charisma, Hagiography, Sectarianism, and Millenial Buddhism*. Cambridge: Cambridge University Press, 1984.

Terwiel, B. J. "The Origin and Meaning of the Thai 'City Pillar'." *Journal of the Siam Society* 66(2), 1978.

Terwiel. B. J. *Monks and Magic: An Analysis of Religious Ceremonies in Central Thailand*. Second revised edition. Copenhagen: Curzon, 1979.

Vallibhotama, Srisakra. "Study on Spirit Cults in Thailand." *Journal of Thai-Australian Technological Services* 1(1), 1983.

Van Esterik, Penny. "Interpreting a Cosmology: Guardian Spirits in Thai Buddhism." *Anthropos* 77, 1982.

Yee, Shirley. "Material Interests and Morality in the Trade of Thai Talismans." *Southeast Asian Journal of Social Science* 24(2), 1996.

제6장: 민간 신앙과 불교가 어우러진 로이 끄라통 축제

Chaleo Manilerd. ed. *Thai Customs and Beliefs*. Bangkok: The Office of the National Culture Commission, Ministry of Education, 1988.

Plion-Bernier, Raymond. *Festivals and Ceremonies of Thailand*. Translated from French by Joann Elizabeth Soulier. Bangkok: Assumption Press, 1973.

Scanion, Jr., Phil. *Southeast Asia: A Cultural Study through Celebration*. DeKalb: Center for Southeast Asian Studies, Northern Illinois University, 1985.

제7장: 타이 여성에 대한 이해

Bencha Yoddumnern-Attig, Kerry Richter, Amara Soonthorndhada, Chanya Sethaput and Anthony Pramualratana. *Changing Roles and Statuses of*

Women in Thailand: A Documentary Assessment. Nakhonpathom: Institute for Population and Social Research, Mahidol University, 1992.

Chatsumarn Kabilsingh. *Thai Women in Buddhism*. Berkeley: Parallax Press, 1991.

Jackson, Peter A. and Nerida M. Cook. eds. *Genders & Sexualities in Modern Thailand*. Chiang Mai: Silkworm Books, 1999.

Jeffrey, Leslie Ann. *Sex and Borders: Gender, National Identity, and Prostitution Policy in Thailand*. Chiang Mai: Silkworm Books, 2002.

Ink, White. *Our Lives Our Stories*. Bangkok: Research Action Project on Traffic in Women, Foundation for Women, 1995.

Keyes, Charles F. "Mother or Mistress but Never a Monk: Buddhist Notions of Female Gender in Rural Thailand." *American Ethnologist* 11(2), 1984.

Law, Lisa. *Sex Work in Southeast Asia: The Place of Desire in a Time of AIDS*. London: Routledge, 2000.

Mathana Phananiramai. "Population Changes and Economic Development in Thailand: Their Implications on Women's Status." *TDRI Quarterly Review*, September 1997.

Medhi Krongkaew. ed. *Thailand's Industrialization and Its Consequences*. New York: St. Martin's Press, 1995.

Naiyana Supapueng. "What Women Get from Tourism." *Thai Development Newsletter* 20, 1991/92.

Napat Sirisambhand and Alec Gordon. "Thai Women in Late-Ayutthaya Style Paintings." *Journal of the Siam Society* 87(1-2), 1999.

Odzer, Cleo. *Patpong Sisters: An American Woman's View of the Bangkok Sex World*. New York: Arcade Publishing, 1994.

Pasuk Phongpaichit. *From Peasant Girls To Bangkok Masseuses*. Geneva: International Labour Organization, 1982.

Pasuk Phongpaichit, Sungsidh Piriyarangsan and Nualnoi Treerat. *Guns, Girls, Gambling, Ganja: Thailand's Illegal Economy and Public Policy*. Chiang Mai: Silkworm Books, 1998.

Potter, Sulamith Heins. *Family Life in a Northern Thai Village: A Study in the Structural Significance of Women*. Berkeley: University of California Press, 1977.

Reid, Anthony. *Southeast Asia in the Age of Commerce 1450-1680: Volume One The Lands below the Winds*. New Haven: Yale University Press, 1988.

TDRI. "Satri nai samthotsawat khong setthakit thai[타이 경제 30년간의 여성]."

Bangkok: TDRI, 2000.

Thiemann, Heidi. *Frauenrolle und Prostitution in Thailand*. Köln: Pahl-Rugenstein, 1988.

Virada Somswasdi and Sally Theobald. eds. *Women, Gender Relations and Development in Thai Society*. Chiang Mai: Chiang Mai University, 1997.

Yayori Matsui. *Women in the New Asia: From Pain to Power*. London & New York: Zed Books, 1999.

제8장: 타이 화인의 역사와 정체성

陳荊和.『東南亞 華僑史의 趨勢』.『東洋學』6, 1976.

Barmé, Scot. *Luang Wichit Wathakan and the Creation of a Thai Identity*. Singapore: Institute of Southeast Asian Studies, 1993.

Buchholt, Helmut and Ulrich Mai. "Marktagenten und Prügelknaben: Die gesellschaftliche Rolle von Händlerminoritäten in der Dritten Welt." *Die Erde* 123(4), 1992.

Chan Kwok Bun and Tong Chee Kiong. "Rethinking Assimilation and Ethnicity: The Chinese in Thailand." *International Migration Review* 27, 1993.

Coughlin, Richard J. *Double Identity: The Chinese in Modern Thailand*. Hong Kong: Hong Kong University Press, 1960.

Crosby, Josiah. *Siam: The Crossroads*. Reprinted. New York: Ams Press, 1973.

Cushman, Jennifer Wayne. *Fields from the Sea: Chinese Junk Trade with Siam during the Late Eighteenth and Early Nineteenth Centuries*. Ithaca: Cornell University, Southeast Asia Program, 1993.

East Asia Analytical Unit. *Overseas Chinese Business Networks in Asia*. Department of Foreign Affairs and Trade, Australia, 1995.

Khacatphai Burutsaphat. ed. *Chao cin nai prathet thai*[태국의 화인]. Bangkok: Phrae Phitthaya. 1974.

Landon, Kenneth Perry. "The Problem of the Chinese in Thailand." *Pacific Affairs* 13(2), 1940.

Lin Yu. "Twin Loyalties in Siam." *Pacific Affairs* 9(2), 1936.

Ockey, Jim. "Chaopho: Capital Accumulation and Social Welfare in Thailand." *Crossroads* 8(1), 1993.

Punyodyana, B. *Chinese-Thai Differential Assimilation in Bangkok: An Exploratory Study*. Data Paper 79. Ithaca: Southeast Asian Program, Cornell University, 1971.

Purcell, Victor. *The Chinese in Southeast Asia*. London: Oxford University Press, 1965.

Skinner, G. William. *Chinese Society in Thailand: An Analytical History*. Ithaca: Cornell University Press, 1957.

Skinner, G. William. *Leadership and Power in the Chinese Community of Thailand*. Ithaca: Cornell University Press, 1958.

Skinner, G. William. "The Thailand Chinese: Assimilation in a Changing Society." A lecture presented at the Thai Council of Asian Society, 1963.

Stratton, Carol and Miriam McNair Scott. *The Art of Sukhothai: Thailand's Golden Age from the Mid-Thirteenth to the Mid-Fifteenth Centuries*. Kuala Lumpur: Oxford University Press, 1981.

Suehiro, Akira. *Capital Accumulation and Industrial Development in Thailand*. Bangkok: Chulalongkorn University Social Research Institute, 1985.

Suehiro, Akira. "Capitalist Development in Postwar Thailand: Commercial Bankers, Industrial Elite, and Agribusiness Groups." In Ruth McVey. ed. *Southeast Asian Capitalists*. Ithaca: SEAP, Cornell University, 1992.

Supang Chantavanich. "From Siamese-Chinese to Chinese-Thai: Political Conditions and Identity Shifts among the Chinese in Thailand." In Leo Suryadinata. ed. *Ethnic Chinese as Southeast Asians*. Singapore: Institute of Southeast Asian Studies, 1997.

Thomson, Curtis N. "Political Identity among Chinese in Thailand." *The Geographical Review* 83, 1993.

Wang Gungwu. "Southeast Asian hua-ch' iao in Chinese History-Writing." *Journal of Southeast Asian Studies* 12(1), 1981.

Wang Gungwu. *China and the Chinese Overseas*. Singapore: Times Academic Press, 1991.

Wang Gungwu. *Community and Nation: China, Southeast Asia and Australia*. St Leonards: Allen & Unwin, 1992.

Yen Ching-hwang. *Coolies and Mandarins: China's Protection of Overseas Chinese during the Late Ch' ing Period (1851-1911)*. Singapore: Singapore University Press, 1985.

Yoshihara, Kunio. "The Problem of Continuity in Chinese Business in Southeast Asia."『東南アジア研究』25(3), 1987.

제9장: 태국의 지역 · 종족 갈등

Brown, David. *The State and Ethnic Politics in Southeast Asia*. London: Routledge, 1994.

Che Man, W. K. *Muslim Separatism: The Moros of Southern Philippines and the Malays of Southern Thailand*. Singapore: Oxford University Press, 1990.

Draghun, Werner. ed. *Der Einfluss des Islams auf Politik, Wirtschaft und Gesellschaft in Südostasien*. Hamburg: Institut für Asienkunde, 1983.

Forbes, Andrew D. W. "Thailand's Muslim Minorities: Assimilation, Secession, or Coexistence?" *Asian Survey* 22(11), 1982.

Gillquin, Michel. *The Muslims of Thailand*. Translated by Michael Smithies. Chiang Mai: IRASEC and Silkworm Books, 2005.

Jonsson, Hjorleifur. *Mien Relations: Mountain People and State Control in Thailand*. Chiang Mai: Silkworm Books, 2006.

Keyes, Charles F. *Isan: Regionalism in Northeastern Thailand*. Ithaca: Cornell University, 1967.

Lewis, Paul and Elaine Lewis. *Peoples of the Golden Triangle*. Bangkok: River Books, 1998.

Luther, Hans U. *Reformen gegen Rebellen - Zur Situation der Bauern in Thailand*. Hamburg: Institut für Asienkunde, 1970.

McCaskill, Don and Ken Kampe. eds. *Development or Domestication? Indigenous Peoples of Southeast Asia*. Chiang Mai: Silkworm Books, 1997.

McKinnon, John and Wanat Bhruksasri. eds. *Highlanders of Thailand*. Singapore: Oxford University Press, 1986.

Paitoon, Mikusol. "Education and Sociocultural Assimilation in Northeastern Thailand." Mahasarakham: Mahasarakham University, 1988.

Sanitsuda Ekachai. *Behind the Smile: Voices of Thailand*. Bangkok: Thai Development Support Committee, 1991.

Sirirat Taneerananon. "Poverty of the Thai Muslims in the South of Thailand: A Case of Pattani." The 5th International Conference on Thai Studies. London University, 1993.

Somchai Phatharathananunt. "The Politics of the NGO Movement on Northeast Thailand." *Asian Review* 15, 2002.

Suranart Khamanarong. "Village Industries: An Alternative Basis for Rural Development in North-East Thailand." The 5th International Conference on Thai Studies. London University, 1993.

Surin Pitsuwan. *Islam and Malay Nationalism: A Case Study of the Malay-Muslims of Southern Thailand*. Bangkok: Thammasat University, 1985.

Young, Gordon. *The Hill Tribes of Northern Thailand*. The 3rd Edition. Bangkok: The Siam Society, 1966.

사진 출처

2장

반치앙토기 - Chin You-di. *Ban Chiang Prehistoric Cultures*. Bangkok: Fine Arts Department, 1975.

드바라바티불상 - *Kunst aus Thailand*. Offenbach am Main: Deutsches Ledermuseum, 1963.

망라이왕 - © Cho Hungguk 2005

람캄행비문 - *The Inscription of King Ramkamhaeng the Great*. Edited by Chulalongkorn University. Bangkok, 1992.

1686년 아유타야 왕국 지도 - *Sawasdee*. Bangkok: Thai Airways. Volume 27, No. 2, 1998.

꼬사 빤 - Derick Garnier. *Ayutthaya: Venice of the East*. Bangkok: River Books, 2004.

딱신 - © Cho Hungguk 2005

라마 4세-텝시린 - Pipat Pongrapeeporn. *Pictorial Documents in the Reign of King Rama IV*. Bangkok: Panorama Museum of Bangkok, 2004.

라마 5세 - Arnold Wright and Oliver T. Breakspear. *Twentieth Century Impressions of Siam: Its History, People, Commerce, Industries, and Resources*. London. Reprinted. Bangkok: White Lotus, 1994.

방콕왕궁 - Arnold Wright and Oliver T. Breakspear. *Twentieth Century Impressions of Siam: Its History, People, Commerce, Industries, and Resources*. London. Reprinted. Bangkok: White Lotus, 1994.

1932년혁명육군 - Charnvit Kasetsiri. *Prawat kanmuang thai 2475-2500*. Third revised edition. Bangkok: The Foundation for the Promotion of Social Sciences and Humanities Textbooks Project, 2001.

푸미폰국왕부부 - Pichai Chuensuksawadi. ed. *King Bhumibol Adulyadej: Thailand's Guiding Light*. Bangkok: The Post Publishing Pcl., 1997.

피분송크람 - Charnvit Kasetsiri. *Prawat kanmuang thai*. Bangkok: Dok Ya, 1995.

사릿 - Chanwit Kasetsiri. *Prawat kanmuang thai*. Bangkok: Dok Ya, 1995.

타놈 - Chanwit Kasetsiri. *Prawat kanmuang thai*. Bangkok: Dok Ya, 1995.

1973년혁명 - Pichai Chuensuksawadi. ed. *King Bhumibol Adulyadej: Thailand's Guiding Light*. Bangkok: The Post Publishing Pcl., 1997.

쁘렘 - Donald F. Cooper. *Thailand: Dictatorship or Democracy?* Montreux: Minerva, 1995.

1992년데모 - Pichai Chuensuksawadi. ed. *King Bhumibol Adulyadej: Thailand's Guiding Light*. Bangkok: The Post Publishing Pcl., 1997.

3장

베산따라자따까 - Henry Ginsburg. *Thai Art and Culture: Historic Manuscripts from Western Collections*. Chiang Mai: Silkworm Books, 2000.

뜨라이푸미까타 - Henry Ginsburg. *Thai Art and Culture: Historic Manuscripts from Western Collections*. Chiang Mai: Silkworm Books, 2000.

왕실코끼리 - Arnold Wright and Oliver T. Breakspear. *Twentieth Century Impressions of Siam: Its History, People, Commerce, Industries, and Resources*. London. Reprinted. Bangkok: White Lotus, 1994.

라마 6세 - Arnold Wright and Oliver T. Breakspear. *Twentieth Century Impressions of Siam: Its History, People, Commerce, Industries, and Resources*. London. Reprinted. Bangkok: White Lotus, 1994.

4장

명상수련 - *Sawasdee*. Bangkok: Thai Airways. Volume 36, No. 3, 2007.

탁발 공양 - © Cho Hungguk 1997

왓나프라멘 - Derick Garnier. *Ayutthaya: Venice of the East*. Bangkok: River Books, 2004.

왓쩨디루앙 - © Cho Hungguk 2000

펫차부리왓콩카람 - © Cho Hungguk 2006

왓프라깨우불탑 - © Cho Hungguk 2005

펫차부리호뜨라이 - © Cho Hungguk 2006

펫차부리사원학교 - © Cho Hungguk 2006

왓도이수텝 - © Cho Hungguk 2000

불교절일시주 - © Cho Hungguk 2006

푸미폰-승려 - © Cho Hungguk 2006

사미승 - *Sawasdee*. Bangkok: Thai Airways. Volume 35, No. 1, 2006.

왓탐마까이 - © Cho Hungguk 2006

5장

산프라품 - © Cho Hungguk 2000
차이몽콘 - © Cho Hungguk 2000
방콕락므앙 - © Cho Hungguk 2001
락므앙내부 - Marlane Guelden. *Thailand into the Spirit World*. Singapore: Times Editions, 1995.
락므앙제단 - © Cho Hungguk 2001
쫄라롱꼰동상 - © Cho Hungguk 2001
왓보원니웻 - © Cho Hungguk 2000
상투자르기 - *Thai Life*. Bangkok: National Identity Board of the Prime Minister' s Office. Volume 1, No. 1, 1981.
혼례의식 - Xaver Götzfried. "Ufer sein, Wände sein: Hochzeit in Thailand." *Mitteilungen aus dem Museum für Völkerkunde Hamburg*, Neue Folge 21, 1991.
성사의례 - Marlane Guelden. *Thailand into the Spirit World*. Singapore: Times Editions, 1995.
문신 - Marlane Guelden. *Thailand into the Spirit World*. Singapore: Times Editions, 1995.
프라크르앙 - © Cho Hungguk 2000
프라솜뎃 - *Sawasdee*. Bangkok: Thai Airways. Volume 34, No. 8, 2005.

6장

카오판사 - *Kinnaree*. Bangkok: Thai Airways. July 1999.
송끄란축제 - © Cho Hungguk 2006
학교학생-로이끄라통 - *Thailand in the 90s*. Bangkok: National Identity Office of the Prime Minister, 1991.
로이끄라통 만들기 - *The Culture, Tradition, and Beliefs of Thailand*. Bangkok: Asia Books, 2003.

7장

매치 - © Cho Hungguk 2006
수상시장여성 - © Cho Hungguk 2005
건설인부여성 - *National Geographic* Vol. 132, No.1, 1967.
파인애플공장여성 - *GEO Special Thailand*. Hamburg: Geo, 1990
차랏시 - *Sawasdee*. Bangkok: Thai Airways. Volume 24, August 1995.

8장

수코타이도자기 - *Keramik aus Thailand: Sukhothai & Sawankhalok*. Ausstellung des Übersee-Museums und Celadon Co. Ltd., Kuala Lumpur. Bremen, 1977.

아유타야지도 - *Sawasdee*. Bangkok: Thai Airways. Volume 27, No. 2, 1998.

정크 - Derick Garnier. *Ayutthaya: Venice of the East*. Bangkok: River Books, 2004.

리떳관 도정공장 - Arnold Wright and Oliver T. Breakspear. *Twentieth Century Impressions of Siam: Its History, People, Commerce, Industries, and Resources*. London. Reprinted. Bangkok: White Lotus, 1994.

리떳관사장 - Arnold Wright and Oliver T. Breakspear. *Twentieth Century Impressions of Siam: Its History, People, Commerce, Industries, and Resources*. London. Reprinted. Bangkok: White Lotus, 1994.

태국뢰씨종친총회 - © Cho Hungguk 1999

태국복건회관 - © Cho Hungguk 2001

화교병원 - © Cho Hungguk 1999

경화은행 - © Cho Hungguk 1999

시퐁풍가문 - *Business Review*. Bangkok: Nation Publishing Group. Vol. 24, No. 294, July 1995.

추안릭파이 - Roengsak Kamthon. *Chuan Likphai: Luk mae khakhai phung pla*. Bangkok, n.d.

탁신 친나왓 - *Business Review*. Bangkok: Nation Publishing Group. Vol. 24, No. 294, July 1995.

태국중화회관 - © Cho Hungguk 1999

화랑전쟁박물관 - © Cho Hungguk 2001

9장

태국지방구분 - *Thailand in the 90s*. Bangkok: National Identity Office of the Prime Minister, 1991.

빠따니모스크 - *Pattani*. Bangkok: Tourism Authority of Thailand, 2000.

빠따니노점상 - *Pattani*. Bangkok: Tourism Authority of Thailand, 2000.

이산농민 - Sanitsuda Ekachai. *Behind the Smile*. Bangkok: Thai Development Support Committee, 1991.

묵다한나루 - *Mukdahan*. Bangkok: Tourism Authority of Thailand, 2000.

메콩강고기잡이 - Sanitsuda Ekachai. *Behind the Smile*. Bangkok: Thai Development Support Committee, 1991.

동삼믄몽족 - © Cho Hungguk 2006

카렌족어린이 - © Cho Hungguk 2006

카렌족학교 - © Cho Hungguk 2006

찾아보기